大下英治
Ohshita
Eiji

鳴動！政権政局の舞台裏

角栄・二階・菅・安倍の闘い

さくら舎

はじめに　一寸先は闇

まさに政界は「一寸先は闇」である。

本書は、令和二年（二〇二〇年）九月に菅《すが》（義偉《よしひで》）政権がいかにして誕生したか、から始め、令和三年九月の自民党総裁選までを描いている。

二《に》階俊博《かいとしひろ》幹事長がいわゆる一番槍《いちばんやり》で菅政権誕生に動き、森山裕《もりやまひろし》国会対策委員長が続いて石原《いしはら》派をまとめ、細田《ほそだ》派、麻生《あそう》派、竹下《たけした》派も続き、一気に勝負はついた。菅は、二位の岸田《きしだ》文雄《ふみお》、三位の石破茂《いしばしげる》を圧倒した。これまでの自民党の二世議員と違う久々の庶民派総理であった。

わたしは、菅総理を、田中角栄《たなかかくえい》と同じ雪国の生まれで徒手空拳《としゅくうけん》の叩き上げの「土の匂《にお》い」のする総理として、田中角栄になぞらえて捉えていった。田中角栄が巧みな役人操縦で彼らを掌握したように、菅も七年半あまりの官房長官時代、官僚機構を牛耳っていた。

しかも、二階幹事長が睨《にら》みを利かせて守りきっている。コロナ禍でも、難局は乗り切っていけると思い込んでいた。

菅総理は、携帯電話料金の引き下げ、デジタル庁の設立、脱炭素など着々と功績を挙げていった。

ただ、田中角栄との大きな違いは、演説をはじめとする表現力や、説得力であった。わたしは、田中角栄の汗を吹き飛ばしながらの天才的な演説を目の当《ま》たりにしてゾクゾクしたものである。いっぽう生真面《きまじ》目《め》な菅総理は、記者を前にして、原稿を読み続けた。

新型コロナウイルスの変異株が現われ、苛立《いらだ》つ国民は、菅総理のその姿を見て、「国民に心が伝わらない」とさらに苛立ちを増していった。スタート時七〇%もあった支持率も、新型コロナウイルスの感染者が増加するのに反比例して落ちていった。

そこに、総裁選がめぐってきた。前回の総裁選で菅総理に敗れた岸田が出馬を宣言し、なんと「自民党の役員は一期一年、連続三年までとするべき」と訴えた。明らかに、二階幹事長に「退け」と刃《やいば》を向けたわけである。

ところが、菅総理は、二階幹事長とともに岸田に怒りを向けると思いきや、逆に、二階幹事長を官邸に呼び、伝えたのである。

「党の執行部を変えていきたい」

二階はあくまで冷静に応じた。

「結構です。どうぞ、総理のお好きなようにしてください」

この瞬間から、菅政権の崩壊が始まった。

二階幹事長の側近や、二階派幹部には怒りの声が上がった。

「麻生（太郎《たろう》）、安倍《あべ》（晋三《しんぞう》）の助けがほしくて動いたのだろうが、ひたすら支えてきた二階幹事長を切って、あとになって、命がけで支えてくれる者がいなくなったことに気づいても遅いぞ……」

他派閥の幹部の一人は指摘した。

「岸田が党改革を言ったあとに、いきなり二階を切るのは、後出しジャンケンだ。そこまでして総理の椅《い》子《す》に座り続けたいのか」

新型コロナウイルスの政府対応への国民の不満が根強いこともあり、党内には「幹事長の交代だけでは政権の浮揚にはならない」という声も上がった。

八月三十一日の夜、菅総理が九月中旬に衆議院を解散し、総裁選の先送りをおこなうという情報が流れた。

ところが、安倍前総理が、まず菅総理に反対の電話を入れた。

さらに菅総理の再選支持を明言する小泉進次郎《こいずみしんじろう》環境大臣も、進言した。

「総裁選を先送りにすれば、総理も自民党も終わりです」

その翌日の九月一日、『毎日新聞』の朝刊には、《首相、今月中旬解散意向　来週党役員人事、総裁選先送り》と見出しがつけられた記事がそのまま掲載された。

自民党内の空気はこの報道により、ガラリと変わり、さらにいっそう、菅離れが進んでいく。

だが、菅総理自身は、なお反転攻勢の機を探っていく。九月六日に党四役をすべて交代させ、内閣改造も一部検討し、イメージを刷新して党内外の支持を再獲得する。

解散を自ら否定したあとで、残された政権浮揚の手段は限られていた。具体的な人事構想も進めていた。知名度の高い議員や若手、党内に睨みの利く実力者らの起用を想定し、石破茂元幹事長や河野太郎《こうのたろう》行政改革大臣、小泉進次郎環境大臣、萩生田光一《はぎうだこういち》文部科学大臣らを要職に充てようとしていた。

だが、菅総理の足元は、もはやその踏ん張りが利かないほどにぬかるんでいた。

二階派内には、菅総理を一貫して支えてきた二階を幹事長から外す人事への怒りや不満が充満していたのだ。無派閥の菅総理にとって、二階派の支えなくして安定した党運営は困難だった。

いまひとつ。菅総理は、二階幹事長の交代を決断したあと、追い詰められて、「不出馬」を発表するまでの四、五日間官邸で相談し続けた相手が個人的人気はあるものの、これまで政局の修羅場《しゅらば》をくぐりぬけた経験のない小泉進次郎であったことである。それほど心を許せる人がいなかったのか。あまりに寂しいではないか。

菅総理「不出馬」表明後、最終的には、岸田だけでなく、河野太郎、高市早苗《たかいちさなえ》、野田聖子《のだせいこ》が出馬に名乗りを挙げた。

九月二十九日の自民党総裁選で新総裁は、岸田文雄に決まった。

眼の前には総選挙が待っている。

果たして、今後の政界は安定に向かうのか、それとも大乱世になっていくのか……。

【目次】鳴動！　政権政局の舞台裏——角栄・二階・菅・安倍の闘い

鳴動！　政権政局の舞台裏——角栄・二階・菅・安倍の闘い

第1章　本音を読む

安倍辞任前夜の底流

令和二年（二〇二〇年）六月十七日。通常国会が会期末を迎えた。東京・六本木の中華飯店「富麗華」に菅義偉《すがよしひで》官房長官と二階俊博《にかいとしひろ》幹事長、林幹雄《はやしもとお》幹事長代理、森山裕《もりやまひろし》国会対策委員長の四人が顔をそろえた。通常国会閉幕の慰労を兼ねた夕食会である。

声をかけたのは、幹事長の二階だった。この時点で二階の中では「ポスト安倍晋三《あべしんぞう》は安倍」と決めている。だが、永田町では「安倍はもう出ない」「次はもうできない」といった風評がすでに飛び交っていた。

森山の見るところ、二階も心中では「次は誰にすべきか」という思案をし始めているようだった。

すると、林の携帯電話が震えた。

林は急いで部屋から外に出た。菅と二階、森山の三人が残されるかたちになった。

菅の目を見ながら、二階がおもむろに口を開いた。

「ポスト安倍は、安倍総理だ。わたしもそう思う。まあ、あんたもそうだろう。しかし、総理本人が『どうしても出ない』と言い出すこともあるかもしれん。そのときは、あんたも腹を決めんといかんな」

思わず森山は菅の表情を見やった。何も答えない。ただ、ほんの少しだけ表情が緩んだようにも感じられた。森山は思った。

〈これは、官房長官もまんざらではないんだな〉

食事を終え、菅が先に席を立った。見送ったあと、その場には二階と林、森山の三人が残された。二階が菅について、ぽつりと口にした。

「まんざらでもないなあ……」

自民党の幹事長として二階は「ポスト安倍」を安倍が断ったときにどうするかを考えていた。そのことを森山はまざまざと思い知らされた。


菅政権で自民党の選挙対策委員長を務める山口泰明《やまぐちたいめい》が安倍総理に辞任の意向があるのを知ったのは、令和二年八月十五日のことだった。そのことを知らせてくれたのは、山口が日ごろ親しくしている安倍総理に最も近い人物であった。

だが、山口は、にわかに信じがたかった。

そのころ、安倍総理の体調についてはマスコミが騒ぎ、党内からは、安倍総理の体調を気づかう声があがっていたものの、まだ安倍総理の意思がどこにあるかまでは安倍総理自身、表には出していなかった。

山口が翌日訪ねたのは、安倍総理の女房役の菅義偉官房長官のもとだった。

菅とは、平成八年(一九九六年)の総選挙で初当選を果たした同期である。性格は、多弁の山口に対して、寡黙の菅。酒が好きな山口に対して、飲まぬ菅と、まったく性格も好みも違うが、互いに昭和二十三年(一九四八年)生まれの同い年ということもあってかウマが合った。

山口は、次男の晋《すすむ》を菅のもとに預けて一時期は官房長官秘書官を経験させてもらうだけでなく、次男の仲人もしてもらっている。

それだけに安倍総理の意思をすぐに伝えなければならない。そう思ったのは確かだが、菅のもとに馳《は》せ参じたのは、山口が抱いた意志を菅自身に伝えるためだった。

山口が伝えた安倍の意思に対して、菅は慎重だった。

「確かに体調は崩しているかもしれないけども、辞めるというまではないのでは」

山口が伝えた安倍の意思に対して、菅は慎重だった。むしろ、体調が戻ることを願っているように山口には見えた。

その菅に、山口は、自分の意志を伝えた。

「安倍総理のもしものときには、あなたしかいないよ」

菅は、それについてはいつものような、寡黙な態度に徹していた。

しかし、その表情は硬かった。

それから二日後の八月十八日、菅は、二階と会って今後のことについて話している。

その間、山口は、次の動きに向けて動き始めていた。外務大臣で山口と同じ平成研究会（竹下派）に所属する茂木《もてぎ》敏充《としみつ》を通じて、副総理である麻生太郎《あそうたろう》の意思を探った。が、麻生には、安倍の次を狙う意思はなかった。

〈やはり、安倍の次は菅しかない〉

山口泰明

山口は確信した。

菅は口数が多くなく表情も豊かとは言い難い。山口が、麻生、安倍、菅の三人それぞれと個別に会っているときのことを思い比べてみると、麻生と会っているときには麻生がほとんど話している。

安倍と会っているときには、安倍が三に対して山口が一。

菅と会っているときには、ほとんど山口が話している。「菅さんといると、無言の時間に堪えられない」という人もいる。だが、それでも、菅のひと言ひと言には重みがあって、時折見せる笑みには魅力がある。

事務所スタッフへの心配りもこまやかで、ふだんは厳しく接しているが、年末年始、ゴールデンウィーク、お盆などの休みは他の事務所より多く休日を与えるなど気を配っている。

給与などの処遇面も、公設秘書、私設秘書の区別はなく、誰にでも分け隔てない。だから、スタッフが長く菅のもとにいる。

決して派手さはない。しかしそれが、菅の魅力だ。山口は、そう菅を評価している。

辞任決定と総裁選への蠢《うごめ》き

八月二十八日午後二時七分、「列島ニュース」を放送中だったNHKは、画面上段に臨時の速報テロップを流した。

「安倍首相辞任の意向を固める　持病悪化で国政への支障を避けたい」

安倍晋三総理の辞任を伝えたNHKの第一報は、永田町だけでなく日本中を駆け巡った。

平成二十四年十二月十六日の第四六回衆議院議員選挙に勝利して発足した第二次安倍政権は、近年まれにない長期政権となっていた。

第二次安倍政権は、大胆な金融緩和を主軸とする「アベノミクス」と呼ばれる経済政策を推進し、消費税を平成二十六年と令和元年の二回、引き上げた。

さらに、集団的自衛権の行使を可能とした安全保障法制や、特定秘密保護法、共謀罪などを成立させるなど、歴代の政権が取り組もうとしなかった難しい政策テーマにも積極的に取り組んでいた。

そのいっぽうで、安倍総理自身や昭恵《あきえ》夫人の関与が追及された森友《もりとも》・加計《かけ》学園問題や「桜を見る会」などの問題も相次ぎ、長期政権における弊害も指摘され始めていた。

令和二年に入ると、政権はさらに苦境に立たされつつあった。

新型コロナウイルス感染症の拡大により、予定されていた東京五輪・パラリンピックの一年延期が決定する。

また、新型コロナウイルスへの対応では「アベノマスク」と揶揄《やゆ》された布マスクの全戸配布や、安倍総理が自宅で寛ぐ動画の投稿などが世間の批判にさらされた。支持率はジワジワと低下し続けていた。

五月におこなわれた『朝日新聞』の世論調査では、内閣支持率は、第二次安倍政権で最低の二九％を記録し、厳しい政権運営を強いられていた。

そんなさなか、八月に入って以降の永田町における最大の関心事は、安倍総理の体調問題であった。

安倍総理は、八月十七日に、東京都新宿区にある慶応義塾大学病院に約七時間半滞在して日帰り検査を受診していた。さらに、翌週の八月二十四日にも、追加検査として通院した。

ちなみに二度目の検査を受けた八月二十四日は、安倍総理が自らの大叔父である佐藤栄作《さとうえいさく》の持つ総理大臣連続在職日数記録の二七九八日を超える二七九九日目であり、最長記録を更新した日でもあった。

安倍総理の体調問題は、今回が初めてではなかった。第一次安倍政権の退陣時にも、持病の潰瘍《かいよう》性大腸炎の悪化で、突然の辞任に追い込まれていた。

そのため、今回も、通院後に安倍総理から具体的な説明がなかったこともあって、「持病が悪化しているのでは」との推測が流れていた。

実は、ＮＨＫが一報を伝える前から官邸では、異変が起きつつあった。

それは二十八日午前一〇時からの閣議の終了後だった。安倍総理は、閣議

安倍晋三

後、麻生太郎副総理兼財務大臣と二人だけで会談した。

安倍は、このとき初めて、麻生大臣に辞任する意向を伝えたという。

驚いた麻生は、安倍総理を強く慰留した。だが、安倍が一度決断したその考えを翻《ひるがえ》すことはなかった。

NHKの一報が駆け巡っていたのと同じ時刻、自民党の二階俊博幹事長は、千代田区平河町にある自民党本部で当事者の安倍総理と会談していた。

二階は、この会談で、安倍から辞任の意向を直接伝えられ、今後の党運営などについても協議した。

二階は、安倍の辞任の意向を受けて、午後三時から、自民党の臨時役員会を開催した。臨時役員会では、安倍の後任を選ぶ総裁選についての協議をおこない、後任選びの手続きが幹事長の二階に一任されることが決まった。

党内からは、政治空白を避ける狙いから、両院議員総会による総裁選挙とする方向で調整することになり、九月一日の総務会で正式に決定したうえで、党総裁選挙管理委員会で具体的な総裁選の日程を決定することになった。

自民党の党則では、任期途中に総裁が退任した緊急時は、両院議員総会で後任を選ぶことができると定められている。

その場合は、三九四票の国会議員票と都道府県連に各三票割り当てられた一四一票の計五三五票で総裁選がおこなわれる。任期途中での退任のため、次の総裁の任期は、安倍総理の残り任期の令和三年九月末までとなる。

二階は、自民党本部で記者団に語った。

「時間の問題もある。十分ゆとりがあれば当然党員投票は考えるべきだが、そこに至るかどうか皆さんのご意見を聞いて判断したい」

八月二十八日午後五時、安倍総理は、記者会見に臨んだ。

「国民の皆さまの負託に自信を持って応えられる状態でなくなった以上、総理大臣の地位にあり続けるべきではないと判断いたしました。総理大臣の職を辞することといたします」

安倍総理の辞意が報じられると、次の総理の座を目指す候補者たちがにわかに動きを活発化させた。

ポスト安倍の有力候補の一人である岸田文雄《きしだふみお》政調会長は、八月二十八日午後、安倍総理が退陣を表明する前に新潟で講演し語っていた。

「ぜひ、総裁選挙には挑戦したい」

岸田は、講演を終えたのち、安倍総理の辞意を知り、ただちに帰京した。

夕方には永田町の派閥の事務所で自身が会長を務める宏池会《こうち》（岸田派）の緊急会合を開催し、力を込めて語った。

「心を合わせて、これからの政局に臨んでいきたい」

前回の総裁選で安倍総理と一騎打ちして、敗れた石破茂《いしばしげる》元幹事長も、この日の夕方、自身が会長を務める水月会《すいげつ》（石破派）の派閥幹部らを集めて、今後の対応を協議した。

石破は、夜のＢＳの番組に出演して、立候補について語った。

「週明けには申し上げなければならない」

自民党内ではそのほかにも、志公会《しこう》（麻生派）の河野太郎《こうのたろう》防衛大臣、平成研究会の茂木敏充外務大臣、無派閥の野田聖子《のだせいこ》元総務大臣、清和政策研究会（細田派）の下村博文《しもむらはくぶん》選挙対策委員長らの立候補が取り沙汰《ざた》され始めていた。

岸田や石破が動き始めるなかで、最もその動向に注目が集まっていたのが、七年八カ月の第二次安倍政権を官房長官として支え続けた菅義偉であった。

菅は、安倍総理が辞任の意向を表明した記者会見で、そのそばに座り、表情を変えずに前方を見据えていた。

知られざる菅と二階の親密度

菅義偉官房長官は、二階俊博幹事長と以前から良好な関係にあった。

二階幹事長は、長い政治家生活の中で、複数の官邸を見てきている。その経験からしても、第一次安倍内閣と比較して、第二次安倍政権が、これほど長期政権になったのは、どこが優れているのか。二階が語る。

「何より人事面の采配はとてもうまくいっていると感じている。たとえば、人事で言うと、菅義偉官房長官については、安倍総理と最も気が合う人材を登用していると感じる。具体的には、総理に話した内容は、官房長官に言わなくても必ず伝わっている。また、官房長官に話を通せば、総理にも必ず伝達される。この両者の信頼関係が、内閣の運営において大きな効果を発揮している」

二階幹事長は、月刊誌『文藝春秋』（二〇一九年五月号）で、ポスト安倍の有力候補として菅官房長官の名前を挙げて、次のように語っていた。

「菅さんは、この難しい時代に官房長官として立派にやっておられますね。それは素直に評価に値すると思っています。また、彼はそういうこと（ポスト安倍の総裁候補）にも十分耐えうる人材だと思っています」

いっぽう、菅は、二階俊博幹事長について、官房長官時代、筆者に以下のように語ったことがある。

「二階幹事長と深く付き合うようになったのは、第二次安倍内閣で二階さんが予算委員長を務められたことがきっかけです」

二階は、平成二十五年十月十五日に召集された臨時国会で衆議院予算委員会の委員長に就任した。

当時、メディアは、二階が予算委員長に起用された理由として、国会改革に取り組むために、国対経験が豊富で与野党に幅広い人脈を持つ二階に白羽の矢が立ったと報じている。

「予算委員長のときの采配ぶりが凄かったんです。相談すると、どんな要望でも受け入れてくれる懐の深さがあり、難しい頼みでも一度約束すると、必ず実現してくれました。そのときに『この方は頼りになるなあ。どんな仕事でもしっかりやっていただける』と信頼を置くようになりました」

実際、二階は、このとき予算委員長として審議を取り仕切り、予算を早期に成立させている。

平成二十六年度の予算案は、平成二十六年二月二十八日の衆院本会議で可決されたが、このときの予算委員会の審議日数は、二月十日から二十八日までの一四日間。平成十二年に総理と全閣僚が出席する基本的質疑が導入されて以降では、平成十二年と並び、最も審議日数が短いスピード通過だった。審議時間で見ても、約七〇時間と三番目の早さである。

二階俊博

菅義偉

それ以降、菅と二階の親交はじょじょに深まっていったという。

「二階さんと食事をする機会も増えて、親しくさせていただくようになりました。二階さんと食事をしたときに、お互いの話をすると、まったくいっしょの経歴だったんです」

菅と二階の二人には、政治家としての共通点が多い。菅は小《お》此木《このぎ》彦三郎《ひこさぶろう》のもとで一一年、同じく二階も遠藤三郎《えんどうさぶろう》のもとで一一年、ともに豊富な国会議員の秘書経験があった。また、菅は横浜市議を二期八年、二階も和歌山県議を二期八年と、地方議員経験者であり、世襲議員の多い自民党においては、数少ない非世襲の党人派の実力者だった。

菅はこうも語っている。

「二階さんも遠藤三郎先生の事務所の中で一番年下で可愛がられたそうなのですが、わたしも小此木事務所で一番の若手で、通産大臣の秘書官にしてもらうなど、可愛がってもらいました。それと、お互いが初めて出馬した地方議員時代の選挙も、大激戦の末での勝利だったことまで共通しています。だから、二階さんに対して親近感も湧いて、距離も近くなりました。それ以来、ご指導をいただいています」

二階俊博幹事長は、かつて田中《たなか》派に所属し、田中角栄《かくえい》の薫陶を受けた数少ない現役の国会議員の一人である。また、菅義偉総理が新人議員時代に、自民党総裁選で支援した梶山静六《かじやませいろく》も、田中角栄の薫陶を受けた議員であった。菅は「田中角栄の孫弟子」とも言える。

菅は、官房長官時代、筆者に田中角栄をどう見ていたのかについて語っている。

「当時は憧《あこが》れでした。わたしも秋田出身ですから。田舎の人はみんな憧れを持って、田中角栄さんを見ていたと思います。それと、わたしが秘書として仕えた小此木彦三郎も、田中さんとは親しくさせてもらっていました。わたし自身は田中角栄さんの影響を意識することはありませんが、二階さんをはじめ、田中派の流れを汲《く》む人は温かい人が多いですよね」

二階は、平成二十六年九月三日に実施された党役員人事と内閣改造で、党三役の一つである総務会長に就任した。このとき、幹事長には谷垣禎一《たにがきさだかず》が起用され、政調会長には稲田《いなだ》朋美《ともみ》が就任した。この人事以降、二階は、総務会長、そして幹事長として、今日に至るまで一貫して党の要職に起用され続けている。

菅がさらに語った。

「平成二十六年九月の党役員人事で総務会長に就任されました。安倍総理も、二階さんの予算委員長としての仕事ぶりを評価されていたので『ぜひやってもらおう』という気持ちになっていたようでした。総務会長としても、仕事師で、本当に頼りになりました。六〇年ぶりとなる農協改革を実現したときも、総務会で反対する方の意見にも耳を傾けながら、全体の流れを見て、最後はまとめるべきところに、しっかりとまとめてくれました。わたしは二階さんが総務会長の時代から内々にご相談し、まとめていただいたんです。軽減税率の問題も、節目節目で幹事長にご相談していました」

二階はその後、平成二十八年八月三日に谷垣の後任の幹事長に就任した。菅は語った。

「その後、二階さんは幹事長になられましたが、幹事長としても党全体をしっかりまとめてもらっています。官邸と党が、一体にならないと強い政権はできませんから、幹事長としての二階さんの存在はすごく大きいですね。法案も、党内に多少の異論があるものでも、最後には国会日程に合わせて、まとめていただけますから、安心してお任せしています。安倍総理もいつも感謝されていました。幹事長のもとで党にしっかりと法案を精査してもらっているのはありがたいことです。やはり、政府の仕事は『法案を成立させてこそ評価される』というところがあります。何か新しいことをするにしても、法律を作らないと進みません。たとえば、携帯電話の事業者間で競争がしっかり働く新たな枠組みが実施されましたが、これも電気通信事業法を国会で改正することができたからです。やはり政権を維持していくには、政府と政権与党との連携がうまくとれていないと難しい」

菅義偉は、官房長官時代、節目節目に二階俊博幹事長に相談を持ちかけていると語った。

「政府で他党のことまで対応することはできません。全体として予算枠はどうするか、法案はどういう形に仕上げるかといったことも、与野党間でお互いに意思疎通を図ることが大事だと思っています。二階幹事長は、一度約束したことはきっちりやっていただけます。お互いに気を遣わずとも阿《あ》吽《うん》の呼吸とでも言いますか、政府としてやりたいことを丁寧にご説明すれば、必ずやっていただけます。特に令和元年の通常国会は、召集が一月二十八日と普段よりも遅かったのですが、補正予算も本予算もお願いした通りに調整していただいて、とてもありがたく思いました」

なお、令和元年の参院選後の内閣改造・党役員人事で、二階幹事長を続投させるのかが注目された。そのとき、菅は安倍に「党の安定は二階幹事長でないと持ちません」と二階の続投を強く勧めたと報じられている。安倍は、結局、二階の続投を選んでいる。

二階は、長い間、観光産業の振興にも力を入れている。菅も、第二次安倍政権発足以来、官房長官としてインバウンド（訪日外国人観光客）の増加に力を入れてきた。

現在はコロナ禍で低迷しているが、平成二十四年に約八四〇万人だったインバウンドは、令和元年には約三二〇〇万人と第二次安倍政権の間に四倍に増えている。菅が語った。

「二階さんはずっと以前から観光産業に着目し力を入れていましたが、わたしが観光産業に力を入れてきたきっかけは、自民党の野党時代に『日本はこんなにいい国なのに、なぜインバウンドが少ないのか』と思ったことです。その疑問を持った時に知ったのがデービッド・アトキンソンさんの観光についての考え方でした」

デービッド・アトキンソンは、イギリス出身の日本在住の経営者で、小西美術工藝社の社長を務め、日本の観光、文化財活用、経済政策の専門家だ。平成二十七年に著した『新・観光立国論』は、日本を観光立国へと導く提言の書としてベストセラーになっている。

二階もアトキンソンを高く評価している。

菅は語った。

「わたしは、ビザの緩和や免税品の対象品目の拡大などに取り組みましたが、こうした改革も、アトキンソンさんの提言にあったことなんです。彼は、日本の伝統文化や食文化には、世界最大の観光立国のフランスを凌駕《りょうが》するくらいの素晴らしい魅力があると語っています。フランスには例年八六〇〇万人のインバウンドが訪れますが、将来、日本もフランスと同じくらいまで増加する可能性はあります。なぜなら、アジアの海外旅行者の伸びは世界の平均の四％よりも多い六％。これからのアジア各国の成長を考えれば、日本がフランスを凌《しの》ぎ、世界一の観光立国になる可能性は十分にあるんです」

そして、安倍も、令和二年七月二十一日発売の月刊誌『Ｈａｎａｄａ』のインタビューの中で菅に言及していた。

「有力な候補者の一人であることは間違いない」

山口泰明が次に菅と会ったのは、八月二十九日の土曜日、安倍総理が退陣表明した翌日のことだった。東京・千代田区のキャピタル東急ホテル「オリガミ」で午前一一時から一一時四〇分の間のことだった。

あらためて、次の総理は菅しかいないことを話した。すでに派閥の反応は探ってあった。無派閥の菅には、どれだけの派閥が推すかは大きな問題だった。山口が所属する平成研も菅で問題ないと判断していて、また派閥横断的に当選同期メンバーとも連絡を取り合っていた。

そのうえで、あらためて、菅がこれからおこなわれる総裁選に立つことを要請した。

第2章　秘密会談

急転直下の菅の出馬の腹と二階派「連判状」

安倍が辞意を表明した八月二十八日の翌日の二十九日は土曜日だった。森山裕は国対委員長の任にある。安倍の後継を選ぶ総裁選挙後、首班指名をおこなう特別国会はいつ開けるのか。この点は最大の関心事と言っていい。

特別国会の招集と総裁選の日程は不可分の関係にある。森山はさっそく、幹事長代理の林幹雄に連絡を取った。

「土曜日に恐縮ですけども、幹事長と幹事長代理、わたしの三人で日程感だけお話をしましょうかね」

林は、間髪入れず返事をした。

「それは大事なことだ」

その場でANAインターコンチネンタルホテル東京（赤坂）の三階にある寿司店「乾山《けんざん》」で午後六時に落ち合うことを決めた。

自民党の国会対策責任者三人で総裁選挙と特別国会の日程について話し合う。このこと自体にはなんの問題もない。だが、森山ならではの配慮がここで働いた。

〈官房長官にひと言、言っておかんといかんな〉

官房長官にはいくつか役割がある。そのなかでも大きなものが諸々の案件について国会各会派（特に与党）との間で調整を果たすことだ。森山が菅に声をかけたのも、それを思いやってのことだった。

「ああ、それはご苦労さまですね」

電話に出た菅は普段通りの対応だった。さらにひと言付け加えた。

「できたら、そのあと、三人で会えないだろうか」

「三人」とは菅と林、森山のことである。実は、国会の会期中はこの三人で毎週火曜日の朝に会合を開くのが恒例となっていた。

森山は確認した。

「幹事長は、いいですか？」

森山裕

林幹雄

「いや、それは幹事長がいてくださると、一番ありがたい」

菅には二階幹事長に差し迫った用件があるらしい。腰を落ち着けて話したいのだろう。

「それでしたら、議員宿舎が一番いいですよ。他のところでは、いろいろばれてしまうでしょうから」

「じゃ、そうしましょう」

「場所は、わたしが取りますから」

「じゃ、お願いします」

菅との電話を終え、森山は衆議院赤坂宿舎の二階にある第四応接室を予約した。

六時、乾山に二階、林、森山の三人が顔をそろえた。森山から話を切り出す。

「幹事長、これ、総裁選挙を党員の投票でやると、どんなに急いでも二カ月ぐらいかかるっちゅう話ですけど。今、二カ月の政治空白は無理ですよね」

二階が答える。

「それはそうだなあ」

しばらく思案したうえで、二階が再び口を開いた。

「各県連が持っている三票は、県連の自主性に任せて。投票するもよし、役員会で決めるもよし。で、どうだろうかなあ」

ここまで聞いて、森山には二階の腹がだいたい読めた。

乾山での会合が終わると、午後八時に赤坂の議員宿舎に向かわなければならない。菅と会うためだ。ちょうど土曜日だったこともあり、林と森山は車がなかった。二階の車の後ろに乗せてもらった。

安倍の辞任表明翌日ということで、議員宿舎には記者が大勢詰めかけていた。そこに二階の車が到着する。幹事長、幹事長代理、国対委員長の三人が後部座席に並んで座っていることは立ちどころに明らかになった。

和歌山県選出の二階、鹿児島県選出の森山は赤坂宿舎に住んでいる。だが、千葉県が地元の林の住まいは別にある。ちょっと勘のいい記者は「これは何かあるな」と気づいたようだった。

八時前には菅が議員宿舎に帰ってきた。予約していた応接室で四人がそろった。

二階が、口火を切った。

「安倍さんがこういう状況で辞められるんだから、安倍政治を継承していくということになるだろう。官房長官をあんたが長くやってきたんだから、あんたがするのが一番いいよ」

二階による事実上の後継への要請だった。森山は内心驚いた。だが、びっくりするのはこれからだった。

二階の言葉を受け、菅はすっと立ち上がった。

「よろしくお願いします」

そう言って深々と頭を下げたのだ。森山は思った。

〈官房長官は、すでに腹を決めておられたのか〉

その後は四人で「ああでもない」「こうでもない」と意見交換が続いた。

菅が帰ったあと、応接室には二階と林、森山の三人が残った。

二階はその場で林に指示をした。派閥に所属する議員全員を菅支持でまとめろというのだ。

「全員に署名をしてもらって、それを集めろ。『できない』と言う人間には、派を出てもらえ」

世に言う「連判状」である。二階の腹もすでに決まっていた。

「わかりました。それじゃあ」

林はそう言うなり、携帯電話を取り出した。すでにその場から派閥の議員にかけ始める。総裁選での菅擁立に向けて二階派が先手を打つ準備はこのとき始まっていた。

林がこの時の状況を振り返って語る。

「勝利の確信はないが、いい勝負にはなると思っていた。これは推測だが、おそらく菅さんは安倍総理から退任を告げられた際に、支援を得られるという感触を受けたんじゃないかな。志帥会《しすい》（二階派）の四七人、菅さんを支持する無派閥議員が約四〇人、九八人の清和政策研究会（細田派）の議員のうちの七割の支持が得られれば、それだけでかなり計算が立てられるから」

この段階では、他派の動向はまだ明確ではなかった。特に志公会（麻生派）は、河野太郎が出馬する可能性や、領袖《りょうしゅう》の麻生太郎会長が岸田に目をかけていたこともあり、岸田支持を打ち出す可能性もあった。

他の派も同様で、細田派では、下村博文や稲田朋美が出馬を模索していた。平成研究会（竹下派）でも、茂木敏充外務大臣が出馬する可能性があった。そのため、派閥として一致した行動を決めるのに時間が必要だった。

他の派閥が総裁選への対応をめぐり身動きがすぐにとれないなか、二階率いる志帥会は菅支持で一気に動いていく。

菅が二階に支援を要請するいっぽう、石破や岸田の陣営から二階派に支援の要請がくることはなかったという。林が語る。

「結局、どちらからも正式な要請はなかったけれど、日曜日（三十日）の昼には菅さんの出馬と二階派が支持するニュースが出ている。土日が明けて動こうと思っていたら、その間に一気に流れができて動けなかったのじゃないかな」

菅からの応援要請を受けてから、二階の動きは素早かった。

八月三十日の日曜日午後、二階派の幹部が自民党本部に集まり、総裁選の対応を話し合った。会長代行を務める河村建夫《かわむらたけお》元官房長官は会議後、記者団に菅を支持することを表明した。

「総理の残り任期についての責任があるのではないか。政権の懸案事項などは、菅長官がすべて承知している。一つの流れとして責任がある」

河村が二階派の菅支持を表明した時点で、昨晩の動きを嗅《か》ぎつけたマスコミが「菅氏、総裁選に立候補へ」との速報を流し始めていた。

この日の夜、菅は周囲に意欲を口にした。

「俺がやらざるを得ない。これで出なかったら、逃げたと言われちゃうよ」

石原派も追随の連判状へ

いっぽう、二階と菅を担ぐことに決めた森山国対委員長は近未来政治研究会（石原《いしはら》派）に所属している。二階に断りを入れた。

「幹事長、まあ、わたしのところは少ない人間ですけど。石原さんが岸田さんと非常に親しいもんですから。石原（伸晃《のぶてる》）さんと弟さん（石原宏高《ひろたか》）は、ひょっとしたら、しょうがないかもしれません」

二階は黙って聞いていた。

「しかし、あとはわたしが責任を持ってまとめますから」

ここまでの流れを目にした以上、森山も腹を括《くく》った。派閥の領袖である石原伸晃兄弟は別として、他は一枚岩で菅を支持する。そう決めたのだ。二階も満足そうだった。

「じゃあ、まあ、みんな、頑張ろうな」

来るべき総裁選での連携を誓い、その晩はお開きとなった。

翌日の八月三十日、森山はさっそく、派閥会長の石原伸晃と面会した。総裁選への対応を協議しなければならない。

「どうしますか？」

石原伸晃

昨晩のことは置いて、石原に尋ねた。

「もう、菅さんでいいんじゃないか」

予想外の言葉が返ってきた。森山は慌てて確認する。

「そら、石原さん、岸田さんとの友情関係は大丈夫ですか」

「いや、それは岸田さんには『細田派が全部まとまって応援してくれるんだったら、うちもまとめます』ということになってるけども。細田派がいまだに決めてないから。これはもうしょうがない。いいです」

石原宏高も菅支持でいいという。そういう経緯であれば、森山にも異存はない。

「それじゃ、明日、うちも集まりますかね」

翌八月三十一日の晩、石原派は派閥の総会を開いた。

「じゃあ、この際、菅さんでいこう」

森山が音頭を取る形で派閥の結束が確認された。全員が一致団結して菅総裁実現に努めることになった。

森山の提案で石原派も「連判状」を作成することにした。二階派を真似たのだ。

会長代行の野田毅《のだたけし》は総裁選の選挙管理委員長である。

「野田さんも、署名していいのか」

そんな声が上がり、ひとしきり議論になった。だが、連判状は「総裁選に出てくれ」と出馬を促すためのものだ。

「そりゃ、問題ないだろう」

と結論が出た。野田は真っ先に署名した。

二階派ではこれまで総裁選のたびに連判状を作ってきた。石原派では今回が初めてである。

全員が署名し終わったところで、森山が当時、派閥の事務総長だった坂本哲志《さかもとてつし》に命じた。

「二階派は明日一〇時に連判状を持って行くことになっている。うちは一〇時半に行け」

二階派より先ではいくら何でも失礼に当たる。翌九月一日、一〇時に二階派、一〇時半に石原派の連判状がそれぞれ党本部に届いた。

連判状をすぐに用意させた二階には、ベテランならではの読みがあった。細田派、麻生派、竹下派にはそれぞれのお家の事情があり、総裁選とはいえ一致結束した動きが難しい。連判状を出せる状況ではなかった。

二階はそれを踏まえたうえで自派に連判状を出させたのだ。

二階派と石原派の動きは主流三派を刺激する結果となった。三派は共同で九月三日、記者会見を開いた。この場で「菅支持」を打ち出したのだ。

連判状提出後、二階は総裁選関連で表に出ることは一切なかった。公正であるべき幹事長としての立場を慮《おもんぱか》ってのことだ。公式な会議や水面下の話し合いも含め、関与しなかった。森山は思った。

〈さすが二階先生。ご立派な態度だ〉


総裁選が動き出す中、森山には一つ気にかかっていることがあった。石破茂の存在である。地方をこまめに回り、小さな集会にも顔を出す。石破の地道な活動を森山は評価してきた。

二階と林、森山で固めた方式で選挙をおこなうとすると、菅が出馬した場合、地方票をかなり取れるのは明らかだった。石破が出馬に踏み切っても、頼みの地方票は思ったほど出ない。

〈地方票が取れない石破さんは、陸《おか》に上がった河童《かっぱ》みたいなものだ。これでは今後の芽を摘んでしまう〉

連判状提出の数日前、実は、森山は石破と会っている。当時は水月会（石破派）会長代行だった山本有《やまもとゆう》二《じ》も同席した。

森山は、思い切って口を開いた。

「石破先生、今回はおやめになったほうがいいと思います。出馬されると、党内におけるイメージが変わってしまう。わたしは菅さんがかなり地方票を取ると思います」

石破はかなり悩んでいる様子だった。その場では「ここはいったん引こう」と決意した。石破の後見人的存在で、石原派の創設者でもある山﨑拓《やまさきたく》から森山に電話がかかってきた。

「石破は『今回は出ない』と言ってるから」

山﨑は石破総裁実現に向けて熱心に応援している。石破もそんな山﨑を頼りにしていた。二人はこの時点で「ここは将来への目を残したほうがいい」と判断したのだろう。森山は安心していた。

だが、石破派の総会で流れが大きく変わる。総裁選への対応を議論する中で出馬を唱える側が譲らなかった。森山は思う。

〈派内で話し合うと、主戦論のほうがやはり強い。そこで領袖が判断を誤る場合がある〉

石破は出馬に踏み切った。

だが、この判断は正しかったのだろうか。ここは菅の支援に回り、閣内か党の重要ポストで処遇してもらう選択肢もあったからだ。その上で菅の後を狙えばいい。「そうすれば勝てる」と森山も踏んでいた。

石破には「地方票が相当取れる」という読みがあったようだ。だが、結果は惨敗だった。「地方票の取れない石破」には総裁候補として何ら魅力がない。主戦論に最後まで抵抗し、石破に踏みとどまるよう説得した山本有二は派閥を離れた。結果的には山本の読み筋のほうが上手だったことになる。

石破茂の出馬の内部事情とは

石破茂にとって、今回は四度目の自民党総裁選であった。

この総裁選では、事前に苦戦が予想されたこともあって、石破派でも一部には出馬に消極的な声があった。

しかし、石破は最終的に総裁選への出馬を決断した。それはなぜか。石破がその理由を語る。

「もちろん自民党ですから、同じ党内で天と地ほど意見が違うわけではありません。ですが、わたしには

『自民党員にさまざまな選択肢を示さないといけない』という使命感のようなものがありました」

それだけでなく、石破には、何より自民党への危機感もあったという。

「わたしは平成二十一年の衆院選に自民党が敗れて野党に転落した時代、政調会長や幹事長として、『なぜ自民党が野党になったのか、どこが間違っていたのか、どこに問題があったのか』という意識を持って、谷垣禎一自民党総裁のもとで、自民党再生のために主体的に取り組んだという思いがあります。

その後、数度の国政選挙を経たこともあり、今の自民党は厳しい野党時代を知らない若手議員が半分を超えています。『自由民主党は謙虚な党でなければいけない』、あるいは『政府を公正に機能させる政党でなければいけない』『あらゆる組織としっかり協議する政党でなければいけない』、そのように『自民党は国民のためにかくあるべし』と徹底的に反省し新しい綱領を定めた当時の議論を知らなかったり、忘れてしまったりする議員も、残念ながら増えています。やはり与党が長くなれば、どこかに驕《おご》りが出てきます。こういった問題点を語れるのは自分だという思いもあって、総裁選への出馬を決めました」

派閥内には不戦論もあり、石破自身、勝利を期しての出馬ではなかったという。

石破が語る。

「勝つことは難しいが、総裁選を通して、伝えるべきこと、伝えなくてはいけないことがあると確信していました。自民党は、国会議員だけの政党ではなく、地域で支えてくれている党員あっての政党です。党員の皆さんは、特に何かメリットがあるわけでもないのに、わざわざ入党して一年四〇〇〇円の党費を支払い、党を支えてくれています」

石破には、自民党員の声に常に耳を傾けたい、という強い思いがあるという。

そして、その思いは、石破自身の苦い経験に由来するという。

石破茂

第一次安倍政権時代の平成十九年（二〇〇七年）の夏の参院選で、自民党は小沢一郎率いる当時の民主党の前に大敗した。この選挙で自民党は二七議席減の三七議席しか獲得できず、衆参ねじれの状態に追い込まれる。結果として、この参院選は、平成二十一年の衆院選での自民党の野党転落の要因となっている。

この参院選では、石破の地元の鳥取県や、隣県の島根県など、それまで自民党の支持が分厚かった地方の一人区で、民主党に敗れる選挙区が続出した。

当時も自民党鳥取県連の会長を務めていた石破は、選挙後、各地域の自民党の支部長や、支持者たちのもとをお詫び行脚《あんぎゃ》にまわった。

彼らは言った。

「今回はこれまでとは違う。自民党には入れんかったで」

話を訊くと、民主党支持に転向したわけではなかった。ただそれまで熱心に支持していただけに、自民党に愛想が尽き、いったん離れたい、ということであった。

石破は、このとき、自民党の中核的な支持者から見捨てられる辛さを実感したという。

石破が語る。

「中核的な支持層が離反したときは自民党にとって、本当に危機的な状況になります。だからこそ、国会議員の票だけで決まるのではなく、地域で党を支えてくれる人たちの思いを代弁できるような選択肢を提示し続けたかった」

今回の総裁選は、任期途中の臨時の総裁選ということで、地方票のウエイトも選挙期間も通常より少ない簡易型でおこなわれることになった。これまで石破の強みであった地方票の割合が低下したことも、石破にとっては不利であった。石破がこの点について打ち明ける。

「すでに選挙前から今回は菅先生を、という雰囲気ができていましたから、ある程度のルール変更は行なわれるだろうと覚悟はしていました。もしルール変更がなければ、地方票では勝てたのかもしれません。ですが、ルール変更が気に入らないならば、そもそも出馬しなければいいだけです。もちろん、党員投票の比率が下がることは自民党全体にとっていいことだとは思いませんが、『ルールが変わったから出馬しない』というのも、わたしの流儀ではありません。どんなルールでも戦う、ということは大事なことだと思いました」

熟慮しすぎて断行なしだった岸田文雄

菅支持の大きな流れができる中で、苦しい状況に立たされたのが岸田と石破の二人だったが、いっぽうでは岸田文雄も、出馬に向けて動き出してはいた。

八月二十九日には石原派を率いる石原伸晃元幹事長と会談し、この日は、最大派閥の細田派の細田博之会長、麻生派会長の麻生太郎副総理兼財務大臣と相次いで会談し、立候補を前提に協力を求めた。

会談で、麻生は岸田に語った。

「安倍総理の意向がはっきりしていないから、決められない」

会談後、岸田は意欲を見せ語った。

「総裁選に挑戦しようと思っている。ルールや日程が決まってから正式表明することになる」

宏池会（岸田派）事務総長の根本匠《ねもとたくみ》には、安倍総理が「自らの健康問題」を理由に辞任を発表したことは、まさに寝耳に水だった。安倍総理は総裁任期が満了する令和三年（二〇二一年）九月、つまり、一年後まで職を全うすると思っていたからである。根本にとっては、そのときこそ、自らが担ぐ宏池会領袖の岸田文雄が、安倍総理を継ぐ者として名乗りを上げる時。そう照準を合わせていた。それが安倍総理の辞任によって、総裁選は根本の想定よりも一年早い九月十四日に投・開票がおこなわれることになった。選挙までわずか二週間しかなかった。

岸田は、安倍政権下で、外務大臣、あるいは、政調会長という重責を任されていた。それは安倍総理の岸田への期待感の表われだったに違いない。岸田もそれに応えた。だからこそ安倍の後継候補として名前が挙がるほどにまでなった。岸田自身も、総理総裁を意識して、これまでの歴代総理総裁がしてきたように日々研鑽《けんさん》してきた。浮ついたところがなく、さまざまな判断も熟慮に熟慮を重ねる。安定感のある政治家だ。

しかし、岸田の欠点は政界での存在感に比べて、全国を見回したとき、特に地方での知名度が低いことだった。根本ら岸田を支える陣営としては、安倍の在任期間が残り一年ほどになるころから、岸田を地方行脚させて岸田の知名度を上げようと思っていた。

岸田と一度でも触れ合ったことがある人は、みな岸田の人柄の良さを称賛する。根本も、ふだん触れ合っている岸田からそれを感じている。岸田の地元・広島に入ったときに、特にそれを感じた。地元の支援者たちは、岸田の人柄をほめたたえていた。

人柄の良さは、リーダーとして大切なことだと根本は思っている。安倍総理は、その判断力、決断力は抜きんでていた。根本も、安倍総理のもとで復興大臣、厚生労働大臣を務めたこともあるのでそれはよくわかる。しかし、それ以上に、安倍総理も、人柄がよかった。だから、七年半もの長きにわたって政権を担い続けることができたのだと根本は思う。

しかし、全国の人たちに岸田の人柄の良さを知ってもらうには、総裁選まで二週間という期間はあまりにも時間がなさすぎた。

森喜朗《もりよしろう》元総理は、早稲田大学の後輩にあたる岸田文雄に事あるごとにアドバイスを繰り返していた。

平成二十九年八月に念願の政調会長に就任した岸田に、森喜朗が進言した。

「政調会長は党の経費を使える。だから毎月一回海外へ行きなさい。海外へ行けば、岸田派の担当記者はついて行かざるを得ない。そうなると、ちょっとしたことでも大きなニュースとして取り上げられて東京へ流れる。

　しかもこれまで外務大臣をしてきたんだから、大国の大統領や首相に会えなくても、中堅どころの国へ行けば必ず王様や首相は会ってくれる。そういう話題をつくっていって『岸田もよくやっているな』という評判をつくりなさい」

　が、岸田は動こうとしなかった。政調会長を交代する直前になって、ようやく一度海外に出たきりだった。

　岸田は、令和二年八月三十日の日曜日の午後、国会近くの「ザ・キャピトルホテル東急」で森喜朗元総理に面会した。

　森元総理がその模様を打ち明ける。

「もう二階さんと菅さんのラインはできてしまったよ」

「そうらしいですね」

「いや、そうらしいですねって、あなた、それを止めなきゃいかんでしょ」

「どうやって止めればいいのか、そういうこともあってお願いに……」

「うちの細田派だって、これまで菅さんに決めようとしていたのをずっと抑えていたんですよ。でも、肝心の岸田さんがそんなんじゃあどうするの。わたしがあなただったら、すぐ麻生さんのところに行って、麻生さんの膝に手をついてしがみついてでも頼みますよ」

岸田文雄

「ほォ……」

「いいですか、麻生さんが菅さんに傾きそうになった空気をもういっぺん引き戻すにはそれぐらいして、『そこまで岸田君が言うのなら、安倍さんとも相談しよう』となるように頼まなきゃ」

麻生派、岸田派、細田派の三派が組めば、党内の半数を超える。そうなるかならないか、今が一番大事な時ではないか、と森は強調したのである。

「具体的に、どう言ってやったらいいんでしょうか？」

「何よりも人事だよ。わたしの長い経験で言うと、間違っているかもしれませんが、おそらく菅さんと二階さんの話は人事までいっていると思う。その時、二階さんが出す条件はなんだと思う？　幹事長留任でしょ。菅さんが二階さんに幹事長をお願いします、と言ったかはわからないけど、もしそうなら二階さんはその気になったでしょう」

「菅さんは二階さんと動いていて、二階さんに引っ張り上げてもらうだろう。その間にいるのは国対の森山裕だ。この機会を逃せば、あんたの芽はなくなるぞ。だから宏池会を捨てろ。宏池会を麻生に渡して『本当の大宏池会にしてくれ。わたしには総裁のポストだけくれればいい』と言えば、麻生は『おう、それはいい。安倍と相談して一緒にやろう』となる。今しかないよ。今のうちに麻生のところへ行ってしがみつけ」

かつて、それと同じ行動に出たのが加藤六月《かとうむつき》だった。

安倍晋太郎《あべしんたろう》が派閥の会長だった安倍派で、加藤六月、三塚博《みつづかひろし》、森喜朗、塩川正十郎《しおかわまさじゅうろう》の四人は、「安倍派四天王」と呼ばれていた。

なかでも、加藤六月と三塚博は、ライバル関係で「三六戦争」を繰り広げていた。

加藤はライバルの三塚博を潰《つぶ》すため、当時経世会《けいせいかい》（竹下《たけした》〔登《のぼる》〕派）会長代行だった小沢一郎《おざわいちろう》のもとへ駆け込んだ。加藤は小沢にきっぱりと言った。

「宮沢《みやざわ》喜《き》一《いち》総裁と自分の官房長官ポストだけくれれば、あとは人事は小沢さんの好きにしてくれ」

小沢はこのチャンスを活かそうと、東北地方で権力争いをしていた三塚博を潰しに動いた。小沢は岩手県、三塚は宮城県を選挙区としていた。

ポスト海部《かいふ》俊樹《とし き》を巡り、平成三年十月二十七日におこなわれた自民党総裁選には、宮沢喜一、三塚博、渡辺《わたなべ》美智《みち》雄《お》の三人が立候補した。

宮沢が勝利をおさめ、三塚は敗れた。加藤の官房長官就任はなかったが、三塚派からの入閣は、いずれも内閣の要となるポストからは外された。

森は、加藤六月を例に挙げ、岸田に話をした。

「今あんた、加藤六月と同じ状況にあるよ」

加藤六月

小沢一郎

が、岸田の態度は煮え切らなかった。

「いやあ、それはちょっと……」

森元総理は、逆に岸田に訊いた。

「岸田さん、あなたは、麻生さんになんと言えばいいと思っているの？」

森はさらにささやいた。

「岸田さんね、わたしならこう言いますよ。『麻生さん、頼みます。あなたにすべて内閣を任せます。副総理でも官房長官でも、幹事長をやるとおっしゃるならそれもすべてお任せします』と。そこまで言わない限り、もう麻生さんは動きませんよ」

「いや、それは早すぎませんか」

「早すぎませんかって、じゃあ、いつおっしゃるんですか？」

「いや、もうちょっとあとに……」

「だからあなたは、二週遅れているって言ったんですよ。そこまでやらないと、この流れは変わりませんよ」

「そうですか……」

岸田は、そう言って、「そろそろ次の約束がありますから」と出て行った。

森は溜《た》め息をついたという。

岸田はその後、麻生と会談した。森に言われたようなことを口にもしなかった。

「総理の意向がはっきりしていないから、決められない」

麻生からはそう言われ、当然のごとく好感触を得ることはできなかった。

結局、その夜、麻生派も渋々菅支持を決め、細田派も菅支持に傾いていった。

〈こりゃダメだな……〉

森は悔やむ。

「岸田さんはいい人なんですが、あれぐらいのことができないようじゃ。もしそれで空気が変わってきたら、安倍さんだって変わっただろう。もともと安倍さんの本心は岸田さんだったんですから」

岸田は、翌八月三十一日午前の官邸で、安倍総理と向き合い、支援を求めた。

「総裁選に向けた準備を進めています。お力添えをお願いします」

だが、安倍の言葉は素っ気なかった。

「自分の立場からは、個別の名前を出すことは控えている」

岸田は厳しい表情で官邸をあとにせざるを得なかった。

結局、岸田文雄はなんの行動も起こさず、菅義偉の勝利に終わった。

総裁選後、二位で敗退した岸田は、もう一度森喜朗のもとを訪ねて言った。

「森さんのおっしゃる通りでした」

岸田の言葉に、森が言った。

「そうでしょう。火事場の火がみんな消えてからショボショボッと行って、『うちもどこかの火を消しましょうか』って言ってるのと同じだよ」

古賀誠の「宏池会政権」への願望と菅への想い

かつて自民党幹事長や運輸大臣などの要職を歴任し、宏池会の会長を務めた古賀誠《こがまこと》と岸田文雄との関係は複雑であった。

古賀は、自民党が政権を奪還する平成二十四年十二月の衆院選に出馬せずに連続十期務めた衆議院議員を引退した。そのとき、宏池会の会長職も退くことにした。

当時、宏池会では、岸田のほかに、林芳正《はやしよしまさ》と逢沢一郎《あいさわいちろう》が副会長を務めていた。

古賀は、自身の後継について三人に話し合いをして決めるように伝えた。

だが、話し合いでは決まらなかった。結局、古賀が岸田を後継者として指名し、バトンタッチをおこなった。

当時の古賀はまだ七二歳で、政界では早期の引退と受け止められた。だが、古賀には強い思いがあった。

〈宏池会政権をいつの日か誕生させたい。派閥の領袖が総理を目指すことは、派閥にとって一番大事なこと。自分は残念ながら、すでに何度も総裁選を戦える年齢ではない。宏池会政権実現のために、自分は早めに会長の座を譲り、次の岸田さんに期待しよう〉

古賀はそれ以来、岸田に総裁選に早くから出馬して、自身の知名度を高めるようにアドバイスをしていた。

だが、平成二十七年の総裁選には岸田は出馬しなかった。

この総裁選は有力な対抗馬と見られていた石破茂が不出馬だったこともあり、現職の安倍総理が無投票で再選を果たした。

さらにそれから三年後の平成三十年の総裁選でも岸田は主戦論もある中、結局出馬せず、現職の安倍の支持にまわった。

この総裁選では圧倒的な不利が予測されていた石破が出馬し、現職の安倍に敗れている。だが石破は、敗れたものの党員投票で四五％近くの得票を獲得し、安倍相手に善戦。総理総裁候補としての面子《メンツ》を保った。

結局、古賀の期待も虚しく、岸田は宏池会の会長に就任して以降、二度の総裁選に出馬することはなかった。外務大臣、政調会長と要職に起用されていたこともあったのだろう。

古賀は、岸田の消極的な姿勢に自身の責任を感じていた。

〈総理総裁の椅子は、一度の総裁選でつかめるほど甘いものではない。何度もチャレンジしてようやく得られるものだ。岸田さんは本当に総理総裁を目指す気があるのか。このままでは多くの派閥の同志たちに説明がつかない〉

実際、総理総裁の椅子を一度の総裁選で射止めることは難しい。過去にも多くの政治家が総理総裁の椅子を目指し、総裁選に何度も挑戦を重ねている。長期政権を築いた小泉純一郎《こいずみじゅんいちろう》元総理も、三度目の挑戦でようやく射止めている。麻生太郎元総理にいたっては、四度目の挑戦で総理に就任した。

意外と思われるかもしれないが、古賀誠元幹事長も、二階と同様に早くから菅義偉の名前をポスト安倍の候補として挙げていた。

筆者は、菅が総理に就任する約一年前の令和元年八月にも古賀に取材したが、その際も古賀は次のように語っている。

古賀は、メディアなどでポスト安倍について「宏池会会長の岸田文雄自民党政調会長がすぐに目指さなくてもよい」と発言したことについて次のように語った。

「過去の歴史を見ても、長期政権のあとは誰がやっても短命になりやすいことは明らか。

中曽根政権のあとは、竹下（登）、宇野《うの》（宗佑《そうすけ》）、海部（俊樹）、宮沢（喜一）政権と短命で、ついに細《ほそ》川《かわ》（護熙《もりひろ》）連立政権に政権を奪われてしまった。小泉（純一郎）長期政権のあとも、第一次安倍（晋三）、福田《ふくだ》（康夫《やすお》）、麻生（太郎）政権と短命で、野党の鳩山《はとやま》（由紀夫《ゆきお》）政権に取って代わられてしまった。今回の長期の第二次安倍政権のあとは、修羅場《しゅらば》・土壇場《どたんば》・正念場の連続ではないかと思います。仮に岸田さんがポスト安倍の総理になったとしても、問題山積の状況で引き受けるのは相当大変なんじゃないかと思っています。年齢的にはまだ若いのだから、岸田カラーをしっかりまとめて、国民の期待に応える政権を目指してほしいと思っています。急がずに、国民の期待や盛り上がりを大事にしてほしいですね」

古賀誠

そう語るいっぽうで古賀は、菅への期待について次のように語った。

「菅さんの度胸と情報収集、その分析力はすごいものがあります。彼も秋田の山間部から出てきた叩き上げの政治家ですから、土の匂《にお》いがする。日本のリーダーへの情熱を期待したいものです」

実は、古賀と菅の縁は深く、長い。

平成八年の衆院選で初当選して以来、菅は、当時の橋本龍太郎《はしもとりゅうたろう》総理を誕生させていた平成研究会（現・竹下派）に所属していた。

だが、二年後の平成十年七月の総裁選で、派閥会長の小渕恵三《おぶちけいぞう》を推す派の決定に反旗を翻《ひるがえ》し、佐藤信二《さとうしんじ》とともに、梶山静六元官房長官を担いだ。

このとき、菅は、梶山、佐藤とともに派閥を退会した。

その後、菅は、無派閥で過ごすが、平成十二年七月に梶山と親交のあった古賀の所属する宏池会に入会し、平成二十一年九月に退会するまで九年ほど宏池会に所属していた。

平成十九年九月に福田康夫政権が誕生すると、古賀は、新設された選挙対策委員長に就任するが、このとき総務局長だった菅を選挙対策副委員長に重用し、二人で仕事をするようになった。

間近で菅の政治家としての仕事ぶりを見ていた古賀は、以前にまして菅を高く評価していた。

〈わたしの師匠である田中六助《たなかろくすけ》は、よく政治家には、情熱と誠実さと洞察力の三つが必要だと言っていたが、菅さんはまさにその三つを備え持っているな〉

また古賀は、秋田県から単身上京し、小此木彦三郎衆議院議員の秘書、横浜市議を経て、衆議院議員になった菅に対して、同じ非世襲の叩き上げの国会議員として、シンパシーを持っていた。

二歳のときに父親が戦死し、母親に育てられた古賀も、鬼丸勝之《おにまるかつゆき》参議院議員の秘書を経て、衆議院議員になった。

父親からの地盤を引き継ぎ、当選した世襲議員が多い自民党において、古賀と菅は、世襲の議員にはわからない苦労を経験していた。

菅の反目に回った岸田文雄はどうだろうか。森山裕の岸田評はこうだ。

〈非常にお人柄もいいし、真面目な方だというのもよくわかる。だが、総理総裁の椅子《いす》に今座るのはどう

か。能力はある方だから、今後も研鑽を積まれていけばいいのだろう〉

安倍が辞任を表明した時点で岸田にはまだ「禅譲」への期待があったのかもしれない。

これまでにも岸田はたびたび二階と軋轢《あつれき》を生んできた。

令和元年九月の自民党役員人事では安倍晋三総理が二階に代えて岸田を幹事長に充てる人事案を検討。だが、二階側の強い反対を受け断念している。「ポスト安倍」をうかがう岸田としても、いずれ幹事長ポストを経験しておきたい。

静岡五区から選出され民主党政権で環境大臣などを歴任した衆院議員の細野《ほその》豪志《ごうし》は、令和元年、無所属のまま二階派に入った。同じ選挙区で細野と戦ってきた吉川赳《よしかわたける》を抱える岸田派が反発した。

コロナ禍の経済対策における現金給付をめぐり、岸田が進めた給付対象を制限したうえでの現金三〇万円の給付が、二階の発言をきっかけに一律現金一〇万円の給付へと変更されたこともあった。森山は思う。

〈岸田さんにしてみれば、悪気は何もないんだろう。政治感覚の問題かもしれない。最も残念なのは、岸田さんの古賀誠先生への対応だろう。今回、前領袖の古賀先生と袂《たもと》を分かった。領袖は自分を犠牲にして派閥に尽くす。後を継いだ者は、前の領袖を大事にしなければならない〉

野田聖子・下村博文……収斂《しゅうれん》されていく道程

自民党の総務会長、総務大臣、消費者担当大臣、郵政大臣などを歴任した野田聖子は、以前から総理総裁への意欲をはっきりと示してきた。

だが、これまで自民党総裁選に出馬したことはなかった。平成十五年にそれまで所属していた高村派を退会して以来、無派閥で活動してきた野田は、立候補に必要な推薦人二〇人の壁に阻まれ続けてきた。

平成二十七年九月、野田は、初めて自民党総裁選への立候補を模索した。

この総裁選で、現職の安倍晋三総理の陣営は、安全保障関連法案の審議が大詰めとなっていたこともあり、無投票での再選を狙い、党内全七派閥と谷垣、石破両グループからの支持を取り付けた。

いっぽうで野田は、「無投票は国民に対する欺瞞であるし、不誠実だ」と批判し、告示日前日の深夜まで推薦人集めの電話をかけ続け、最後まで立候補を模索した。

だが、逆に安倍陣営から推薦人の切り崩しにあい、最終的に出馬断念に追い込まれた。

さらに野田は、その三年後の平成三十年九月の総裁選でも出馬を模索したが、推薦人を確保できずに立候補を断念した。

野田は、それでも総裁選への出馬を諦めなかった。

安倍総理が辞任を表明する直前には、任期満了となる令和三年九月の総裁選への出馬を目指して、二階俊博幹事長率いる志帥会のメンバーと会合を持ったこともあった。

志帥会側は、二階のほかに、林幹雄、鶴保庸介《つるほようすけ》、吉川貴盛《よしかわたかもり》が同席していた。

いっぽう野田側は、野田のほかに、浜田靖一《はまだやすかず》や小此木八郎《おこのぎはちろう》が出席し、総裁選での支援を依頼した。

そのときは、二階からは否定されることもなく「頑張れ」と激励された。

だが、総裁選出馬を目指す野田の計画は変更を余儀なくされる。

令和二年八月二十八日、安倍総理が突如体調不良を理由に退陣を表明し、総裁選に突入したからだ。

突然の総裁選となり、安倍の後継路線を標榜する菅義偉官房長官への支持が集中する中、野田は必死に出馬を模索した。

しかし、野田の盟友であり、推薦人になってくれる予定だった小此木八郎から「今回は菅さんを応援するから」との連絡があったこともあり、結局、断念した。

いっぽう、細田派では、下村博文や稲田朋美が出馬を模索していた。

竹下派でも、茂木敏充外務大臣が出馬する可能性があった。そのため、派閥として一致した行動を決めるのに時間が必要だった。

そうしたなか、細田派内から「総裁選に出馬したい」と名乗りを上げた人もいた。が、細田博之《ほそだひろゆき》会長は、早々に「細田派として今回の出馬は見送る」との方針を出した。

すると他派閥から「われわれの候補者を応援してほしい」と細田派の当選一回生から三回生の議員のもとにアプローチが入った。細田派の重鎮である衛藤征士郎《えとうせいしろう》は、「このままでは、うちの若手議員が草刈り場になる」と心配し、細田会長に申し出た。

「細田派がバラバラにならないよう、候補者を擁立すべきです」

細田会長から了解を得た衛藤は、誰を候補者にするか考えた。細田派でそれまで総裁候補に名前の挙がっている五人のうち、世耕弘成《せこうひろしげ》は参議院議員であるし、萩生田光一《はぎうだこういち》文科大臣は出馬にはまだ少し早い。すると下村博文元文科大臣、西村康稔《にしむらやすとし》経済再生担当大臣、稲田朋美元防衛大臣の三人に絞られる。衛藤は思った。

〈出すのだったら、下村がいい〉

衛藤は若手議員二一人の了解をとり、署名をしてもらったうえで下村博文を訪ねた。

「名簿がここにある。あなたが清和会を代表して、総裁選の準備をしてください」

衛藤が若手に「先輩の下村を推そう」と呼びかけたことで、清和会はバラバラにならずに済んだ。

いっぽう他派閥の総裁候補選びは、まず二階派が動いて菅義偉を推すこと

衛藤征士郎

下村博文

になり、麻生派も呼応した。さらに竹下派もそれに倣ったので最終的に細田派も足並みをそろえることになった。

このとき、衛藤は下村に会って事情を説明した。

「申し訳ないが、今回は菅さんを推すことになったので降りてください」

下村は、いつもの穏やかな表情でうなずいた。

「わかりました」

衛藤と下村の付き合いは長い。下村も事情を汲《く》んで、すぐに了解してくれた。

自民党新総裁に選出された菅義偉は、細田派が一致団結して自分を推してくれたことを理解していた。だからこそ菅総理は候補者だった下村博文を政調会長に抜擢し、西村康稔も引き続き経済再生担当大臣に任命し、すべて丸くおさまった。

細田派の重鎮である衛藤征士郎は思った。

〈下村さんは、将来の有力な総裁候補であることは間違いない。次期総裁選では、清和会（細田派）の皆さんの意見をよく聞いて体制を整えよう〉

加速度的に広がる菅支持下の派閥間つばぜり合い

八月三十一日の月曜日、菅を支持する動きは、党内で加速度的に広がっていった。

最初に動いたのは、平成八年十月の衆院選で初当選した菅の同期生だった。

この日午後、国会内の菅の事務所に、二階派の吉川貴盛前農水大臣や桜田義孝《さくらだよしたか》元五輪担当大臣、岸田派の竹本直一《たけもとなおかず》科学技術担当大臣、麻生派の棚橋泰文《たなはしやすふみ》衆院予算委員長や佐藤勉《さとうつとむ》元総務大臣ら七人が訪れて、菅に立候補を要請した。

菅と同期の山口泰明は、菅陣営の事務総長を任された。どうやら麻生派に所属する同期の佐藤勉が、菅に山口の事務総長就任を打診したらしい。菅も、その打診に応じたのである。

山口は、同期の吉川貴盛や棚橋泰文らとともに体制をつくりあげた。このときに気を配ったのは、どこの派閥も飛びぬけないようにすることだった。無派閥の菅が立つのに派閥色を払拭《ふっしょく》したかった。派閥色が濃すぎると、国民からは「派閥の論理で選挙がおこなわれている」と見られかねない。派閥の領袖たちの挨拶も決起大会だけで、発起人大会では省いた。新しいスタイルも取りたかったので、出陣式では、ゲン担ぎで出すことが恒例のカツカレーも出さなかった。

夕方には、菅に近い無派閥の議員グループ「ガネーシャの会」のメンバー一四人も事務所を訪れ、菅に立候補を要請した。

要請を受けて、菅は語った。

「コロナと経済を両立させていかなければならない。今後、前向きに検討していく」

この日は、菅自身も、細田派の細田博之元幹事長、参院自民党や竹下派に強い影響力を持つ青木《あおき》幹雄《みきお》元参院会長と会談し、立候補を表明する考えを伝えた。

二階派以外の派閥も、菅支持に続々と傾き始めていた。

第二派閥の麻生派も、菅支持の方針を決めた。会長の麻生太郎副総理は、立候補を模索していた河野太郎防衛大臣と会い、一本化に協力するように求めた。

麻生派と並ぶ第二派閥の竹下派にも、菅を推す声は高まっていた。

細田派も、この日夜に幹部会合を開き、菅支持の方針を決めた。下村博文選挙対策委員長と稲田朋美幹事長代行は立候補を見送ることが決まった。

すでに森山裕国対委員長が菅政権成立に向けて動いていた石原派も、菅支持の方向で固まりつつあった。

石原伸晃元幹事長は、記者団に語った。

「政策の継続性も非常に重要だし、コロナは一日にして終了しない」

二階の右腕の林幹雄幹事長代理によると、麻生派が菅の支持を決めた時点で、菅の勝利を確信したという。林が語る。

「麻生派が支持を決めた時点で勝ったと思ったけれど、あんなに一斉に週が明けてすぐに各派が菅支持に流れてくるとは思わなかった。一気に菅支持の大きな流れができたからね。やはり、二階幹事長は、大事な局面でのタイミング、政治勘はすごいものを持っている。タイミングだけでなくて、そこからのスピードも早いからね」


九月一日午前、自民党の総務会で、総裁選については、投票権を国会議員と都道府県連の代表者に限る「簡易型」とすることが決まった。従来の総裁選と比べて、地方の意見が反映されにくいという声もあり、各都道府県連に予備選挙を要請することにした。

この要請もあって、総務会で菅に三票すべてを投じることを決定した菅の出身地の秋田県連以外の四十六都道府県連では、予備選挙や、党員へのアンケート調査を実施した。このことによって、実際にはほとんどの都道府県連で、党員・党友による投票がおこなわれた。

総裁選の実施方針が決まる中、この日もさらなる動きがあった。

九月一日、菅は麻生と会談し、立候補の意向を伝えた。

麻生は、この会談で菅に訊いた。

「いつから、総理になろうと思ったんだ」

菅は、自身に近い若手議員を集め、石破と岸田のどちらが安倍の後継にふさわしいか聞いたところ、大半が石破の名を挙げたことを説明し、さらに語った。

「出なければいけないと決意しました」

この日午後、河野太郎防衛大臣は、総裁選に立候補しない考えを表明した。

「仲間といろいろ相談をして今回は出馬しないことにした」

河野の不出馬により、総裁選は、この日に出馬を正式に表明した石破と岸田の二人と、二日に出馬表明を予定している菅による三つ巴の構図が確定した。

また、石原派も菅の支持を決定し、さらに竹下派も、翌二日の派閥の総会で菅の支持を正式に決定することが決まった。

この二派の決定によって、党内七派閥のうち、二階派、細田派、麻生派、竹下派、石原派の五派閥が菅を支持することが決まり、菅が新総裁に選ばれる流れはさらに強まっていく。

九月二日午前、二階派の会長代行を務める河村建夫元官房長官や事務局長の平沢勝栄《ひらさわかつえい》らは、菅の議員会館の事務所を訪れて、菅の総裁選への立候補を要請する連判状を手渡した。

林によると、この連判状は週が明けた八月三十一日から二階派の全議員が署名し、作ったものだという。今回は、安倍の再選、三選時には署名をしなかった伊吹文明《いぶきぶんめい》元衆院議長も真っ先に署名したという。

連判状を受け取った菅は、語った。

「大変ありがたい。天下国家のために全力を尽くして頑張る」

この日夕、菅は、青系のスーツとネクタイを身につけて、総裁選出馬表明の記者会見に姿を見せた。七年八カ月の間、一日二回、政権のスポークスマンとして官邸で会見をこなしてきた菅だが、この日は緊張した面持ちで、冒頭からコップの水を口にふくんだ。

菅は、安倍政権の継承を訴えた。

「第二次安倍内閣が発足して以来、七年と八カ月にわたり、内閣官房長官として、総理のもとで日本経済の再生、外交安全保障の再構築、全世代型社会保障制度の実現など、この国の未来を左右する重要な課題に取り組んでまいりました。今年に入ってからは、新型コロナウイルス感染症の拡大という、かつてない事態に直面する中で、その感染拡大と医療崩壊を防ぎ、同時に社会経済活動を再開していくという課題に、真正面から取り組んでまいりました。こうした中で陣頭指揮を執られていた安倍総理が道半ばで退かれることになりました。首相の無念な思いを推察をいたしております。しかし、この国難にあって、政治の空白は決して許されません。一刻の猶予もなりません。この危機を乗り越え、すべての国民の皆さんが安心できる生活を一日も早く取り戻すことができるために、一人の政治家として、安倍政権を支えた者として、今なすべきことは何か熟慮をしてまいりました。

そして、わたしは、自由民主党総裁選挙に立候補する決意をいたしました。安倍総裁が、全身全霊を傾けて進めてこられた取り組みをしっかり継承し、さらに前に進めるために私の持てる力をすべて尽くす覚悟であります」

菅は、自らの生い立ちについても語り、さらに、縦割り行政の打破や、安倍政権の継承などを訴えた。

いっぽうで、菅陣営では、派閥間のつばぜり合いも始まっていた。

この日の夕方、細田派の細田博之、麻生派の麻生太郎、竹下派の竹下亘の三人の各派会長は、合同記者会見を開き、菅支持を表明した。

三派領袖が並ぶ異例の会見は、麻生の発案によるもので、他派閥に先駆けて菅擁立の流れをつくった二階派に対する巻き返しであった。菅への支持表明が遅れた三派は、新政権に自派の影響力を少しでも残そうと必死であった。

流れは、菅擁立に動いていた。九月二日には、麻生太郎、細田博之、竹下亘の各派閥がそろって菅支持を表明することになった。この会見を仕切っていたのは、麻生だった。

　会見を開くことが決まったところ、二階派事務総長の平沢勝栄から山口に電話がかかってきた。この会見に、二階派も参加したいことを伝えてきた。

　山口は、志帥会会長代行の河村建夫から麻生に直接連絡するほうが話が早いことを伝えた。河村は、麻生総理時代の官房長官だったからだ。しかし、結果的には記者会見には出席しなかった。

　岸田陣営も、永田町の派閥事務所に集まり、選対本部会合を開き、岸田がこの日発表した政策をパンフレットなどに印刷し、各議員が地元で支援を呼びかける方針を決めた。

　石破陣営も、都内のホテルで選対本部の事務所開きをおこなった。石破派のほか、無派閥の渡海紀三朗《とかいきさぶろう》元文部科学大臣や、竹下派の三原朝彦《みはらあさひこ》衆院議員も出席した。

　石破は記者団に語った。

「党員に向けて精いっぱい訴えたい。自分の思っていることを全身全霊で訴えることに尽きる」

　自民党総裁選が告示された九月八日、三候補者の陣営は、推薦人名簿を届け出た。

　菅の推薦人は、代表に浜田靖一が就任し、二階派からは平沢勝栄、吉川貴盛、鶴保庸介の三人が名を連ねた。

自民党総裁選の状況と衛藤征士郎の感慨

　九月八日、自民党総裁選挙が告示された。出馬したのは岸田文雄政調会長、石破茂元幹事長、菅義偉官房長官の三人である。

　三人の候補者を眺めながら、森山は思った。

〈安倍さんの後ということもある。ここは少し毛並みの違う人にやってもらうのが一番いいだろう〉

「毛並みが違う」とは、安倍とは一線を画す政治家であることを指す。具体的に言えば、三世や世襲ではない人間が望ましいという意味だ。総裁選の候補者三人のなかで、その要件を満たしているのは菅だけである。

総裁選の選挙戦中から「叩き上げ」が流行語のように取り上げられることが増えていった。森山は思った。

〈努力して自らの足で立ってこられた。そういう官房長官のお人柄も、国家のためには大事だ〉

九月十四日、自民党総裁選の投・開票がグランドプリンスホテル新高輪でおこなわれた。

国会議員票、各三票の都道府県連票を合計した開票の結果、菅義偉が議員票二八八票、県連票八九票で合計三七七票、岸田が議員票七九票、県連票一〇票で合計八九票、石破が議員票二六票、県連票四二票で合計六八票であった。菅は初回の投票で過半数を得て、第二六代総裁に選ばれた。

菅は、都道府県連票でも、トップの八九票で、全体の六三％を獲得した。過去に挑戦した総裁選で地方票で強さを見せた石破茂元幹事長は都道府県連票の二九％となる四二票と伸び悩んだ。議員票との合計では二位につけた岸田文雄政調会長は、さらに伸び悩み、都道府県連票の七％にあたる一〇票だった。

今回の総裁選は、地方票が通常より少ない簡易型でおこなわれたが、当初から議員票で優位につけた菅がその勢いのまま、都道府県連票でも優勢を保った。

地元出身の菅に三票を入れることを総務会が決めた秋田県を除く、四六都道府県が予備選を実施したが、菅は、そのうち三八都道府県の予備選でトップの票を集めた。

また、最も多く得票した候補者に三票すべてを投じる「総取り方式」を採用した東京、神奈川、和歌山、山口など八都道府県のすべてで勝利を収めた。

菅は、得票率に応じて各候補者に割り振るドント方式の地域でも順調に票を積み上げた。

細田派の重鎮である衛藤征士郎元衆院副議長は、菅義偉が総理になったことに深い感慨を覚えた。

〈菅さんも、わたしと同じ土の匂いがする人だ〉

総理就任以来、菅はよく「土の匂いがする総理」とたとえられる。これは衛藤が最初に言い始めたことだった。二人とも農家出身で、菅の実家は苺《イチゴ》農家、衛藤の実家は稲作と炭焼きで生計を立てていた。

また菅と衛藤は、互いに地方自治を原点としていた。菅は横浜市会議員、衛藤は大分県の玖《く》珠《す》郡玖珠町の町長をそれぞれ二期務めており、二人のバックボーンとなっている。

衛藤は、昭和十六年（一九四一年）四月二十九日、当時日本の統治下であった朝鮮半島南部全羅南道《チョルラナムド》の康津《カンジン》に生まれた。終戦後は帰国して大分県玖珠郡玖珠町に移り、早稲田大学政治経済学部に入学するまで大分で過ごした。

衛藤は国会議員としてのキャリアが長い。玖珠町長を二期務めたのちの昭和五十二年七月の参院選に、政治団体「国政に新風を送る会」公認で大分地方区から出馬し、初当選した。昭和五十八年十月には衆院に転出し、旧大分一区から無所属で出馬して当選。以後、当選を十二回重ねてきた。

衛藤はその中で防衛庁長官、衆院副議長などを務め、大蔵委員会、決算委員会、予算委員会、国家基本政策委員会、テロ対策特別委員会の委員長を務めた「ミスター国会」である。

また憲法改正にも積極的で、自民党が野党時代の平成二十四年四月、衛藤を会長とする超党派議連メンバーが、一院制を導入する憲法改正原案を衆院議長に提出したこともあった。

そして、菅義偉と衛藤征士郎は、自民党総裁選で梶山静六を担いだ縁もあった。

梶山が国対委員長だったとき、国対副委員長を務めたのが衛藤であり、もともと二人は非常に親密な関係だった。

平成十年七月、参院選の敗北の責任をとって橋本龍太郎が退陣を表明した。後継を選ぶ自民党総裁選に竹下登や野中広務《のなかひろむ》が推す小渕恵三が名乗りを挙げると、それに対抗するかたちで梶山静六が小渕派を離脱してまで出馬を表明した。

梶山を師と仰ぐ菅義偉は、梶山擁立のために佐藤信二とともに平成研を離脱した。菅はまだ一年生議員だったが、梶山のことがよほど好きだったのだろう。

このときに梶山選対の幹事長を務めたのが衛藤征士郎だった。「次期総裁は小渕恵三」という圧倒的な空気の中、衛藤が梶山を推したのは、自身が当時所属していた宏池会（河野《こうの》グループ）で梶山側についた河野洋平《ようへい》、粕谷茂《かすやしげる》、相澤英之《あいざわひでゆき》らがみんな仲間だったからである。

梶山が総裁選出陣式を日枝《ひえ》神社でおこなった際、最も親しい衛藤が最初に拝礼をした。菅は、梶山が信頼する衛藤のことも敬意の念を抱いてくれていたのだろう。

総理総裁の座は時代が望む要素が大きい

早くからポスト安倍の適任者として菅義偉の名前を挙げていた古賀誠の見通しは当たった。菅はこの総裁選で、岸田派と石破派以外の五派閥から支持を集めて、圧勝した。

この総裁選では、古賀は、菅の勝利が確定的だったこともあり、宏池会会長の岸田支持で動いているが、心情としては、やはり菅が総理総裁に適していると思っていたという。

古賀が語る。

「僕は、やはり岸田さんが本気で総理総裁を目指すのなら、前々回（平成二十七年）や、前回（平成三十年）の総裁選に出るべきだったと思っていました」

令和二年九月の総裁選に岸田は出馬したが、古賀は今回の出馬にはあまり賛成はできなかった。

〈ここで出馬するならば、なぜ過去の二回の総裁選に一度も出なかったのだろうか。総裁選は一発で当選できるほど、生易《なまやさ》しいものではない〉

この総裁選では、菅を擁立する動きは二階俊博幹事長や森山裕国会対策委員長を中心に起こり、すぐに、党内各派に広がりを見せ、菅圧勝の流れができていた。

岸田が出馬することになったが、古賀は、菅政権の誕生への期待も公言した。

古賀は、世襲ではない叩き上げで地方出身の菅にシンパシーを強く持っていた。

二世議員や三世議員が増えた自民党において、ここ二〇年で総理総裁になったのは、森喜朗元総理だけ。他はいずれも世襲議員だ。

古賀は思っていた。

〈国民のなかには、『自民党の選ぶ総理総裁はいつも世襲議員ばかりなのか』という失望感を持っている人もいる。かつて田中角栄元総理が期待されたように『地方の実情を知っている政治家にやってほしい』という思いもあるのではないか。菅さんが総理になれば、自民党の多様性を国民にアピールするチャンスだ〉

古賀には、自分と同じように何もないところから這《は》い上がってきた政治家にこそ、次の日本の政治を担ってほしい、という思いがあった。

菅が勝利した総裁選の結果を受けて、古賀は思った。

〈多くの派閥が一緒になって、菅政権を誕生させた。結果的に、わたしの考えていたことが実現し、期待が持てる政権が誕生してくれた〉

宏池会の名誉会長を退任する覚悟だった古賀は、すでに菅の勝利は確定的だったこともあり、岸田への投票を呼びかけ、岸田支持で動いた。

古賀は総裁選の結果について思う。

〈岸田さんにとっては、あの結果は満点だったと思う。議員票で考えると基礎票は六〇前後。そこに二〇近く上積みできたわけだから御の字だろう〉

岸田文雄は「格差の少ない豊かな社会の実現」を訴えて自民党総裁選で八九票を獲得した。ただ、後継に選ばれた菅義偉の三七七票には遠く及ばなかった。残念ながら次点だった。

宏池会の事務総長の根本匠は、この差は、やはり安倍総理の突如の辞任、さらに、コロナ禍という特殊事情が大きく作用したものだと思っている。

後継者を選ぶ側からすれば選択肢は二つだった。

「官邸での執務経験がなくても決断できる人材」

もしくは、

「官邸での経験が豊富な人材」

多くの人たちが選んだのは、後者、つまり、菅義偉だった。安倍総理に代わって官邸に入り次第、次から次へと対応に追われるからだ。だから、安倍総理を支え続けた官房長官であり、〝有事の菅〟と呼ばれた菅義偉が安倍総理の後を継ぐ者として圧倒的な支持を得たのだ。

その意味では、「今回の総選挙での岸田支持は少なすぎた」という声も聞こえてくるが、根本はその評価は当たらないと言う。もし当初の予定通り、安倍の任期満了とともに総裁選がおこなわれていれば、あれほどの大差がつくことはなかったろうし、それどころか、菅を押し退けて総理の座に就いていたかもしれない。

むしろ、総理総裁の座とは、時代が望む要素が大きい。この安倍総理辞任に端を発する総裁選では、岸田は時代から選ばれなかっただけのことだ。

安倍の語る菅義偉と二階俊博

安倍晋三は、総理時代、筆者に菅義偉官房長官について次のように語っている。

「第二次安倍政権には、第一次安倍政権で政権運営を経験した人も多い。成功も失敗も、ともに経験しています。わたし自身も含めて、失敗から多くのことを学んでいます。菅義偉官房長官は、第一次安倍内閣で総務大臣として支えてくれていました。菅官房長官は、アンテナを広く張り、何か問題があれば、事前にそれを摘んでおくような役割を果たしてくれています。彼は、非常に闘将タイプの人間ですから、平時にも強いですが、乱世にも強いというタイプです」

令和二年九月十八日、筆者は、退任直後の安倍晋三前総理にインタビューに応じてもらい、菅義偉総理について語ってもらった。

「菅さんとは、わたしが二期生で、菅さんが一期生のときに、何かの会合で一緒になったのが最初です。当時、亡くなった中川昭一《なかがわしょういち》さんを中心に『日本の前途と歴史教育を考える議員の会』をやっていたのですが、そのなかで菅さんが『教科書問題というのは大きな問題です。わたしも応援したい』とおっしゃっていましたね。わたしの記憶には強く残っています。

その後、北朝鮮の船舶の入港を禁止する『特定船舶入港禁止法』を制定するときにも、頑張ってくれました。当時から、非常に行動力のある人で、わたしは、『国士だな』と思ったんです。歴史教科書の問題も拉致《らち》問題も、地元の選挙には関わりのない話ですが、本気で取り組んでましたから。

それ以来ずっと同志で、第一次政権のあともわたしに『もう一度安倍さんにやってもらう』と言い続けてくれました。誰もそんなことを言ってないときからです。

そして、平成二十四年の八月十五日に総裁選への立候補をどうするか考えているときにも『絶対出るべき』と背中を押してくれました。

官房長官という本当に大変な職務を担い、政権をずっと支えてくれました。

森喜朗元総理がよく『滅私奉公』という言葉を使いますが、まさにその精神で、政権と日本に尽くしてくれました」

安倍の妻の昭恵《あきえ》も、菅のことをよく評価するという。

「わたしの妻も、菅さんの仕事ぶりを見て、『あんなに一生懸命に仕事をしているんだから、あなたはもっと菅さんに感謝しなければダメよ』なんてよく言われます」

今回の総裁選で、安倍は、表立って活動したわけではないが、最終的に菅を推したという。

安倍が語る。

「任期途中での辞任というかたちになりましたので、菅さんには安心して任せられるという気持ちがありました。岸田さんも、外務大臣時代の仕事ぶりも評価していますので、これからもいろんな場面で活躍していくと思っています。いろんな選択肢があるのが自民党の良さですから」

安倍晋三前総理は、七年八カ月に及んだ第二次政権や、長期政権を支えた二階俊博幹事長の功績についても筆者に語った。

平成二十八年七月十六日、当時、幹事長だった谷垣禎一が自転車事故で、頸髄《けいずい》損傷をしたため入院する。

このとき安倍は、職務困難を理由に辞任した谷垣の後任に、総務会長だった二階を指名した。以降、二階は幹事長として一貫して第二次安倍政権を支え続けている。

安倍がこのときの事情について語る。

「谷垣さんの前任の幹事長は石破茂さんでしたが、石破さんの後任を考えたときも、その人選に非常に苦労しました。石破さんとは総裁選をともに戦い、そのときは、多くの地方票を獲得されていましたから。『石破さんに代わって誰に頼もうか』ということで、前総裁にあたり、自民党の野党時代に党をまとめていただいた谷垣さんにお願いしました。党内の信望も厚い谷垣さんに引き受けていただいたことで『石破さんが交代するのか』という党内の空気が、このときかなり落ち着いたんです。その谷垣さんが不慮の事故で幹事長を辞めざるを得ないという状況になってしまった。谷垣さんの存在は大きく、代わりになる人は滅多にいません。

やっぱり、与党が安定していなければ、政策を進めることはできない。政権の力の源泉は、党の安定に尽きます。かつての自民党には、河野一郎のような実力者と言われた人たちがいましたが、そういう実力者として、わたしの頭に浮かんだのが、二階俊博さんだったんです」

河野一郎は、日本自由党の幹事長や自由民主党の総務会長を務め、第一次鳩山一郎《はとやまいちろう》内閣の農林大臣や、池田勇人《いけだはやと》内閣で副総理を務めるなど、戦後の保守政界の重鎮の一人であった。現在、菅義偉内閣で行革担当大臣を務める河野太郎の祖父にあたる。

安倍は、二階を幹事長に起用したとき、二階について「自民党で最も政治的技術を持っている。まさに政治のプロ」と評している。

安倍がさらに二階の幹事長起用について語る。

「政治巧者とも言いましたが、二階さんには第一次安倍政権で国会対策委員長を務めていただいたときも、本当にしっかり仕事をしてもらっていました。そういう面では、いろいろと信頼していましたので、この人しかいないと幹事長にお願いをしました。前任の谷垣さんは、温厚な性格もあって、自民党全体を包み込むように党を掌握していました。二階さんは、長年蓄積された政治に関する知識と技術で党を掌握してくれました」

平成二十四年十二月の衆院選で勝利し、政権を奪還して以来、安倍総裁率いる自民党は、合計六度の国政選挙に勝利をおさめた。

安倍が選挙について語る。

「やはり政権の強さは、選挙で勝つことで生まれてきます。政権奪還のときの衆院選をふくめて、衆参でそれぞれ三回ずつ国政選挙を乗り切りましたが、特に参院選というのは難しかったですね。衆院選の反動や、有権者のバランス感覚など、さまざまな要素が反映されやすいので、毎回、本当に薄氷を踏む思いで戦っていました。二階さんにも選挙ではとてもお世話になりました。候補者調整などで、特に力を発揮してもらいましたよ」

平成二十八年八月三日に幹事長に就任した二階は、自民党の党則改正も主導し、平成二十九年三月の自民党大会で総裁任期の「三期九年」への変更を主導している。

安倍がそのことについても語る。

「党則の改正は、高村正彦副総裁が本部長を務め、茂木敏充政調会長が本部長代理を務めた自民党の党・政治制度改革実行本部で党内議論を進めたのですが、党内には党則改正に反対の論陣を張っている人たちもいました。そのあたりを、やっぱり二階さんの懐の深さで政治的におさめていただきました。

二階さんは政治的な力もありますが、政治的な発言をするタイミングが抜群なんです。もちろん誰が発しても、同じ効果が生まれるわけではありません。二階さんだからこそ効果を発揮できる発言を、最良のタイミングで繰り出します。やはり秘書時代からの長い政界での経験で培った勘が抜群なんでしょうね。

わたしは、二階さんを〝タイミングの魔術師〟だと思っています」

二階は、遠藤三郎の秘書になって以来、六十年近く政界にいる。野党経験も長いため、公明党をはじめとする他党とのパイプも誰よりも太い。さらに二階は、一度できた相手との縁を自分の方から切るということは一切せずに、あらゆる人間関係を大事にする。

安倍も、総理在任中、さまざまな場面で二階に支えられたという。

「たとえば、予算委員会などで政府が追及されて苦境に立っていても、二階さんは、いつもどっしりとしています。会うと『こんな問題は微々たる問題ですから、党は任せておいてください』と言ってくれます。『党も大変ですよ』なんて言ってくることは一度もありませんでした」

二階は、中国との外交も、積極的におこなっている。安倍が二階の外交について語る。

「外交は、お互いの間口を広くしておくことが必要ですから。中国は隣国であり、体制も異なることから、中国との間にはさまざまな問題があります。なかには日本としては、きっちり筋を通さなければならないことや、国益や主権に直結することもあります。

しかし、そういう問題を解決するためにも、話し合わなければなりませんから、そういう窓口を中国との間でも、常に開いておこうというのが、二階さんの考えです。

ときには、二階さんのルートで、先方にサインを送ったりすることはできますから。二階さんもそのあたりを心得てやっておられるんだと思います。二階さんは、長きにわたって中国との間で、パイプを培っていますから、先方にも、信頼されていますから」

安倍は、日本のような議員内閣制の国で、強い政権をつくるためには、与党との安定した関係が欠かせないと語る。

「やっぱり政権を維持するうえでは、与党である自民党との関係が大事なんです」

一時期は、総裁四選も取りざたされていたが、安倍自身には、その意欲はなかったという。

「体調とは関係なく、四選は考えていなかったです。すでにわたしの任期中に一度任期を延ばしていますからね。誰か次の人の時にさらに延ばすのはわかりますが、任期中に二回延ばすというのは考えていませんでした」

七年八カ月もの長期政権の要因をどう考えているのか。安倍は語った。

「短命に終わった第一次政権の経験も大きかったです。一度総理を経験したということが、糧になり、第二次政権に活かすことができました。

それといろんな巡り合わせもありましたが、やっぱり、人に恵まれたというのが最大だと思っています。二階幹事長もそうですが、第一次政権が終わったあとに、『もう一回頑張ろう』と応援し続けていただいた同志や同僚の議員の皆さんがいたということですね」

小泉純一郎総理の政務秘書官であり、第二次安倍政権で内閣官房参与を務めた飯島勲《いいじまいさお》は、小泉官邸と第二次安倍官邸を比較して、かつて筆者にこう評したことがあった。

「小泉さんは確かにカリスマであったが、小泉のために命を捧げてもいいというような気持ちで支えている議員はほとんどいなかった。いっぽう安倍さんには、安倍さんのためには命を捧げてもいいというような覚悟で支える議員がそろっていた」

菅との絆が深い日本維新の会の眼

実は、菅総理と日本維新の会の絆《きずな》は深い。

日本維新の会の幹事長、選挙対策本部長を務める馬場《ばば》伸幸《のぶゆき》は、昭和四十年（一九六五年）一月二十七日、大阪府堺市鳳《おおとり》（現・西区鳳）に生まれた。

昭和五十八年三月、大阪府立鳳高等学校を卒業した馬場は、オージーロイヤル（現・ロイヤルホスト）に勤務。昭和六十一年（一九八六年）二月から自民党の中山太郎《なかやまたろう》参議院議員の秘書となり、平成元年（一九八九年）から衆議院に転向し外務大臣となった中山の秘書として東京に勤務する。一年後には東京事務所の統括責任者に抜擢《ばってき》され、中山を支え続けた。

平成五年十月、馬場は生まれ故郷の堺市議会議員補欠選挙にて初当選。六度の当選を経た平成二十三年五月、堺市議会の第七六代議長に就任した。

市議時代は長らく自由民主党に所属していたが、平成二十二年に離党。大阪維新の会の結成に参加し、副代表を務めた。

そして平成二十四年十二月、馬場は旧日本維新の会公認で大阪一七区から衆院選に出馬。自民党元職の岡下信子《おかしたのぶこ》、民主党から日本未来の党へ鞍替えした前職の辻恵《つじめぐむ》らを破り初当選した。維新分裂の際は橋下《はしもと》徹《とおる》の新党側につき、国会対策委員長の解任、除籍処分などに遭ったものの、当選三回を果たし党の要職を歴任する実力者である。

平成二十三年四月十日におこなわれた大阪府議選で、橋下徹府知事が代表を務める地域政党「大阪維新の会」が過半数の議席を獲得した。

公約の目玉は「府会議員定数二割減」「議員報酬三割カット」の身を切る改革だった。選挙の際に似たような公約を掲げる政党や政治家はほかにもいたが、当選後に実行する者はまずいなかった。ところが、維新だけは違った。

馬場伸幸

大阪府議選から約二カ月後の六月四日未明、大阪維新の会は議員定数を一〇九から八八へと二一議席削減する条例改正案を可決し、閉会した。府議会事務局は「約二割の削減幅はこれまで聞いたことがない」としており、全国でも過去最大規模となった。

このとき、大阪府議会の議場が反対派によって封鎖され、議長が後方の扉からでなければ入れないような混乱状態に陥った。その抵抗を押し切って可決させたのである。

当時、谷垣禎一総裁のもとで、自民党国会対策副委員長および広報本部長代理を務めていた菅義偉は、「空約束ではなく有言実行」を証明してみせた大阪維新の会に、これまで以上に注目するようになったという。

大阪維新の会は、政界の常識として「不可能」とされる行財政改革を、橋下徹知事が先頭を切って押し進めてきた。その中で、同じ問題が日本全国でずっと塩漬けになって横たわっていることに気づき、国政へと向かっていったのである。


馬場は、菅義偉が自民党総裁に選出されたと知り、さもありなんとうなずいた。

〈安倍総理の後任は、やはり側近として長年支えてこられた菅さんしかいない。政策の裏表をすべて理解し、人間関係も熟知しておられる〉

菅総理の誕生は、日本維新の会にとっても喜ばしいことだった。自民党の国会議員のなかで、最も深い人間関係を築いてきたのが菅義偉だった。

安倍晋三、菅義偉、橋下徹、松井一郎《まついいちろう》の四人は、第二次安倍政権が発足後の平成二十五年以降、ほぼ毎年、二回の会食を続けてきた。安倍内閣と維新のパイプ役となったのが菅義偉であり、四人の関係は菅の主導で構築されてきた。

菅義偉が特に親しくしてきたのは、代表の松井一郎と、遠藤敬《えんどうたかし》国対委員長の二人である。馬場伸幸幹事長もまた、菅と長年にわたり交流や議論を重ねてきた一人である。そのつながりの中で、馬場は思っていた。

〈菅さんが理想としている政治を、ぼくら維新が頑張っている。菅さんは、われわれのことを、そんなふ

うに見てくれているのではないか〉

大所帯で岩盤規制にがんじがらめとなっている自民党は、たとえ一国の総理といえども自身の意見が容易に通ることはない。いっぽうスリムで若い組織である日本維新の会は、菅が「こうしたい」と思う政治に向けて突き進むことができる。

第3章　最後の田中派

田中角栄の〝いじめられっ子〟からの脱出法

筆者は、これまで田中角栄の関係者に四〇年近く取材を重ね、『闘争！　角栄学校』をはじめ、田中角栄について一一冊の作品を上梓《じょうし》している。

田中角栄は、大正七年（一九一八年）五月四日、新潟県刈羽《かりわ》郡二田《ふただ》村（現・柏崎市）に生まれた。上には兄一人、姉二人がいた。が、兄の角一が六歳で早世したため、角栄は、実質田中家の長男のようにして育った。

二田村は、海岸線に沿った小高い山並みと、越後《えちご》平野の真ん中、柏崎から長岡に続く山並みとのあいだにあった。

田中家は、四、五年前に開村した二田村坂田の一八戸の一軒として続いてきた古い農家であった。八、九反《たん》の田があった。

しかし、田中家は、農村にはめずらしく農業が本業ではなかった。父親の角次《かくじ》は、牛馬商を営んでいた。いわゆる馬喰《ばくろう》であった。

田中は、二歳のとき、ジフテリアにかかった。高熱を発し、生死不明になった。その大病がもとで、吃《きつ》音《おん》症になった。人生の初めから、大きなハンディを背負うことになる。

吃音症がひどいため、内気になった。近所の子供たちのように、外に出て跳びはねることもなかった。あまり外出しないで、家の中で遊ぶことが多かった。たまに外へ出ると、近所の子供たちからいじめられた。

〈こんちくしょう！〉

いじめる子供たちに口答えしようとした。が、吃音症のため、うまく口がまわらない。口をモグモグさせているうちに、言葉で表現することがもどかしくなった。つい拳骨《げんこつ》をふりあげた。弱いくせに、手だけは早かった。

田中は、大正十四年四月、二田尋常小学校に入学した。

五年生の秋、学芸会がおこなわれた。「弁慶安宅《あたか》の関」が出し物であった。田中は、自ら弁慶の役を志願した。

セリフに節をつけて歌うようにしゃべったり、伴奏をつけてもらったりと、工夫したおかげで、最後までうまく発声することができた。それどころか、満場、割れんばかりの拍手喝采であった。

田中は、その弁慶役の成功により、すっかり吃音症の克服への自信をつけた。それだけでなく、田中なりの考え方を身につけた。

〈人生、何事も逃げねぇで真正面から立ち向かっていけば、どんな苦しみも乗り越えていけるんだ〉

先生の草間《くさま》道之輔《みちのすけ》が田中角栄に教えた。

「人間の脳とは、数多いモーターの集まりである。普通の人間は、そのなかの一〇個か一五個のモーターを回しておれば生きてゆける。しかしこの脳中のモーターは、努力しさえすれば、何百個も、何千個も動かすことも可能だ。脳中のモーターの四分の一動けば、天才である。半分動いたら、エジソンになる。モーターが、全部動くとお釈迦《しゃか》さんになる。それには勉強することであり、数多く暗記することである」

田中は、眼を輝かして草間先生の話に聞き入った。草間道之輔先生は、田中角栄にさらに教えた。

「われわれ人間の頭脳のなかは、数限りない印画紙の倉庫となっている。自分が強く感ずれば、印画紙は強く感光するし、弱く感ずれば、露出される映像もまた模糊《もこ》たるものとなる。自分の姓名さえも書くことのできない文盲の老婆も、真剣に経文《きょうもん》を教われば忘れることもない。しかして脳中の印画紙は、無数であり、しかも一度露出された映像は死ぬそのときまで消えることがない。難解なものと取り組んでわれわれは苦悩する。すべてを暗記するには、数はきわめて多すぎる。しかしそんなときも脳中のモーターは回り、印画紙に対する感光は継続して、休むことがない」

草間先生の言葉は、のちの田中の人生に、いつまでも響き続け、励まし続けた。田中は、草間を生涯の師と思っている。

田中は、五年生を終えたとき、先生から言われた。

「おまえは、五年修了で柏崎の中学校に行ける。どうするか」

当時は、成績が優秀な者は、六年生を一年飛ばして、すぐに中学校へ進めた。しかし、田中の父の角次は、ホルスタイン種の輸入に失敗し、大牧場に賭けた夢は消え果て、財産の大半を失っていた。さらに、起死回生を狙って手を出した養鯉《ようり》業にもしくじっていた。母親のフメは、女手一つで田畑に出て、耕していた。田中は、母親の苦労を思うと、とても中学に進もうという気にならなかった。

「先生、おら高等科に進みます」

昭和八年（一九三三年）三月、二田小学校の卒業式がおこなわれた。田中は、総代として答辞を読むことに決まった。田中は、その文面に凝りに凝った。

当時、新潮社が雑誌『日の出』を創刊するにあたり、懸賞小説を募集した。田中は、「三十年一日の如し」という小説を投稿した。一等入選の夢こそ破れたが、佳作の下に入り、五円の賞金をもらっていた。

〈おらは、小説家になれるかもしれねえ〉

ひそかにそう考えていたくらいであったから、文章はうまかった。

田中は、練りに練った文章を手にし、卒業式の日に答辞を読んだ。

「残雪はなお軒下に堆く、いまだ冬の名残りも去りがたけれども、わが二田の里にも、甦生《こうせい》の春が訪れようとしています」

朗々と読みあげた。かつて吃音症で悩んだのが、嘘のようであった。

角栄の基盤《ベース》「人生は小手先でなく本腰で勝負」

二田高等小学校を卒業した田中角栄に、すぐに仕事はなかった。

このころ、新潟県は、国の補助を得て、救農土木工事を始めていた。家の前を通る道路の坂の部分を切り下げる工事に、二田村の者は、老人も若者も、女性までも出た。

田中は、両親に申し出た。

「おらも、トロ（トロッコ）を押しに出るぞ」

新潟県刈羽郡二田村の二田高等小学校を卒業した田中角栄に、すぐに仕事はなかった。そこで、家の前を通る道路の坂の部分を切り下げる工事に、出るというのだ。

田中にとって生まれて初めての本格的労働であった。母親は、田中のために地下足袋《じかたび》を買ってくれた。

田中はその新しい地下足袋をはき、昭和八年七月一日から、土方の一人として働いた。

毎日、朝の五時半から夕方の六時半ごろまで、トロッコやネコ車という小さな車で、土や石ころを懸命に運んだ。

現場に、面白い爺さんがいた。泥まみれになっている田中に言った。

「土方、土方と言うが、土方は、一番でけえ芸術家だ。パナマ運河で、太平洋と大西洋をつないだり、スエズ運河で、地中海と紅海を結んだのも、みんな土方だ」

爺さんは、田中の肩に手を置いて言った。

「土方は、つまり地球の彫刻家だ」

田中は、次の日から、いっそう気を入れ、泥にまみれて働いた。トロッコを押しながら、お経の文句のように呟《つぶや》き続けた。

「人間は、働がなくちゃいかん。人間は、働がなくちゃいかん」

田中は、天地の燃えるような七月の暑いさなか、三一日間、一日も休まず働いた。一日五〇銭ずつの三一日分、一五円五〇銭を受け取った。懸賞小説で五円稼いで以来の、田中にとって生涯で二度目の稼ぎであった。

田中は、この土方仕事と、面白い爺さんに出会ったことにより、すっかり人間が変わっていた。このとき以来、絶えず働いていないと気がすまないほどの働き者になった。

昭和九年三月、隣村の村役場の土木係をしていた土田という老人が、田中の勤める柏崎土木派遣所に駆けこんできた。

「角栄、きみは、望みどおり、東京に勉強に行けるぞ!」

田中は、土田老人に夢を語っていた。

「いつか、山を越えて東京に出て、勉強したい」

田中は、その夜、上京の話を切り出した。

母親は、息子の上京計画を心から喜んでくれた。母親は、送り出すわが子に三つの戒めを噛《か》んでふくめるようにして言った。

「人間は、休養が必要だよ。しかし、休んでから働くか、働いてから休むか二つのうち、働いてから休むほうがいいよ。悪いことをしでかさねば住めねえようになったらば、郷里へ早々に帰ってこい。金を貸した人の名前は忘れても、借りた人の名前は、絶対に忘れてはなんねえよ」

田中は、その言葉を、胸の奥深くに宝物のようにしまいこんだ。その言葉は、田中にとって、生涯の指針となった。

田中角栄は、昭和九年三月二十七日午前九時、柏崎駅から東京・上野へと向かった。

田中は、日本橋本石町にあった土建会社、井上工業東京支店で住み込みで働き始めた。東京支店長は、田中が柏崎土木派遣所で働いていたとき知りあった人の義弟であった。

朝は、五時に起き、六時までには掃除もすませた。それから、工事現場に飛び出していった。当時、月《つき》島《しま》の水産試験場の新築工事、堀切《ほりきり》橋の架け替え工事、上野のプール工事などを手がけていた。

朝から夕方の五時までは、みっちり現場の手伝いをした。

井上工業の材料倉庫は、深川の木場にあった。建築用材を取り壊した古材や仮設器材、機械器具などが、ぎっしりと積みこまれていた。

ある日、荒縄で縛った新しい瓦が、舟で木場の倉庫に着いた。遠州瓦の産地・浜松から送られてきたものであった。

瓦の荷揚げ人夫の手配は、あらかじめ田中がしていた。が、その日に、あてにしていた人夫が集まらなかった。

田中は、仲間の入内島金一《いりうちじまきんいち》に言った。

「仕方がない。二人でやってみるか」

入内島と二人、生まれて初めて沖仲仕をやることにした。

入内島は、田中角栄がのちに小佐野賢治《おさのけんじ》と同様に、「刎頸《ふんけい》の友」と呼んではばからない男となる。「刎頸の友」とは、「生死を共にし、友のためなら首を斬られるのも悔いないほどの親しい交わり」のことである。

小舟と倉庫のあいだには、厚さ三寸、約一〇センチほどの松板が渡してある。瓦は、何枚かずつ荒縄で束ねてある。それを肩に、倉庫まで運びこむ。が、踏み板が、ゆさゆさ動く。まかり間違うと、水の中へ飛びこむことになる。足腰がよほど柔軟でないとやれない。

田中と入内島の二人は、瓦を肩に担ぎ、揺れる踏み板の上を運び続けた。踏み板はひどく揺れる。田中は、および腰になった。冷や汗が出てくる。

そのとき、遠くから見ていたその道の大将らしいオヤジが、大声で怒鳴った。

「おーい、若いの、腰だ。腰だ」

うまく渡るためには、足でなく腰を十分に使ってやれ、という意味であった。田中は、言われた通りに腰を使って運んだ。今度は、うまく運べた。田中は、感心していた。

〈なるほど……〉

田中は、このときの大将の言葉が、のちのちまで耳底に焼きついていた。何度か人生の修羅場《しゅらば》をくぐるとき、その大将の怒鳴り声がどこからともなく聞こえてきたものである。

「おーい、腰だ、腰だ！」

人生は、小手先でなく、本腰で勝負するのだ……田中は苦境に陥るたび、そう自分自身に言い聞かせ、腰を入れなおしたものであった。

田中角栄は、夕方の五時に沖仲士の仕事を終えると、田中にとって「刎頸の友」である入内島金一といっしょに自転車に飛び乗り、神田中猿楽町《かんだなかさるがくちょう》にあった私立中央工学校に急いだ。

入内島も中央工学校の夜間部に通っていた。田中は土木科で入内島は建築科であった。

始業時間は、六時からで、二人はいつもギリギリに教室に飛びこんだ。

六時から九時までの三時間、田中は疲れきっていたが、全身を耳にして先生の講義に聞き入った。

小学生のとき、草間道之輔先生から言われていた。

「人間は、二〇歳までに教わるものは、一〇〇%覚えられる。が、二〇歳以後になると、覚えが悪くなる。四〇歳を過ぎると、覚えるより忘れるものが多くなる」

田中は、覚えるのは若いときしかない、と必死であった。

しかしあまりに疲れていた。いかに気力をふりしぼっても、ついウトウトすることがあった。

田中は、おのれを愧《は》じた。鞄の中にしまっていた千枚通しをそっと取り出し、手のひらに当てていた。ついコクリとなると、千枚通しが手のひらを刺す。ハッとして眼を覚ました。

授業が終わると、田中は、校門の前で入内島と待ちあわせていた。暗い中を二人は自転車を並べ、住みこんでいた井上工業に帰った。

田中は一九歳のとき、一本立ちすることにした。

〈どこまで一人でやれるかわからぬが、やるだけはやってみよう！〉

田中は、神田錦町三丁目の角にある鉄筋コンクリート五階建てのアパートの一室を借り、そこを事務所とした。角栄の栄の字をとり、共栄建築事務所という看板を掲げた。

田中は、廊下に出、何度も看板を見ながら、喜びに顔を火照《ほて》らせた。

〈小なりといえども、自分の城を持つことができたのだ〉

田中は、周りの友人たちにつねづね言っていた。

「織田信長、豊臣秀吉、徳川家康の三人の武将のうちでは、おれは、信長のような生き方をしたい！」

短くともいい、激しく燃え尽きたかった。

田中の兄は、幼いとき死んでいる。自分も、どうせ長くは生きまい、と覚悟していた。幼いときから、体もあまり丈夫ではなかった。それゆえ周りの者にも言っていた。

「おれは、四〇までに死んでもよい。ただし、それだけのことはやって死ぬ！」

「道路三法」が示す角栄の議員の自負

田中に、いよいよ、昭和の信長として生きるための旗揚げの時機がきたのだ。

田中は、国会でも活躍を始めていた。議員立法による「道路三法」の提案である。

当時は、立法提案から委員会答弁まで議員が務める「議員立法」のさかんな時代であった。

道路三法というのは、①道路法、②ガソリン税法（道路整備費の財源等に関する臨時措置法）、③有料道路法（道路整備特別措置法）の三法であった。

田中は、張り切っていた。

〈道路整備は戦後日本の大きな課題だ〉

問題は、整備財源をどこに求めるか、であった。

田中は、当時建設官僚であった井上孝《いのうえたかし》（のちに国土庁長官）に調べさせた。

「アメリカでは、整備財源はどうなっているか、大至急調べてほしい」

井上は、さっそく調べてきて田中に報告した。

「アメリカでは、ガソリンの税金を、道路整備財源に充てております」

田中は、ＧＨＱ（連合国軍最高司令官総司令部）もその意向であることを察すると、ガソリン税を道路法案の財源に充てることに決めた。

井上も、喜んだ。

「自前の財源で道路を整備するのは、夢でした」

昭和二十三年に独立したばかりの建設省に、その力はなかった。

「田中先生、もし道路三法ができれば、道路整備の基礎工事は、最低限できます。特に、ガソリン税法が通れば、建設省が独自の財源をもてることにより、道路整備の長期計画が立案できます。その意義は、はかりしれないものがあります」

田中は、元土建屋ゆえに、建設省の連中には親近感を感じていた。今後、地元の橋などを直させるときにも、ただ、「西山町の橋を直せ」と建設省の役人に命じても、動いてくれるはずがない。役人を動かすためにも、建設官僚が動きやすいように、財源をつくることが先決と思っていた。

しかし、田中の前に、大蔵省が立ちはだかった。大蔵官僚たちは、猛反対した。

「税金を、特定の目的に使う『特定財源』は、予算配分の権限を侵されるから、断固として許すわけにはいかない！」

石油・運輸業界も強く反対した。

田中角栄

「増税は、許さない」

田中は、抵抗が激しければ、よけいに燃えた。三四歳の若い血がたぎった。

〈必ず、通してみせる〉

昭和二十七年四月、田中は手始めに、旧道路法の全面改正をはかる〝新道路法〟を衆議院に提出した。この法案は六月二日、参議院本会議で可決・成立し、十日に公布となる。

次は、懸案のガソリン税法である。二十七年の第一五回国会に提出されたこの法案は、年内に衆議院本会議を通過したが、参議院で審議中、衆議院解散となり、いったんは廃案となった。だが、これに情熱を傾ける田中は、翌二十八年六月、衆議院に再提出する。

依然として強い反対意見に、田中は衆議院建設大蔵連合会で、口髭《くちひげ》をふるわせるようにして、ほとんど一人で熱弁をふるった。

「いままで、表日本偏重の予算投下が長いあいだ続けられ、裏日本とか、裏日本から表日本を横断する道路などが未改良になっております。これを、いっさい整備しなければ、道路整備は終わらない」

田中の脳裏には、雪に閉じこめられたふるさと越後の交通事情の悪さに苦しむ姿が、焼きついていた。ふるさとの格差是正に執念を燃やしていた。

反対派から攻撃があると、

「一人あたり道路費に出している額は、ちなみに、インドが三九円でして」

と煙に巻いた。

田中は、小学校の先生・草間道之輔から言われた通り、眼に入る数字は、すべて記憶していた。田中の記憶力は、群を抜いていた。

しかし、大蔵省の追及はさらに続いた。

「ガソリン税法は、建設省の予算折衝のお助けをする法律にすぎないような気がしますが」

田中は、右の拳《こぶし》をふりあげ、顔面を紅潮させ、飛んでくる矢をかわした。

「建設省のためというような甘い考えは、持っておりません！　日本の産業の根本的な再興をするためには、道路整備以外ないのです！」

田中は、逆に、大蔵省側の委員の攻撃にかかった。

「最終的には、国土計画が、大蔵省の一方的な考えでやられることが多い！」

田中は、さらに、局面が困難になると、大蔵省に自ら乗りこんでいった。

若手実務家たち一人ひとりをつかまえて、説得にあたった。

「きみたち、日本再建の基礎は、道路だ。頼むぞ！」

各個撃破も功を奏し、大蔵省も燃えあがっていった。

田中は、当時、建設大臣であった佐藤栄作にも頼みこんだ。

吉田学校の先輩である佐藤栄作は、大きな眼をぎらりと光らせ、

「わかった。きみのために、ひと肌脱ごう」

と力を貸してくれた。

ついに、ガソリン税法は、昭和二十八年七月、参議院本会議で可決され、同月二十三日、公布となった。

大蔵省側のメンバーは、戦後初めて立法府に敗れ、歯ぎしりした。

〈田中め……〉

田中は、喜びに燃えていた。

〈誰も鈴をつけなかった大蔵省に、ついに鈴をつけたぞ〉

昭和二十七年六月六日に公布となった有料道路法と合わせて、田中が作った道路三法が、その後の日本経済の発展に大きく貢献したことはいうまでもない。

　後年、田中は、「自らの手で立法することにより、政治や政策の方向を示すことこそ、政治家本来の機能である」と語っている。田中自身がおこなった議員立法は三十三件であるが、メインで動かずとも、なんらかのかたちで関わった法案までふくめれば、その数はもっと多くなるだろう。

菅義偉の生い立ちと上京からの転機

いっぽう、筆者は菅総理についての著作も『内閣官房長官』をはじめ、四冊上梓している。

菅義偉総理も、新潟の豪雪地帯で育った田中角栄同様、秋田県の豪雪地帯に生まれた。

菅は、昭和二十三年十二月六日に、秋田県雄勝《おがち》郡秋ノ宮村（現・湯沢市）で、和三郎《わさぶろう》・タツ夫妻の長男として生まれた。

父親の和三郎は、戦前は、満州鉄道で働いていた。戦後は、農業を営んでいた。

菅が生まれ育った雄勝町は、奥羽山脈に抱かれる秋田県の東南端、山形・宮城と県境を接する豪雪地帯だ。そのため、十一月から三月までは雪に埋もれてしまう。和三郎は出稼ぎには出なかったが、ほとんどの家庭ではこの期間に稼ぎ手が出稼ぎに出ていた。

和三郎は、昭和三十五年に四〇歳で地域の苺《イチゴ》組合を立ち上げて、組合長に就任し、平成二十二年六月二十八日に九二歳で亡くなるまでずっと務めていた。

和三郎は、農業についての先見性を持っていた。組合長に就任するころから、すでにコメ農家が将来先細りになる、という強い危機感を抱いていた。ほかの地域の農協がコメばかりの中で、コメに依存するのではなく、付加価値の高い農産物に活路を見出すべきだと考えていた。和三郎が取り組んだのは、苺の生産である。苺の出荷時期は、例年十一月ごろから翌年の五月ごろまでがピークにあたる。

和三郎は、他の地域の苺の出荷が下火になる五月ごろから市場に出回るような苺の生産に取り組んだ。六月から七月にかけて販売すれば、流通量が少ないので苺の販売価格も高くなる。和三郎が中心となって開発した品種は、和三郎の名前をとって「ワサ」と名づけられた。アメリカ種の苺でしっかりした果皮と酸味が特徴の「ワサ」は、現在も秋田県で生産され、主に六月から七月にかけて生産・出荷されている。

和三郎は、東京や大阪などの大都市をはじめ、遠く四国や九州にまで販路を拡大していた。

菅が農産品の海外輸出に特に力を入れるのも、こういう父親を見て育ったせいでもある。令和二年（二〇二〇年）三月に農産品輸出のための閣僚会議を開き、次の輸出目標を「二〇二五年に二兆円、二〇三〇年に五兆円」と打ち出している。

菅は、地元の秋ノ宮小学校、秋ノ宮中学校を卒業し、秋田県立湯沢高校に進む。菅は、自身の将来について考えていた。

〈このまま秋田に残って農業を継ぐのは嫌だ。東京に行けば、いいことがあるはずだ〉

当時の日本は高度成長の真っ最中で、右肩上がりの時代だった。菅の中学時代の同級生は一二〇人。そのうちの半分の六〇人が中学卒業と同時に東京へ集団就職した。残った六〇人の半分の三〇人が家事手伝いとして農業を継ぎ、三〇人が高校へ進学。菅も高校へ進学したうちの一人だった。その後、高校を卒業した三〇人のうち一人だけが大学へ進学した。

菅は、東京への夢を抱き、家出同然、単身で上京した。

その後、板橋の段ボール工場に住み込みとして就職した。が、菅は、次第にある強い思いを抱くようになる。

〈視野を広げるため、大学で学びたい〉

入学金を貯めるため、築地市場の台車運びなどのアルバイトもして、アパートに帰れば試験勉強という生活が二年ほど続いた。

菅は、当時、私立で最も学費が安かった法政大学法学部政治学科に入学した。

入学後も、ガードマン、新聞社での記事運び、食堂のカレーの盛りつけ係などのアルバイトを続け、さまざまな職場で働き、学費を稼ぎながら大学を卒業した。

農家の長男として生まれた菅は、決して秋田を捨てたわけではなかった。大学を卒業するときに、悩んだ。

〈田舎に帰ろうか。それとも、まだ東京に残ろうか……〉

東京に残ることを決めた菅は、民間企業に就職した。

実は、菅には大学時代から迷っていたことがあった。

〈自分が一生懸けてやれること、やりたいこととは、いったいなんだろうか？〉

サラリーマン生活を始めてから、ようやく気づいたことがあった。

〈世の中の仕組みとは、こういうものなのか。政治が、世の中を動かしているんだ〉

就職してから一年ちょっと過ぎたころだった。それまでは目標が見つからず、ふらふらしていた菅に、ようやく目指したいと思える道が見えた。菅は光が差した気がした。

〈政治の世界に身を投じてみたい。政治の世界こそ、人生を懸けるにあたる世界では〉

大学では普通のノンポリ学生だった。政治に興味を持ったのも、誰かの影響を受けたり、何かきっかけがあったわけではない。いろんなアルバイトを経験し、就職したことで、ようやく見つけた世界が政治だっただけだ。

このとき菅は、いずれは政治家になりたいなどとは思わなかったし、政治家になれるとも思っていなかった。ただ、政治の世界で働きたかった。

〈どのみち一生は一回だ。自分が人生を懸けてもいい、と思えるところで働くべきだ〉

政治の世界に一生を懸けると決めたものの、ツテなど何も持っていない。

菅は、母校の法政大学のOB会の事務局を紹介してもらい、清水事務局長に自分の思いを話した。すると、事務局長が懇意にしていた法政大ＯＢの中村梅吉《なかむらうめきち》（元衆議院議長）の秘書につないでくれた。

ただし、すぐに秘書として採用されたわけではなかった。

「うちの秘書といっしょに、東京の安井謙《やすいけん》議員の事務所に行って、参院選を手伝ってこい」

菅は、政治の世界へと飛び込んでいく。

秘書から横浜市議へと向かった菅の意志

安井謙は、自治大臣兼国家公安委員会委員長や、総理府総務長官を務めるなど、ベテランの参議院議員だった。

菅は、昭和四十九年の参院選に東京都選挙区から五選を目指して出馬する安井の選挙を見習いとして手伝うことになった。

すぐに秘書になれたわけではないが、菅はうれしかった。ようやく政治の世界に入れたことに喜びを感じ、誰よりも朝早く事務所に行き、夜遅くまで働いた。今、自分にできることすべてをやろうという一心だった。

そして、菅は確信した。

〈探し求めていたのは、これだ〉

選挙が終わったあと、働きぶりが素晴らしかったと評価され、菅は五、六人の政治家の事務所から「秘書に来ないか」と誘われた。

しかし、最初に紹介してもらった中村梅吉が身体を壊し、次の衆院選には出馬しないことになった。そのため、中村の秘書が非常に親しくしていた同じ中曽根派の小此木彦三郎事務所を紹介してくれた。

「横浜の小此木さんのところに行ったらどうだろうか」

小此木彦三郎

菅は、小此木事務所で秘書として働くことを決めた。

二六歳の菅が一生を懸けると決めた政治の道のスタートは、小此木彦三郎の秘書としてからだった。そして、このときから、菅のアクセルは踏みっぱなしである。

小此木事務所での序列は、一番下の末席。菅の秘書生活は十一年に及ぶことになるが、最初の二年は小此木の秘書として、神奈川県議の梅沢健治《うめざわけんじ》（元自民党神奈川県連会長）を担当し、選挙や地方政治を学んだ。

昭和五十八年十二月、小此木は、中曽根《なかそね》（康弘《やすひろ》）内閣の通商産業大臣となった。

菅は相変わらず一番下の秘書だったが、通産大臣就任から半年後、大臣秘書官に抜擢された。

「お前、少しここで勉強しろ。海外を見ろ」

菅には、自分が秘書として頑張っていることを評価してくれたご褒美のように思えた。

秘書官時代には、小此木の外遊に同行し、初めての外国も体験した。

そして、菅は、決意する。

〈横浜市議会議員選挙に出馬しよう！〉

当時、中曽根内閣が売上税導入を表明したことで自民党に逆風が吹いていた。

小此木も、菅のことを思い、説得した。

「勝ち目はないから、やめたほうがいい」

それでも、菅の気持ちは揺らがなかった。

菅義偉は、昭和六十一年十月一日、一一年勤めた小此木彦三郎事務所を辞めた。

前途は、多難であった。

〈まだ、子供は六歳、三歳、六カ月と幼い。金もない。それでも応援してくれる人は大勢いる。やろう。無所属でもやってやろう〉

このとき、菅はひとり自信に満ちていた。

〈おれは、勝てる〉

菅は秘書を辞めたその日から、ひとりで横浜市西区の家々を一軒一軒まわり始めた。一日二〇〇軒、翌年四月の選挙前までに三万軒をまわり、六足の靴をダメにした。

ある日、菅が訪ねた家は、別の候補者を支持する家だったが、菅の靴を見て聞いた。

「なんで、そんなボロボロの靴を履いているのか」

事情を知ったその家の人は、菅に言った。

「これだけの苦労をしてるのだから、菅さんは、必ず当選するよ」

菅は、昼に蕎麦《そば》屋に入ったとき、あまりの疲労に意識を失った。いっしょにいた人が「休んだほうがいい」と勧めたが、菅は「平気です」と言ってまた一軒一軒、家をまわった。

最初は自民党の公認ももらえず、無所属だった。やっと公認がもらえたのは選挙の直前になった。

選挙前に、菅の妻の真理子に会った元小此木事務所秘書の橋本昇が、訊ねた。

「お金も、地縁も、地盤もないゼロからの選挙を、なぜ反対しないんですか」

真理子は、伏し目がちに、謙虚に消え入りそうな声ながら、それでもきっぱり言った。

「主人には、支援して下さる方が、きっと多く出てきていただけると信じています」

菅のことを可愛がってくれていた東京の実業家が菅を励ました。

「わたしには世の中が見えるんだ。菅さんは、大臣までにはなる。大臣までは間違いない」

昭和六十二年四月、菅は横浜市西区から市議選に出馬した。「農家の長男」にとって、秋田との決別は苦しい選択だったが、ここで初めて望郷の念を断ち切った。

菅は、世代交代を訴え、必死に「草の根運動」に励んだ。その必死さに、政治に懸ける菅の情熱を理解してくれる「人の輪」がじょじょに広がっていった。その結果、当選を果たした。

菅は、地盤を譲ってもらう楽な選挙を選ばず、お金や地盤が無くとも、強靭《きょうじん》な意志と弛《たゆ》まぬ努力があれば、何事も成し得ることを実現させた。当時の菅は、ある意味、怖いものなしだった。

何のために政治家になったのか、故郷やそこで暮らす人たちのためじゃないか、という初心の強さは、世襲議員にはないものだ。それゆえに、世襲でない菅義偉、田中角栄の二人とも「政治家たるもの、法案を作ってなんぼだ」という思いも強い。

田中角栄は言った。

「自ら法律を作らないで何が国会議員か。一つの法律を作るのにどれだけの努力がいるか、今の代議士はその努力をまるで忘れている」

菅の〝思い〟の結実「ふるさと納税」

菅総理は、自著『政治家の覚悟』で「国会議員が純粋に自分の信念や国民の声に基づいて政策を作り、目指す未来を作るには、議員立法は一つのあるべき姿」と記している。法案は官僚任せ、在任中に一度も法案を書いたことがない、という政治家が増えている中で、国会議員としての本分とは何かを知る、数少ない人物と言える。

菅は、総務大臣の在任中、ＮＨＫの国際放送の準備や地方分権を推進するために、各分野で先進的な取り組みをしているイギリスやドイツ、フランスを歴訪した。

平成十九年（二〇〇七年）五月一日、フランスを訪問していた菅は、パリ市内での同行記者団との懇談で、地方税である個人住民税の一部を、生まれ故郷に納めることを選択できるふるさと納税制度創設に向けて、研究会を発足させる方針を表明した。

菅は記者団に語った。

「高校まで地方で育ち、いよいよ納税するときは都会に出て行く。福祉や教育のコストは地方が負担している」

また、多くの地方出身の都市生活者にも制度創設を求める声があることを強調した。

「自分を育ててくれた故郷に少しでも恩返しをしたい思いの人もたくさんいる」

菅が表明したふるさと納税制度は、その場の思いつきではなかった。

実は、菅が横浜市議時代から長い間温めてきた構想だった。菅は、国会議員になってからも、官僚やマスコミ関係者と税について議論する際に話題にしていた。

子供は生まれてから高校卒業までに、福祉や教育など地方自治体から多くの行政サービスを受けている。それから先、都会で就職し、納税する。地方が人材に投資した恩恵は、大部分が都市部の自治体が受けているという面がある。総務省の試算では、子供が誕生してから高校卒業までに地方自治体が負担する公費は約一六〇〇万円にものぼる。

菅自身も、高校まで秋田県で育ったものの、働き始めてから税金を納めたのは、東京や横浜であった。

菅はずっと思っていた。

〈自分を育ててくれて、親が生活しているふるさとに、なんらかの形で恩返ししたいと思っている地方出身者はたくさんいる。日本全国をふるさとという絆《きずな》で結びたい。それを実現する方法はないだろうか〉

個人住民税の一部を居住地以外のふるさとに納めるという構想もその一つだった。平成十九年度の個人住民税は総額で約一二兆円。その上限を一割とすると、最大で一兆二〇〇〇億円が「ふるさと」に納められる計算になる。財源に乏しく、どんどん衰退していく地方にとって、活性化の手助けとなると菅は考えていた。だが、菅が官僚にこの構想について、話したとき、大反対を受けた。

「住民税は、居住している場所での行政サービスの対価です。そんなことをすれば受益者負担の原則に反しますし、税の根幹を揺るがすことになります」

住民税を払うことで、住民は警察、消防、ごみ処理などの行政サービスを受けることができるという応益負担の原則を侵すという主張だった。官僚たちの反対は強かった。

「ふるさととはどこを指すのですか。生まれ育った場所の人もいれば、何回も転居している人もいる。両親の出身地の人もいる。何をもって、ふるさととするのですか」

検討の余地すらないかのような反論だった。だが、菅もひかなかった。彼らと侃々《かんかん》諤々《がくがく》の議論を重ねながら、菅は訴えた。

「現在の税制は、戦後間もないころに導入されたシャウプ税制だろう。当時と今では平均寿命はどれくらい違うんだ。二〇歳も違うぞ。当時は今のように移動したか。新幹線も飛行場も整備されていなかったぞ。まして週休二日制なんかあり得なかっただろう。みんなその日を生きるために働きづめではなかったのか。時代はどんどん変わり、ライフスタイルも予想もされないほどに変わっただろう。人生における受益と負担という考えもあっていいのではないか。シャウプ税制がそんなに大事なのか」

そう菅が諭しても、官僚は反論してきた。「とはいえ、受益者負担の原則に反することは、税の根幹を揺るがします……」

菅も譲らなかった。

「たとえば都会の住民が週末や休みに地方へ釣りに行って、ゴミを捨てたとする。その処理費用は誰が払うんだ。地方だろう」

「でも、ふるさとの定義ができない。法制上も難しい」

理由を並べて抵抗する官僚を諭すように菅は語った。

「ふるさとを限定、固定化する必要はない。自分が生まれたところや、初めての赴任先、よく遊びに行くところや、思い出の場所など、その人にとってここがふるさと、と思う地域ならばどこだっていい。納税する年度によって違っても構わない」

菅義偉は、総務大臣時代、「ふるさと納税」を実現しようとして官僚に激しい抵抗を受けたが、導入に向けて強い決意を示した。

「絶対にやるぞ。どうしたらできるか、その方策を探るための研究会を立ち上げる」

官僚は、前例のない事柄について、最初は抵抗を示して、思いとどまらせようとする。が、それでもやらなくてはならないと決まると、一転して、推進のための強力な味方になる場合もある。強力な味方にするまでが勝負だ。

重要なのは、ふるさとに対して自らの意思で納税し、それを自治体が有効に使う道すじを開くことであった。

「ふるさと納税」は、その後、「地方税法等の一部を改正する法律案」として国会に提出され、福田康夫内閣によって、平成二十年四月三十日に成立した。

菅の強い思いによって導入された「ふるさと納税」制度は、その後も、現在に至るまで活用され続けている。

平成二十二年四月、宮崎県では口蹄疫《こうていえき》による被害が発生した。宮崎県に全国から寄付金や義援金が寄せられた。このとき、大いに活用されたのが「ふるさと納税」だった。宮崎県に寄付された「ふるさと納税」

は、総額で一億五六二五万二六一〇円にものぼった。

東日本大震災でも復興に役立ててほしいと、全国から「ふるさと納税」制度を活用しての支援が寄せられた。被災した岩手、宮城、福島の東北三県への寄付で「ふるさと納税」の対象になるものは四〇〇〇億円を超えたという。

角栄を彷彿させる菅の「人事」と政治信念

政治家・菅を特徴づけるものの一つに「人事」が挙げられる。菅は中央省庁の官僚の入省年次には異常なほど詳しい。往年の田中角栄を彷彿《ほうふつ》とさせるものがある。

「〇〇省のAは、Bの何期上なんだ」

「××省のAとBはつながっているだろう」

そんな言葉が口をついて出てくることがあるという。かつて、菅の官房長官時代、番記者の一人が筆者に語ったことがあった。

「菅さんは決してそんなそぶりを見せないが、官僚の実態にはすごく詳しい」

その番記者の分類によれば、菅は「ハイブリッド型」の官房長官だったという。官僚の人心掌握術に関しては田中角栄的な要素も兼ね備えている。

いっぽうで橋下徹にも通じる燃えたぎる改革マインドもある。さらには野中広務を思わせる老獪《ろうかい》な剛腕政治家の側面も時に見せる。また、社会党出身の議員とも付き合いがあるように、「市民視点」も持っている。

「菅さんの考え方は複合的。総合型といってもいい。たとえて言えば、百貨店。品ぞろえの幅は他を寄せ付けないが、専門性には少々欠けるところがあるかもしれない〉

安倍政権発足直後は仕事をしたがらなかった官僚たちも、のちには見違えるほど仕事に目覚め、菅が思い描く方向へと大きく動き始めていった。

菅総理も、新潟の雪国で生まれ育った田中角栄同様、秋田の豪雪地帯で生まれ育った。

平成二十六年の二月、日本列島は大雪に見舞われた。甲信地方を中心に、大混乱となった道路では車両が立ち往生し、放置されたままの車両が連なり、除雪車や緊急車両の妨げになるケースが多発した。緊急時だというのに、レッカー移動ができないのである。

官房長官であった菅は、災害が起きるたびに問題視されてきたこの問題を解決するために法律を整備しようと動いた。所管大臣も早急に法整備をする意向であった。ところが、説明しにきた官僚によると、「大災害時には新たな法整備をおこなうが、雪害は現行法で対応できる。法案は通常国会に提出したい」というものであった。

菅は言った。

「現行の法律でできるのか。できないだろう。車を強制排除するには、従来は所有者の意向確認が必要だ。強制排除により損壊した場合、損失補償の法的根拠もない」

災害時であっても財産価値がある車を移動するには、所有者の許可が原則必要とされる。行政による移動で車が破損した場合の補償の枠組みもなく、地方自治体を中心に法的な整備を望む声が強かったのだ。

だから、菅はその返答が信じられなかった。その場で電話で道路局の責任者に確認し、「できない」という返事だった。大雪はいつまた降るかわからない。地震もいつ発生するかわからない。すぐやらなければ意味はない。菅はこの法律の緊急性を理解していない官僚に腹が立った。

「ダメだ。それは認めない。臨時国会だ」

そう言い放った。

そう話した二日後、官僚が菅のもとをたずね、頭を下げた。

「今度の臨時国会でやります。現行法ではできない部分がありました。大変申し訳ないです」

菅の秘書官たちが事前に法案や説明の内容をチェックしているので、根拠のない主張は通らなくなっている。霞が関全体を見渡すと前向きに仕事をする官僚が確実に多くなってきていることも事実である。

菅は、田中角栄と同様に、机上の空論からではなく、生活実感から政治をとらえる。政治的・思想的イデオロギーではなく、生活主義者として国民生活を見据える。それが、田中角栄が国民から広く支持された理由でもあった。

角栄は、「良い政治とは、国民生活の片隅にあるもの」と述べている。

これも菅の「国民から見て当たり前の政治をやる」という信念に通じるものがある。菅総理もイデオロギーよりも生活実感派だ。

第４章　角栄、二階、菅の流れ

角栄への実刑判決と時を同じくした二階の国政進出

筆者は二階俊博について、二十数年近くにわたり取材をして、『自民党幹事長　二階俊博伝』をはじめ、二冊上梓《じょうし》している。

二階俊博は、昭和十四年（一九三九年）二月十七日、和歌山県御坊《ごぼう》市に生まれる。

昭和三十二年中央大学法学部政治学科に入学。卒業後、静岡県選出の衆議院議員で建設大臣を務めた遠藤三郎の秘書となる。一一年後に遠藤が亡くなると、和歌山県に戻り、和歌山県議を八年務め、衆院選出馬を決める。

二階は、田中派の江﨑真澄《えさきますみ》に衆院選への出馬の決意を伝えるため、昭和五十八年の秋、上京した。二階は、江﨑に連れられて、田中派の派閥事務所のある砂防会館近くのイトーピア平河町ビル内にある田中角栄の個人事務所に出向いた。

田中は、二階の顔をじっくりと見ながら言った。

「ここにいる江﨑君をはじめ旧藤山派の人たちのほとんどが、木曜クラブ（田中派）にきている。遠藤三郎さんの秘書だった二階君が、うちにくるのは自然の姿だよ。きみは、外から見ると、欠点はなさそうだし、間違いなく当選するよ」

田中は選挙の神様といわれている。その田中に「当選する」と言われて悪い気はしない。しかし、二階はにわかに信じがたかった。思わず、聞き返した。

「そんなこと、どうしてわかるんですか」

田中は手に持った扇子をせわしなくあおぎながら、茶目っ気たっぷりに言った。

「おれは毎日、馬を見て暮らしているんだ。この馬は、中央競馬に出してだいじょうぶか、この馬は地方競馬どまりか、この馬は馬車馬にしかならない、ということをずっと見てきた。だいじょうぶ、きみは中央競馬に出れるよ」

田中は、父親が馬喰《ばくろう》だった関係で幼児期から馬になじんできた。乗馬も得意であった。陸軍でも騎兵科に配属されたほどだ。

政治家になってからも競走馬の馬主になる。長女の真紀子《まきこ》の名を冠した「マキノホープ」など有力馬を多く持っていた。

その後、二階は記者会見を開き、次期総選挙に出馬することを明らかにした。

二階は知り合いの中央紙記者に言われた。

「いつ選挙になるかわからないが、十月にはロッキード事件で逮捕された田中角栄さんの判決が出る。ベテランや力のある現職国会議員なら別だけど、新人が田中派を名乗って出馬するのは、大変なことだよ」

その記者は、二階のことを思って助言してくれたのであろう。

しかし、二階は覚悟を決めていた。

〈わたしは、すでに田中先生の門をたたき、江﨑先生や小沢（一郎）先生をはじめ田中派の議員とかねてより親しくお付き合いし、ご指導をいただいている。新人に不利だからといって、別の派閥から出ます、

ということは性格に合わない〉

火薬庫が爆発して、自分のようなものは、木っ端微塵《みじん》に吹き飛ばされるかもしれない。しかし、それでもいい。前進あるのみだ……。

昭和五十八年九月十二日、二階俊博の著書『明日への挑戦』の出版記念パーティーが東京プリンスホテルで開かれることになった。出版記念パーティーといっても、衆院選出馬の決起集会のようなものである。地元の和歌山から二階の後援者がバス一〇台を連ねてやってくることになった。

田中角栄も、ゲストとして出席してくれることになった。しかも、後援者たちといっしょに写真に収まってくれるという。後援者にとっては、それが楽しみの一つであった。

ところが、出版記念パーティーを数日後に控えたある日、港区の愛宕警察署から二階に電話が入った。愛宕警察署は、東京プリンスホテルを所轄していた。

「ご存じのように、田中先生は、十月十二日に裁判の判決を控えています。大変、緊迫した状況にあり、身辺警護も容易ではありません。パーティーに出席することは仕方ありませんが、後援者と写真を撮るのだけはやめてもらえませんか。どうしても、そのときだけ警備が手薄になりますから」

二階は憮然《ぶぜん》として答えた。

「田中先生ご自身が、『危険だから、やめる』と言うなら、一も二もなく従います。ただ、それは田中先生の判断ではないでしょうか。とりあえず、わたしのほうから田中先生に相談してみます」

二階は直ちに田中に連絡を入れ、事情を説明した。田中は、きっぱりと言った。

「おれは、そんなことを心配していない。恐れる気持ちもない。計画どおりやってくれればいい」

二階は胸をなでおろした。

〈これで、田中先生といっしょに写真が撮れることを楽しみにしている後援者たちにも、喜んでもらえる〉

パーティー当日は、裁判の判決を控えているため、テレビ局をはじめとする報道関係者が多数詰めかけた。田中がゲストとして挨拶に立った。その一流の話術で出席者を魅了していく。そのなかでのちにたびたびテレビで放映されることになる有名な言葉を吐いた。

「まあ、みなさん、夕涼みをしていれば、アブも飛んでくるし、蜂にも刺されますよ」

ロッキード事件では、田中元総理は総理時代にロッキード社から五億円を受け取ったとされ、受託収賄罪などの罪で逮捕された。その裁判で、五億円の受け取りを否認していた田中や榎本敏夫《えのもととしお》秘書官らに対してロッキード事件発覚以降に離婚した榎本敏夫の妻の三恵子《みえこ》が公判に出廷した。

榎本三恵子は、昭和五十六年十月二十六日の公判で、元旦那の主張を真っ向から覆した。そのことを「蜂のひと刺し発言」と言われていた。それを皮肉っての発言であった。

田中は、最後に言い切った。

「二階君ほどの人材が当選しないはずがありません。いよいよ二階危うしとなったら、田中派一五〇人が押しかけますよ」

昭和五十八年十月十二日、二階俊博は、初出馬の選挙運動の打ち合わせをするため、和歌山市にある連絡事務所に向かった。

二階が連絡事務所に入ると、テレビ局の記者が、声をかけてきた。

「十時に田中さんの判決が出ます。その感想をカメラに向かって話してください」

なんと、二階のコメントをとるためにテレビ局が集まっていたのである。

午前十時、判決が下った。東京地裁の岡田光了裁判長は田中角栄に対し、懲役四年、追徴金五億円の実刑を宣告した。総理の職権を利用した収賄事件で、実刑判決が出たのは、初めてのことであった。

二階は、カメラに向かって語りかけた。

「田中先生は、新潟の雪深い雪国から国政に出てこられ、郷土のため、さらには国のために懸命に働いてこられた。これから、この裁判がどのように展開していくのかわかりませんが、裁判は裁判として考え、わたしはこれまで通り、人間としてお付き合いさせていただきます。どんな立場になろうとも、わたしは田中先生と何もなかったと、その関係を否定するつもりはまったくありません。今後も、政治家としてのご指導をいただきます」

角栄の応援で二階は「田中判決選挙」に勝利

十一月二十八日、中曽根康弘総理は衆議院を解散した。十二月十八日投票の、いわゆる「田中判決選挙」に突入することになった。

告示の三日前、田中角栄から、二階に電話が入った。

「選挙の情勢を聞きたいから、すぐ上京するように」

紀伊半島南端の新宮市から夜行列車に乗って、東京都豊島区目白の田中邸に向かった。

二階は、田中に会うや、自分の選挙活動を伝える地元の紀州新聞と日高新報を見せた。

田中は、ちらと新聞に眼をやるや言った。

「きみのところの後援会新聞か」

「いえ、町の新聞です」

「ほぉ、こんなにしてもらっていいな」

田中は、二階に訊いた。

「きみの選挙区には、どのくらい市町村があるんだ」

「三三市町村です」

「そうか。それじゃ、その一つひとつの状況を言ってみろ」

三三市町村すべての点検が終わった。二階は、新人候補のために、わざわざ時間をかけて、一つひとつ点検してくれた田中を心から尊敬した。

〈なんて、頼りがいのある人なんだろう〉

田中は、激励してくれた。

「ここで負ければ、少なくともあと三年間はこれまでと同じように選挙区回りをしないといけない。きみも辛いだろうが、おれもそういうことをきみにさせたくない。だから、なんとしても、石に齧《かじ》りついてでも、この選挙で当選させてもらえるよう頑張れ！　おれがきみのために何をすればいいか、なんでも言ってくれ」

二階は答えた。

「わたしは、県議時代に高速道路の紀南延長を訴え続けてきました。その裏づけをしてもらう意味でも、内海《うつみ》英男《ひでお》建設大臣に来ていただきたいのですが」

内海は田中派の一員であった。

田中は、すかさず言った。

「わかった。内海君に行ってもらおう」

「ありがとうございます。しかし、内海大臣には、どのように連絡すればよろしいんですか」

「きみは、そんなことは心配しなくていい。内海君のほうから、きみのほうに連絡がいくようにしておく」

最後に、田中は念を押した。

「大丈夫か！」

二階は、強敵を相手の初陣《ういじん》に大丈夫なわけはなかった。が、田中派の新人は自分一人ではない。田中に少しでも心配をかけまいと思い、きっぱりと答えた。

「大丈夫です」

のちに田中は、このときの様子を再現して二階をひやかした。

間もなく、内海建設大臣の秘書官から連絡が入り、応援に来てもらうことになった。

江﨑真澄、林義郎《はやしよしろう》厚生大臣をはじめ田中派の議員も続々と応援に駆け付けてくれた。

ただ、小沢一郎は、選挙を取り仕切る党総務局長に就任したため、自民党本部で陣頭指揮をとらなければならない。そこで、小沢と同期で仲の良かった羽田孜《はたつとむ》を代わりに応援によこしてくれた。

県会議員の仲間である門三佐博《かどみさひろ》は、このとき、内心はひやひやし、二階の応援をしていた。定数三のところに、保守系候補が四人も出馬し、大激戦が予想されていたからだ。

二階は、五万三六一一票を獲得し、初当選を飾った。実力者の玉置和郎《たまきかずお》に次ぐ二位での当選だった。三位には、東力《ひがしちから》が滑りこみ、現職議員の正示啓次郎《しょうじけいじろう》は、四位で落選した。

江﨑真澄

羽田孜

なお二階は、初当選から一二回、連続当選を続けている。

十二月二十七日、国会が召集されることになった。この日朝八時、二階は地元の後援会の幹部数人と共に目白の田中邸に出向いた。当選のお礼の挨拶をするためである。

田中は、開口一番言った。

「おーい、二階君。よく当選したな。たくさんの票を取ったな。良かったな、本当に良かった……」

田中の読みでは、二階は、当選ラインぎりぎりだったのであろう。まるで、自分のことのように喜んでくれた。

二階の土台をなす田中角栄の薫陶

二階俊博は、昭和五十八年十二月の総選挙で初当選を飾った。しばらくして、田中派新人議員の歓迎会が料理屋で開かれた。

田中角栄をはじめ二階堂進《にかいどうすすむ》、江﨑真澄、竹下登、後藤田正晴《ごとうだまさはる》ら錚々《そうそう》たる顔ぶれが集まった。渡部恒三《わたなべこうぞう》、奥田敬和《おくだけいわ》、羽田孜らの初入閣が決まった夜でもあった。一回生議員は、幹部らと相対する形で座敷に一列に並んで座らされた。

司会役の議員は、口を開いた。

「それでは、一人ずつ自己紹介をしてもらいましょうか」

そう言い終わるやいなや、田中がいきなり立ち上がった。

「おれが紹介する」

なんと、田中自ら紹介していくというのである。

田中は、一人ひとり、すべてそらで紹介していった。

「かれは、××県××区選出で、こういう経歴の持ち主だ。かれの公約は、こうだ。対立候補は、××派の××だな」

やがて、二階の番になった。田中は、すらすらと紹介していく。驚いたことに、名前や数字を一つも間違わない。最後に言った。

「二階君は、農林省の局長をやった遠藤三郎先生の秘書を一一年も務めてきたから、長い政治経験を持っているんだ」

二階は照れ臭そうに下を向いた。

同期当選組の一人に田中の娘、真紀子の婿である田中直紀《なおき》がいた。そのため、目白の田中邸で、田中を囲む勉強会が定期的に開かれた。

田中は二階らに、いろいろなことを教えてくれた。

「いいか、一生懸命勉強して議員立法を成立させていくんだ。そうやって実力をつけていけば、たとえ一年生議員であろうと、大臣の椅子《いす》に座って説明や答弁ができる。マスコミに取り上げてもらおうと、おべんちゃらを言っているようではダメだ。政治家は行動しないといけない。行動して、仕事をすれば、マスコミは自然についてくる。政治家のなかには、朝刊を読んで、初めて行動するものもおるが、そんなのは政治家じゃない」

田中は自分の手がけた議員立法「道路三法」についても語ってくれた。

田中は、ふと庭に眼をやった。

「今日みたいな大雪の日に代議士をやってなくて、新潟にいれば、おれは、屋根の雪掻《ゆきか》きをしている。自分の家の雪を降ろせば、今度は近所で人手のない家の雪を助け合いで降ろすことになっているので手伝いに行かなきゃいかん。だから、一日中、寒い中を雪掻きしていることだってある。そのことを思えば、こんなに暖かい東京で働かせてもらっていることをありがたいと思わないといけない。だから、政治をやっていて、辛いとか、きついとか、厳しいとか、そんなことを思ったことは一度もない」

田中は、「選挙の神様」と言われていたが、絶えず選挙について考えているという。

「昨日、夜中に眼がさめたので、北海道から沖縄まで、わが派の議員の名前を書いて朝までかかって点検してみた。そしたら、これは応援に行ってあげないといけない、この人は役につけてあげないといけない、この人は資金を援助してあげないといけない、といろんなことがわかった。しかし、紙がなかったのでチリ紙に書いた。中身をもちろん見せることはできんがな」

田中は、政治家にとっていかに弁舌が大切かについても語った。

「いいか、政治家の資質は、五〇人の前で話ができる人、五〇〇人の前で話ができる人、一〇〇〇人の前で話ができる人、という具合に分けられる。しかし、五〇〇〇人の前で話をし、私語をさせないでぴたっと聞かせることができるのは、そうはいない。いまのところ、中曽根康弘と田中角栄くらいなもんだな。きみらもそうなれるように頑張れ」

田中は、打ち明けた。

「ある夜遅く、おれの家を訪ねてきた野党議員がいる。秘書が明日にしてもらおうと言ったが、おれは素早く応接間にその議員を通すように命じ、服を着替えて応接間に向かった。こんな夜更けに、しかも党の違うおれのところを訪ねて来るというのは、よほどのことだ。その議員は、お金を借りに来た。その金が無ければ大変なことになるのだろう。おれにできることなら、と渡した。だからといって、おれは別にその議員に何も期待はしていないさ。それまで三つおれの悪口を言っていたところを、二つくらいにおさめてくれるだろうさ」

新人の代議士であった二階にとって、一つひとつが役立つことで、将来の栄養になった。

二階ら自民党一回生は、昭和五十八年に当選したことにちなみ、超派閥の「五・八会」を結成した。田中角栄にも「五・八会」にゲストとして来てもらった。

田中は、ひとくさり話を終えると、おもむろに立ち上がった。一人ひとりの席を回って話を始めた。

名札をのぞきこみ、声をかける。

「あんたは、××さんの息子だな。××さんは、元気でやっているか」

「きみは、何度も選挙に挑戦して、苦労してきたな。ようやく当選できて、本当に良かった」

驚いたことに、田中は他派の議員の出身や経歴についても、実によく知っていた。

二階は舌を巻いた。

〈田中先生はさすがだな。これは、かなわないや〉

さらに田中角栄は、二階らに言った。

「顎《あご》で人を使ってはいけない。口でいろんなことを語って人を引き付けようとか、人を指導しようなんて考えても、そんなものには誰もついてこない。人は、やっぱり汗を流して頑張る人の背中についてきてくれるんだ」

そして田中は、一人ひとりの席を回り、自派の議員の席にくると「これはうちの人だからいい」と言って飛ばしていった。自派の議員より、他派の議員を優先して回ったのだ。これまで「五・八会」にゲストで来て、そのような態度をとった領袖《りょうしゅう》は一人もいなかった。他派の議員は、すっかり田中の魅力に引き込まれ、田中ファンになってしまった。

やがて、お開きの時間となった。

二階は田中から声をかけられた。

「遠藤三郎先生の奥さんたちは、元気にしておられるか」

二階は小声で言った。

「実はこのあと、遠藤先生のご家族、それに秘書時代の先輩たちと、この店の別室で会合をするんです。帰り際に五分でも顔を出していただけますか」

田中は、酔いが回ったのか、顔を赤らめながら、上機嫌で言った。

「何をいうか。五分といわずに、行こうじゃないか」

二階は田中を連れて自分が秘書として一一年も仕えた遠藤三郎家御一統の待つ部屋に入った。予期せぬスペシャルゲストの飛び入り参加に、みんなは驚いた表情をしている。

田中は、しみじみと遠藤の思い出を語った。

「遠藤先生は、農林省の役人だったが、官僚に似合わぬスマートな人だったな」

田中はそれから間もなく、二階に言った。

「二階君、今度、おれが地元の和歌山に応援に行ってやるよ」

「地元には、玉置和郎さんも、東力さんもいます」

「かまやしない。おれは行く。一万人は集めろ」

「一万人も入る場所がありません」

「なら、学校の運動場でいい」

「雨が降るかもしれません」

「構うもんか。傘を差させればいい」

「先生、ありがとうございます」

わざわざ田中角栄がやって来てくれるというのだ。うれしかった。

ところが、その田中の来訪は幻となってしまった。

竹下登や金丸信《かねまるしん》らによって「創政会」が結成され、田中派が分裂し、その挙げ句に田中は倒れてしまう。

政界の首領《ドン》であった田中は、二度と政治の表舞台に復帰することがなかったのである……。

田中角栄と菅義偉——その類似と相違

元通商産業省事務次官で、九〇歳を超えた現在も東急取締役、弁護士などを務める小長啓一《こながけいいち》は、田中角栄が通産大臣、総理大臣時代に秘書官を務めている。

小長は田中角栄と菅について語る。

昭和二十八年四月、小長は通商産業省に入省した。

昭和四十六年七月からは通産大臣に着任した田中角栄の秘書官となり、昭和四十七年に発表された「日本列島改造論」の政策立案に携わることになった。同年七月に内閣総理大臣になった田中は、小長を内閣総理大臣秘書官に抜擢した。

小長は、田中角栄が通産大臣時代の一年間と総理大臣時代の二年半、計三年半を、昼夜問わずに仕え続けた。

田中総理と、その流れを汲む菅義偉総理との間に類似点と相違点双方が見出される。

田中角栄は新潟県、菅義偉は秋田県の農家出身で、ともに新潟県で初、秋田県で初の内閣総理大臣となった。また苦学し、代議士になるまでに地道な苦労を積み重ねている点もよく似ていた。二人に共通しているのは、生い立ちと若いころの経験から来る「土の匂《にお》い」であった。

小長は秘書官になって一週間後に、田中角栄通産大臣に言われた。

「温暖な気候の岡山の人間にとって、雪というのはロマンの対象だよな。川端康成の『雪国』のようにあくまでも情緒的な世界だよ。そこが、きみと違うんだ。新潟県人のおれにとって、雪はロマンじゃない。雪というのは、生活との戦いなんだ。おれの言う地方分権や、一極集中を排除しなければいかんといっている発想の原点は、雪との戦いなんだ。きみが雪をロマンの対象と見ている限りにおいては、おれとは本質的に違うよな。国土にかける意気ごみは、きみとは違うんだよ」

小長啓一

まさに、雪国出身の政治家らしい言葉だったという。田中総理のこうした考えは、菅総理にも共通してある。

土の匂いのする政治とは、観念論から脱皮した現実・ファクト優先のまさに「実務ベース」の政策を表している。ロマンチックな川端の『雪国』しかイメージできない政治家に、雪国に住む人々が真に欲する政策は思いつかないだろう。

また菅義偉は約束を守る政治家だ。できもしないことを公約として掲げ、国民から追及されると「検討します」と逃げ、結局最後まで成果を出さないといういわゆる食言《しょくげん》は決してしない。「この種をまけば豊かな収穫が得られます」と言っておきながら、開墾も種まきもしなかったらどうなるか。国民は飢えて苦しむしかない。菅のような実務ベースの政治家と虚言は、決して相容れないものだった。

田中角栄が『日本列島改造論』で書いた政策も実現可能な具体策に限られ、即実行に移した。菅が官房長官時代に展開した「ふるさと納税」も、非常に具体的な政策だった。

菅は、そのほかにも、さまざまな政策を実現させている。「携帯電話料金の値下げ」、「農産品の海外輸出の奨励」、「インバウンド（訪日外国人旅行客）の増加」、「外国人の就労拡大」などである。さらに、総務大臣時代には、「ＮＨＫの料金値下げ」も実現させている。

小長は、菅のおこなった「ふるさと納税」は、まさに土の匂いのする政策だと見ている。

田中角栄と菅義偉には当然ながら、異なる面もある。田中は昭和二十二年四月に当選した一年生議員からのちに郵政大臣に就任するまでの十年間の下積み時代を中心に、三三本も議員立法を成立させるという未到の記録を作り上げた。

議員立法というのは、法案の作成、国会提出の手続き、国会審議における答弁と、すべて当該議員がおこなう。

田中は法案を作成する課程で、若い役人たちと同じテーブルに着き、上下関係は一切なしの同志的な立ち位置で、決めていった。その積み重ねの中で田中は政治力をつけていくが、いっしょに法案を作った役人との間には「同志」の思いがずっと残った。

そして昭和四十六年秋のある日のこと。田中の「これまで自分がおこなってきた国土開発を、国民にわかりやすく伝えたい」との思いを小長秘書官に伝えたことをきっかけに、大ベストセラーとなる『日本列島改造論』の執筆が始まるのである。

昭和四十六年十二月に入り、田中角栄による一日六時間ぶっとおしのレクチャーが四日間続いた。

通産大臣室には、田中がレクチャーする内容に合った人たちが、その日ごとに集められた。企業局立地指導課長の浜岡平一《はまおかへいいち》をはじめ関係局の人たち、日刊工業新聞社の記者一〇人ほどであった。合わせて十数人前後であった。

通産大臣秘書官として四日間、一日六時間にわたるすべてのレクチャーを聞いた小長は、「すごい……」と驚くしかなかった。

それほど、田中の頭の中には、国土開発の構想がしっかりと描かれていた。田中の国土開発に懸ける思いは、血肉化していた。

その田中の構想は、白紙だった小長らの脳裏に記されていった。

小長は、コーディネーターとして、田中のレクチャー「六時間×四日間＝二四時間」をいくつかの章に分け、分担執筆する準備をした。

通常であれば、一から十まですべてゴーストライターが執筆し、それに政治家の名前を冠して本が刊行される。が、『日本列島改造論』の場合、田中角栄本人が四日間かけて話したものを、秘書官や官僚と新聞記者が執筆するのだから、まさに田中角栄の本であった。

が、小長には一つ心配なことがあった。田中はこのとき、通商産業大臣であった。ところが通産省マターは五〇％しかない。他は建設省の道路局や河川局、運輸省の鉄道監督局、港湾局、経済企画庁、大蔵省の領域のものである。それら、関係省庁の協力を仰がなければならない。

小長は、各省庁の担当局長、課長に電話を入れた。

「田中大臣のレクチャーベースに、国土開発の構想をまとめているんですが、関係資料をいただけますか？」

小長が細かく説明するまでもなく、担当局長や課長は即答した。

「わかりました。あなたがほしい資料は、××の視点からの××の資料でしょう」

「はい、そうです」

「明日にでも、届けますよ」

あまりのあっけなさに、小長はビックリした。

本来なら、通産省の一官僚である小長が、他省の局長や課長に電話を入れ、資料を頼んだとしても、簡単に受け入れてもらえるはずがない。

それなのに、小長の要求は想像していたよりもスムーズに承諾してくれる。

むしろ、相手側が乗り気になる。

「角さんが、そういうことをする気になったんだ。そうとあれば、全面協力だ」

決して、田中が根回ししていたわけではない。

それでも、小長が驚くくらい、どの省庁も協力的で、小長のもとに必要な資料を届けてくれる。田中の発想を裏づける最新の資料ばかりだ。小長が客観的に見ても、目新しく映る部分が相当あり、田中がレクチャーしてくれた以上の内容まで盛り込まれている。

これができるのも、田中がそれまでに築き上げてきた人脈があってこそのことである。小長は、田中の人脈の広さと深さをあらためて思い知らされていた。

同志として田中角栄とともに議員立法の立案に立ち会った役人たちがじょじょに出世していき、今回のような協力体制ができあがっていた。田中のことを「大臣が」ではなく「角さん」と呼ぶことも、同志の親しみを表わしていた。

小長は、これはいい本ができると確信した。

これまでの心配は吹っ飛び、勇気百倍、執筆に入った。

田中角栄が自由民主党総裁選挙を翌月に控えた昭和四十七年六月十一日、『日本列島改造論』は発行された。田中が総理の座を射止めたこともあって当初九一万部を売り上げ、年間第四位のベストセラーとなった。

問われる菅の官房長官から首相への変化

菅義偉総理は、一部のメディアから「官僚に対して上から目線」だと批判されている。

だが、小長啓一は菅がさまざまな場面で気配りをしている姿を目にしている。

菅義偉は、昭和五十八年に小此木彦三郎が通商産業大臣になると、大臣秘書官に起用された。

このとき、小長は、通商産業事務次官に就いていた。菅が大臣秘書官として、役人に配慮し、細かく気配りをしている場面を多く見ている。

さらに、小長は、菅義偉の気配りが並外れていると感じた経験もあった。

平成二十四年（二〇一二年）十二月、官房長官に就任した直後のことである。

その日は、経団連主催の朝食会が開催された。元通産省事務次官の小長啓一は、経団連のメンバーの一人として出席していた。約五〇人がひしめき合う中、小長は隅のほうに座っていたのだが、会場に入ってきた菅官房長官がめざとく小長を見つけ、真っ直ぐ近寄ってきて「今度、官房長官になりました。よろしく」と言ってから、自分の席へ向かった。

小長は、菅さんは気配りの人だ、と思った。

田中角栄は、気配りの人だった。田中の気に入らないような意見が出たときは、サラリと聞き流すか、「きみの意見はちょっと脇に置いて、こっちの意見を聞こう」と穏やかに言う。

相手を叱らねばならない場合は、第三者がいるところでは絶対に意見せず、必ず二人きりのときに「きみは、あんなことフェアじゃないよ」と叱った。

田中角栄は演説が上手だった。もちろん最初から上手だったわけではない。初めて立候補した昭和二十一年四月の衆院選では落選した。このときの演説で「三国峠を崩せば新潟に雪は降らなくなり、崩した土砂で日本海を埋めて佐渡まで陸続きにすればよい」と語ったことは有名である。が、田中の演説は当時の恩師が聞くに堪えかね「おまえ、もっとうまくしゃべれんのか」と言うほどだったという。

そこからの積み重ねで、田中角栄は演説上手になったという。

菅義偉は演説のうまさで田中にはかなわないものの、国民の信頼感は着実に増している。

官房長官というのは、記者が相手となる。記者は常に特ダネをほしがり、少なくとも特ダネを自社だけが逃す特オチだけは避けたいという気構えでいる。そこで記者は官房長官にさまざまな質問を投げかけるのだが、どのような答えが返ってくるかは時の官房長官次第である。多弁な人もいれば、菅のように一言でおしまい、という人もいる。が、記者はそれに注文はつけない。短めに話す官房長官の場合、そこからヒントを得て別の機会に改めて話を聞いて特ダネにしたりする。話が長かろうが短かろうが、官房長官の相手は記者であり国民はあまり関係がない。

いっぽう、総理大臣の記者会見は国民を相手にしている。そのためなんでもわかりやすく説明しなければばならない。

　ところが菅の場合は、安倍前総理が病気の再発を理由に辞任したこともあり、総理大臣としての記者会見に慣れるための準備期間がなかった。

　特に菅は官房長官時代、「自分は話さない権利がある」として短い対応にとどめていたようだ。官房長官ならそれで通せたが、国民相手に呼びかける総理大臣になると違ってくる。

　最初はその違いに戸惑っていたようだが、現在では、菅総理も慣れてきつつあり、総理大臣としての記者会見をおこなうようになっている。


　田中角栄の時代の野党は社会党系がそれなりに強く、激しい政策論争が展開された。野党の政策や意見には鋭いものも多く、予算委員会ではいつも緊張感が漂っていた。むろん田中は、野党の政策を取り入れることはあまりなく、白熱した議論を展開した。

　しかし、委員会終了後、質問した野党議員と会うと、声をかけた。

「よく勉強しているな。まいったよ」

　さらに、

「一〇〇％満足な答弁ができなくて失礼」

などと冗談めいて言い、政府与党対野党ではない人間対人間の付き合いを思わせる場面もあった。

が、今の野党は週刊誌レベルのスキャンダルでガンガン攻めてきても、政策論はほとんど出してこない。

　田中時代には野党の主張の中に多少なりとも気づきがあり、意見を取り入れることもあった。が、今の野党にそんなことは期待できない。野党から鋭い意見が出ないということは、菅政権が時代の先を読みながらすべてを考え、実行せねばならない。

野党に何も期待できず、コロナ対策に追われる中で、菅総理はしっかりとした政策をいくつも打ち出した。

新型コロナワクチンの高齢者への迅速な接種の実現や、診療報酬の特例評価などの医療体制の拡充、さらにデジタル庁の創設、テレワークの推奨、不妊治療への保険適用なども推進している。

就任前から懸案としていた携帯電話料金引き下げに加え、二〇五〇年カーボンニュートラル実現も画期的な政策である。

「政治家は生きた情報があって初めて仕事になる」

田中角栄通産大臣の秘書官であった時代の小長啓一の朝のスケジュールは、毎朝七時半に目白の田中邸に到着し、そこから田中大臣との行動をスタートさせることになっていた。ところが、目白の田中邸では、すでに陳情が始まっている。毎朝七時から八時ころまで、一組三分、毎日二〇組、次々と陳情を受ける。

小長が〈なるほどなぁ……〉と感心することもあった。なかには、選挙区から来た人たちを部屋に呼んで、田中が説明を聞く前に、言い放ってしまう。

「きみ、あの話は今回ダメだよ」

相手の顔を見た瞬間、即座に結論を口にした。小長は、驚くしかなかった。

陳情に来る者は地元の有権者なので、田中は顔と名前をすべて覚えていた。陳情担当秘書官があらかじめ地元の人々から話を聞いており、田中は瞬時に判断が下せた。地元以外の陳情の場合は、他の代議士の紹介が入りそれなりに重要案件である場合が多かった。そのため時間をかけて本人から直接陳情を聞いていた。

政治部の記者たちとは、目白の田中邸で陳情後の毎朝八時から一〇分〜一五分ほど懇談する時間が用意されていた。

田中は、一部の新聞社だけを優遇するような特ダネは一切出さなかった。

記者たちを眼の前に、田中は宣言していた。

「オレとの関係では、特ダネは出さない。特オチもさせない。ネタを出すときは、全員の前でする。だから、安心して休め」

この田中の態度は、記者たちも評価していた。それでも、記者のなかには、鋭い質問をして、ギリギリのところを突いてくるものもいた。それを巧妙に交わすのが見事であった。

田中は「記者には記者の任務があり、そこは尊重せねばならない」と理解していた。懇談の場で毎朝直接話ができるのだから、公式の記者会見で田中が多少舌足らずであったとしても、間違った記事が出ることはなかった。

田中角栄が総理になったあとも、「公邸ではリラックスできず息苦しい」と自宅に住み続けた。当然、陳情の受付や記者との懇談は公邸ではできない。自宅に住み続けることで、「政治家は民の日常を少しでも多くインプットするところから始まる」という田中の政治信条を貫いたのである。

また田中は、通産大臣時代、一週間のうち二日ないし三日、三つの宴席を掛け持ちしていた。開始時間が、午後六時・七時・八時の三席である。場所は、赤坂、新橋、築地などの料亭で、一つの宴席を一時間弱で切り上げ、一晩で三つの席を回った。小長は、秘書官になったばかりのときに、角栄から言われた。

「小長君、きみは外でゆっくりするもよし、オレといっしょに入るもよし。きみの選択に任せる」

たいてい、大臣の宴席の場所には秘書官が同行するものの、その席には立ち会わないで、別室で待機するのが通常の大臣と秘書官の関係のようだった。しかし、田中は、外で待っていてもいいし、同席してもいいという。

小長は、即答した。

「では、いっしょに入らせてください」

そこから、小長も田中と同じ夜のスケジュールをこなすようになった。宴席を設けた側は、主賓の田中を屏風《びょうぶ》の前の真ん中の席に座らせる。小長は、そこから少し離れた末席に座る。田中がひと言挨拶を述べてから乾杯になるが、乾杯するときの酒に田中のこだわりはなかった。すべての席で、相手が決めた酒で乾杯するのが角栄流だった。最初の乾杯の儀式が終わる。その瞬間、田中のスイッチが入る。

席に用意された食事にはひと口も手をつけず、時間が許す限り、宴席の場に集まった一〇人前後の人たち一人ひとりのところへ自らが出向いて行ってはお酒をつぎ、つがれたりしながら話をして回る。酒も入り、リラックスしたムードで場は和む。酒をつがれた相手は、田中から生の情報を教えてもらえるため喜んでいる。そんな田中の姿を、少し離れた場所から眺めながら、小長は、これが庶民政治家というものか、こういうかたちで、相手の心をつかむんだな、と思った。

日本人は、率直な話は相手を気遣うため苦手だ。いくらお酒の席といっても、田中が屏風の前のど真中の席でふんぞりかえっていれば、誰も心の中で考えていることを話そうとはしないはずだ。恐る恐る田中の前に来て、「一杯、おつぎしましょうか」とお酌《しゃく》しながらかたち程度の会話をこなしつつ様子をうかがい、田中のご機嫌を損ねてはいけないと変な気ばかり遣って時が過ぎるのを待つ。ところが、田中の場合、田中自らが相手の気持ちを汲《く》み取り、自ら懐に飛び込む。度量が大きくなければできないことだ。

「一杯、どうだ」

「ありがとうございます。大臣も、どうぞ」

田中は、みんなの席を回りながら彼らから生の情報をしっかりとつかんでいた。こうして、一晩に三つの宴席で数えきれないほどの酌を交わす。ただし、数多くの人たちに酌をし酌をされるため、あらかじめ店側には「小さい盃を用意してくれ」と頼んでいた。そうこうしているうちに次の宴席の開始時間が迫ってくる。

「申し訳ない」

そういって、田中は車に乗り、移動する。こんなことが、一晩に三回おこなわれていた。

時計が夜九時を差すころになると、まっすぐ目白の自宅へ帰り、そこで小長と別れるのが日課だった。

宴席に入れたのは、やはり勉強になった。小長は政治家だけの集まりの場合を除き、業界人との会合はすべて参加した。田中がみんなの席を回って話をする際、他の者に聞かれてはまずい内容のものもある。が、田中は地声が大きいため、末席にいる小長にもよく聞こえた。内緒話ができないのである。

小長に聞こえたのだから、その場にいた全員の耳にも届く。内密にしなければならない話が出た場合、小長は宴会がお開きになったあと、役所の関係局長に電話して「今日、田中さんとあの社長が、こういう話をしていました」と連絡しておく。そうして役人だけが知らずに事が運ぶ状況を未然に防いだ。

当然、財界からの陳情もあった。逆に、話を聞いた田中が「これはやってあげよう」と自ら動くこともあった。

田中が総理になると多忙を極め、夜は週に一、二回が精一杯となった。が、どれだけ忙しくとも「可能な限り有権者や財界人から話を聞く」田中の姿勢に変わりはなかったという。

いっぽう菅義偉もまた、官房長官時代から識者と朝食を共にすることを日課としている。

会食相手は、竹中平蔵《たけなかへいぞう》慶應大学名誉教授や、村井純《むらいじゅん》慶応大学教授、デービッド・アトキンソン小西美術工藝社社長、北尾《きたお》吉孝《よしたか》ＳＢＩホールディングス社長、熊谷亮丸《くまがいみつまる》大和総研チーフエコノミスト、新浪剛史《にいなみたけし》サントリーホールディングス社長などで、各界の識者と意見を交わすことによって、関連する政策への見識を深めている。

夜もコロナ前は二組ほど宴席を入れた。

それは田中の政治信条でもある「政治家は生きた情報があって初めて仕事になる」を菅総理も体現していることに変わりはなかった。

角栄の訪中で示された「人間力」「決断力」

小長啓一は、リーダーの資質として「人間力」「決断力」「構想力」「実行力」の四つの力を挙げている。この四つを備えていたのがまさに田中角栄であった。

政治家に欠かせないのが「人間力」である。田中の場合、総理大臣になっても〝下から目線〟であり、庶民の感情を思いやることができた。

「人間は上に向かって堕落する」という言葉もあるが、地位が上がるにつれ、人は上から目線になる。が、小長が「もっと総理大臣らしく振る舞っても良いのではないか」と思うほど、田中は下から目線を徹底して貫き通した。これは希有《けう》なことであった。

菅義偉総理もまた、田中角栄に似た下から目線で世の中を見ている。小長は、下から目線は、リーダーの大きな条件だ、と思う。

田中角栄は「決断力」にも優れていた。

昭和四十七年九月、田中角栄総理は日中国交正常化のため中華人民共和国を訪問。北京で周恩来《しゅうおんらい》首相や毛沢東《もうたくとう》共産党主席と会談した。

反対の声が渦巻く中、「中国へ行く」と決断したとき、小長啓一は、移動中の車中で田中の話を聞いた。

「おれは総理大臣になって、今太閤《いまたいこう》と言われる権力絶頂だ。こういうときにこそ一番難しい問題に挑戦する。それは政治家の宿命というものだよ」

通常であれば、国交のない国の場合、日本でも中国でもない第三国で会談するものである。それをあえて田中は相手国に乗り込むと決めたのだ。国交のない中国へ行けば、人命にかかわる可能性もある。田中とともに中国へ渡る者のなかには、遺書をしたためた者までいた。

九月二十五日に田中総理と周恩来が迎賓館で首脳会談をおこなった。

周が挨拶に立った。

「一八九四年から半世紀にわたる日本軍国主義者の中国侵略によって、中国人民はきわめてひどい災難をこうむり、日本人民も、大きな損害を受けました」

先の戦争での日本側の責任をきっぱりと指弾したのだ。

続いて、田中が挨拶した。

「過去数十年にわたって日中関係は遺憾ながら不幸な経過をたどってまいりました。この間、わが国が中国国民に多大のご迷惑をおかけしたことについて、わたしはあらためて深い反省の念を表明するものであります」

この「多大のご迷惑をおかけしたことについて」の部分を日本側通訳が中国語に訳すと、会場にざわめきが起こった。

中国側とすれば、この問題については、もう少し深い陳謝の表現があるものと期待していたものである。それなのに、「ご迷惑」という軽い表現で扱われたことに不満を洩らしたのである。

九月二十六日、午後二時五分、迎賓館で第二回首脳会談がおこなわれた。

周は、前日の田中の挨拶について指摘した。

「昨日の夕食会で、あなたは『多大のご迷惑をおかけした』と言った。がそれは、中国では、家の前の道路に水を打っているとき、たまたま通りかかった女性のスカートにその水をかけてしまった場合に詫びる程度の言葉だ」

つまり、日中両国の過去に対するお詫びとしては納得できないというのだ。

周は、さらに続けた。

「日本は、わが国を長いあいだ侵略した。国民は、日本の軍隊によって蹂躙《じゅうりん》された」

田中は、言い返した。

「隣同士で息子と娘を結婚させようというとき、相手の家の悪口ばかり言ってもしょうがない。結婚する二人の将来のためにこれからどうやっていくかということを、前向きに話し合わないといけないのではないか」

翌二十七日、第三回首脳会談がおこなわれた。

田中は、神妙な顔で周に水を向けた。

「先の戦争のとき、わたしも、二等兵で満州（現・中国東北部）にいた。わたしの鉄砲が、どっちに向いていたかはわかるでしょう」

「………」

田中は、ニヤリとして続けた。

「わたしの鉄砲は、中国じゃなく、ソ連に向いておったんですよ」

一同は、爆笑の渦につつまれた。当時、中国とソ連の関係は悪化していたのである。

第三回首脳会談は、二時間半ほどおこなわれ、その後、急遽《きゅうきょ》、田中は毛沢東主席と会談することになった。場所は、北京・中南海の毛沢東邸。予定にはなかった会談である。

一同が席に着くと、毛は、小さな葉巻を吹かしながら、みんなを見まわして言った。

「もう喧嘩《けんか》は、すみましたか。喧嘩しなくちゃだめですよ。喧嘩して、初めて仲良くなるのです」

毛は、「喧嘩はすんだ」という表現で、「日中交渉はおおむねまとまったのだろう」という意思表示をしたのであった。

九月二十九日、人民大会堂「西大庁の間」で、日中共同声明調印式がおこなわれ、田中は日中国交正常化を実現した。

第5章　田中角栄は死なず

角栄から二階に引き継がれた「構想力」「実行力」

リーダーの資質として小長啓一が挙げた〝四つの力〟が、田中角栄によってどう示されていたかをさらに追ってみよう。

「構想力」は『日本列島改造論』に集約されている。

「実行力」は昭和三十二年（一九五七年）七月、第一次岸信介改造内閣で郵政大臣に就任した際に発揮されている。

戦後初めて三〇歳代での国務大臣となった角栄は、テレビ局と新聞社の統合系列化を推し進め、その強力な指導力により、現在の新聞社、キー局、ネット局体制の民間放送の原型を完成させた。

昭和四十年五月、田中角栄は、証券会社の経営破綻《けいえいはたん》を発端に広がる信用不安の拡大を抑えるため、「無担保・無制限」の日銀特融を決断。山一証券の倒産を防いだ。もし田中の決断と実行が少しでも遅れていたら、金融恐慌に突入していた可能性もあった。

また昭和四十四年八月の幹事長時代には、大学紛争の混乱を収束させるため、大学の運営に関する臨時措置法（大学管理法）成立に尽くしたことも語り草になっている。衆議院で強行採決し、参議院にまわった段階で時の参議院議長は重宗雄三《しげむねゆうぞう》であった。

重宗は、会期末で時間が少ないため、継続審議にしようとしていた。

そこに田中幹事長が駆けつけて、重宗議員に直談判した。

「勉強をしている学生、それを支える父兄の立場を考えると、一刻の猶予もできない。本会議開会のベルを押してくれ」

おかげで法案は通り、一週間以内で乱れに乱れていた大学の秩序を取り戻すことに成功した。

さらに昭和四十六年、田中は通産大臣に就任し、懸案の日米繊維交渉を決着させた。

このような事例から見ても、田中の実行力は、やはり並外れている。


別角度からも見てみよう。

田中角栄の秘書であった朝賀昭《あさかあきら》にとって、大蔵大臣に就任した直後に田中が大蔵省でおこなった演説に立ち会ったときのインパクトは忘れられない。

昭和三十七年七月、第二次池田勇人内閣の改造で、田中角栄は大蔵大臣になった。

大蔵大臣に就任したばかりの田中が、大蔵省の講堂で挨拶をすることになった。

まだ若い一九歳の朝賀昭は、まだ秘書になる前の『東京タイムズ』記者の早坂茂三《はやさかしげぞう》とともに、田中の後ろについて、大蔵省に行った。

大蔵省の役人たちを前に、田中が挨拶に立った。

「自分が、田中角栄である。ご存じのように、わたしは高等小学校卒業。諸君は全国から集まった秀才で、金融財政の専門家だ。しかし、刺《とげ》のある門松は、諸君よりいささか多くくぐってきている」

すさまじい迫力だった。

「しかし、今日から諸君といっしょに仕事をすることになるのだが、わたしはできることはやる、できないことは約束しない。これから、いっしょに仕事をするには、お互いをよく理解することだ。今日から、大臣室の扉は常に開けておくから、我と思わん者は誰でもたずねてきてくれ。仕事は諸君が思うように、思いっきりやってくれ。しかし、責任のすべてはこの田中角栄が負う。以上」

朝賀は、田中の演説に唸《うな》った。

〈こんな挨拶があるのか。政治家はこういう話をするのか〉

初めは、建設会社を経営する若い大臣が来たと思っていた役人たちも、じょじょに表情が変わっていった。

もともと、将来は板前になることが夢だった朝賀の人生の方向性が決まった瞬間でもあった。

〈将来は、この人のもとで仕事をやりたい〉

田中角栄は、人の悪口を言うことはなかった。

朝賀が田中が怒って、人を批判するのを訊いたのは、昭和五十四年の「四十日抗争」のときぐらいだという。

四十日抗争は、昭和五十四年十月七日の第三十五回衆議院議員総選挙における自民党の敗北から、十一月二十日の第二次大平正芳《おおひらまさよし》内閣の本格的発足までの約四〇日の間に自民党内で起きた抗争で、大平の続投を支持する大平派や田中派の主流派と、大平の退陣を求める福田《ふくだ》派や中曽根派などの非主流派との間で起きた。

十一月六日の首班指名選挙では、同じ自民党から大平正芳と福田赳夫《たけお》の二人が現われ、過半数の票を得ることがどちらもできなかったため、上位二名の決選投票で大平政権の続投が決まることになった。前代未聞の事態であった。

田中は、このとき、自民党員でありながら、総裁の大平の名前を書かずに自ら首班指名にのぞんだ福田のことを手厳しく批判した。

田中は、ホテルニューオータニで、田中派の議員や秘書たちを前に熱っぽく語った。

「きみらは、俺が今まで人の悪口を言ったところを聞いたことがあるか。しかし、今日だけは言わずにいられない。政治家たるものは私情は四九％までに抑えて、五一％は公に奉ずる気持ちを持たないとダメなんだ」

そのとき、田中が語ったことは今も朝賀の心に残っている。

田中角栄の秘書であった朝賀昭は、先日、身のまわりの整理をしていて、昭和五十四年発行の古い『国会便覧』を偶然見つけた。

大平正芳

福田赳夫

『国会便覧』は、各議員の経歴や選挙の結果などを掲載している書籍だが、その『国会便覧』は朝賀の仕えた田中角栄が使い込んでいたものだった。

ページをめくると、各議員のところに田中による赤ペンの書き込みがびっしりとあった。

よく見ると、派閥欄の名簿で、赤ペンが記入されているのは、すべて田中派以外の自民党議員の名前のところだった。しかも、表記の種類も三パターンあった。

名前のところにレ《れ》点がある議員、赤線が引かれている議員、もう一つは名前を赤線で四角く囲まれている議員……。

〈あのころはいろんな議員がいたな……〉

朝賀は、当時を懐かしみながら、さらにページをめくっていくと、三種類の表記の違いに気づいた。それは田中角栄や田中派との関係の濃淡を表わしていたのだ。レ点の議員は田中と多少の縁がある議員、赤線の議員は田中がかなり面倒を見ている議員、四角く囲まれている議員は田中と昵懇《じっこん》な関係で、多くはのちに田中派に入会することになる議員であった。

昭和五十一年二月にロッキード事件が発覚して以来、裁判を抱えることになった田中は、自身の復権のために、派閥をそれまで以上に拡大させるようになった。

そのため、無派閥の議員の勧誘や、新人議員の発掘に熱心であった。

朝賀は田中の執念を感じた。

〈オヤジは、派閥拡大のために『国会便覧』を片手に眺めながら、日夜、各議員の動向を分析していたのか……。復権のために相当強い思いを持っていたんだな……と〉

田中は決断力のある政治家だったが、庶民の声に敏感に耳を傾ける姿勢も持っていた。

秘書である朝賀昭たちに対しても、日常の何気ない会話のなかで、気に入った意見があるとすぐに採用することがあった。

朝賀が語る。

「オヤジさんは、日常の中で『お前はどう思うんだ？』と僕らに気軽に訊くんです。もちろんとるに足らない回答がほとんどだけど、なかにはピッとオヤジの琴線に触れる回答もある。そうすると相手が誰であろうがまったく気にせずに採用するところがありました。『政治家は広く公論に訊かないといけない』という気持ちを自然と備え持ち、体現する人でした」

二階俊博は、平成二十八年（二〇一六年）八月三日に幹事長に就任して以来、令和三年の八月で在任六年目を迎えた。

令和二年（二〇二〇年）九月八日には、これまで歴代最長だった田中角栄の幹事長としての通算在職日数一四九七日を塗り替えている。

田中角栄元総理に秘書として長年仕えた朝賀昭は、田中の記録を二階が塗り替えたことに驚嘆した。さらに、二階が塗り替えたことで田中の記録に再び注目が集まったことを嬉しく思った。

政治評論家の鈴木棟一《すずきとういち》が定期的に主催する永田町社稷《しゃしょく》会という勉強会に、朝賀は、開始当初から参加し、いつも司会を務め、乾杯の音頭をとっている。

二階が田中角栄の記録を超えてから数日がたっておこなわれた永田町社稷会では、朝賀は乾杯の音頭を取る際にこのことに触れることにした。

「オヤジの時代には『誰もオヤジの記録を破ることはできないだろう』と思っていましたが、ついに愛弟子の二階幹事長がその記録を塗り替えました。おそらくオヤジは今ごろ『あの野郎、オレの記録をついに破りやがったな』なんて言いながら、内心きっと喜んでいるはずです。オヤジは『政治家は総理総裁ではなく、政権与党の幹事長になることを目標にすべきだ』と言っていましたが、自民党という大所帯の幹事長をやり続けるのは本当に大変なこと。わたしも、オヤジの偉大な記録を超える瞬間に立ち会うことができ、こんな嬉しいことはありません」

朝賀が日比谷高校の三年生のときに政治の世界に入って以来、六〇年がたつ。

その中で自分が生きている間には破られることはないだろうと思っていた記録が破られることをこの目で見た体験が三つあるという。

一つ目は、第二次安倍政権が長期政権となり、安倍前総理が大叔父・佐藤栄作元総理の総理大臣在任期間の最長記録二七九八日を、令和二年八月二十四日に更新したこと。

二つ目は、田中角栄の誘いで政界入りした山東昭子《さんとうあきこ》が令和元年七月の参院選で参議院史上初の八期目の当選を果たしたこと。

そして三つ目が二階による自民党幹事長の最長在任記録の更新だという。

政治家としての二階のすさまじさはどこにあるのか。朝賀が語る。

「二階幹事長も人の悪口を言わないから相手に信用される。それと一度言ったことは必ず守る。オヤジも『やれないことは約束するな。その代わり、自分が一度言ったことは死んでも守れ』と口癖のように言ってましたが、二階さんもその考えを受け継いでいます。二階さんは、派閥の議員たちにも、痒《かゆ》い所に手が届くように面倒を見ています。それと、二階さんがオヤジに近いなと思うのは、『来る者拒まず、去る者追わず』の精神で接するところですね」

鈴木宗男が見る角栄と菅の「寒門に硬骨あり」

現在、日本維新の会に所属する参議院議員の鈴木《すずき》宗男《むねお》が田中角栄と初めて会ったのは、まだ中川一郎《なかがわいちろう》の秘書だったころのことだ。北海道からやってきた地元の陳情団を自民党本部の幹事長室に連れていくのが鈴木の役目だった。

部屋で田中幹事長と向き合って、驚いたことがある。田中は陳情団を迎え入れるやいなや「わかった」と言い切るのだ。陳情団はまだ何一つ言葉を発していない。

鈴木は慌てて取りなした。

「いや、幹事長。まだ何も言ってませんから」

田中はまったく意に介さない。

陳情団は持参した陳情書を読み上げる。田中は長ったらしい文書が大嫌いだった。三〇秒もたつと、高らかに言い放つ。

「わかった」

田中の「わかった」はどこまで本気なのだろうか。実は本領が発揮されるのはここからだ。

田中は陳情団に微笑みかける。

「おい、じゃあ、みんな写真でも撮ろうや」

陳情で東京にやって来た人たちが時の幹事長と写真に収まる。皆、大満足だ。

引率役の鈴木は思った。

〈幹事長は「話はわかった」とおっしゃった。これでひとまず陳情は片づいたな〉

陳情団とともに幹事長室から事務所に戻る。三〇分ほどたったころだろうか。

中川一郎事務所の電話が鳴った。

鈴木が受話器を取ると、さっき聞いたばかりのダミ声。田中本人からだ。

「さっきの秘書さん、いないか？」

鈴木は「わたしです」と答えた。

「さっきの件はこうしたから。ここへ行っとけ。こういうふうに言っとけ」

なんと、陳情書を全部聞く前に「わかった」と言った案件を田中はすべて理解していた。そのうえでどこへどう働きかければいいか、的確にさばいてみせたのだ。鈴木は唸らざるを得なかった。

鈴木宗男

〈これが、田中角栄の人を惹《ひ》きつける魅力か〉
現在の永田町にはこうしたタイプの政治家はほぼ見当たらなくなった。鈴木は数少ない例外だ。

田中角栄が醸し出していた「人間味」が懐かしい。

平成七年の阪神・淡路大震災、平成二十三年の東日本大震災と東京電力福島第一原子力発電所事故。国難と言われる事態に見舞われたとき、いまだに「田中角栄ありせば」という声が澎湃《ほうはい》として巻き起こる。吉田茂《よしだしげる》や池田勇人、佐藤栄作、福田赳夫、中曽根康弘の名前が挙がることはまずない。なぜなのか。

田中角栄が東京地検特捜部に逮捕されたのは昭和五十一年。四五年の星霜を経ても、田中イズムは朽ちていない。

田中角栄の本質は「人間味」にある。鈴木宗男はそう捉えてきた。最近の永田町に掃いて捨てるほどいる高学歴の偏差値秀才たちの冷淡さの対極である。鈴木は思う。

〈勉強した政治家はいらない。頭のいい政治家が必要なんだ〉

政治家における「頭のよさ」とは何か。人の心をきちんと聞くことだ。声になっている声はもちろん、声なき声も聞き届ける。これは政治の要諦《ようてい》でもある。田中角栄も、鈴木が秘書を務めた中川一郎も、それができる政治家だった。

偏差値秀才、高学歴は決定的な魅力を欠いている。それは何かといえば、やはり人間味だろう。

総理大臣の在任中、田中角栄は著書『自伝　わたくしの少年時代』を上梓した。当時、中川の秘書だった鈴木宗男はこれを読んだ。なかでも胸に迫り、感銘を受けたのはこんな挿話だ。

田中が小学生のころ、母親に「これをおとうに届けろ」と言いつけられる。荷物の中身は現金だった。田中の父親は無類の博奕《ばくち》好き。秋田まで馬を買いに行ったはずが、賭け事で代金をすってしまう。電報で妻に「金を持たせろ」と言ってよこしたのだ。

田中少年は汽車に乗って新潟を発つ。車窓を流れる景色を眺めていた。腰をかがめて田植えをしている母の姿が目に飛び込んできた。田中はこのとき、思った。

「親父はけしからん。おっかあにこんな苦労をさせて、自分は好きなことをしている。いつか、このお袋を喜ばせたい」

高学歴、偏差値秀才と並んで最近の永田町で幅を利かせているのは東京生まれ、東京育ちの議員たちだ。その多くは二世、三世の世襲政治家たちだ。

成長していく過程で地方の実情を身近に感じていないのは、政治家として一つの欠落である。

鈴木の師・中川一郎はいつもこんな言葉を口にしていた。

「寒門に、硬骨あり」

「温室に、大木なし」

逸材は厳しい環境から出る。恵まれたところでよい人材は育たない。そういった意味である。

前述したが、田中角栄は大正七年（一九一八年）、新潟県刈羽郡《かりわ》二田村《ふただ》大字坂田《おおあざさかた》（現・柏崎市）に馬喰《ばくろう》の田中角次・フメ夫妻の次男として生まれた。

刈羽郡は冬季の三～四カ月は雪に閉ざされ、身動きがとれなくなる。そうした環境で田中には辛抱や我慢が自然と身についていった。

田中は生来の母親思いでも知られる。最期まで母親は絶対の存在だった。苦労の末、「一旗揚げよう」と上京する。

総理大臣・菅義偉の半生は、田中のそれと重なる部分が多い。

菅は昭和二十三年、秋田県雄勝郡秋ノ宮村（雄勝町秋ノ宮を経て現在は湯沢市秋ノ宮）で苺《イチゴ》農家の長男として生まれた。

高校まで秋田で過ごすが、就職で東京に出てきた。さまざまな仕事をしながら、金を蓄えて大学に入る。

アルバイトで学費を稼ぎながら、大学に通った。

卒業後、二～三年働いたが、「世の中を変えるのはやはり政治だ」と思い立ち、自民党衆議院議員・小此木彦三郎の秘書となる。秘書時代の菅はとにかくよく歩いた。靴が年に三足もボロボロになったという逸話が残っているくらいだ。鈴木は思う。

〈菅さんの生き方もまた、「寒門に硬骨あり」だ〉

農家に生まれ、両親が骨身を削って働いているのに暮らしはなかなかよくならない。この点では鈴木も同じだ。冷害で豆などの作物が収穫できない年は珍しくなかった。

菅と角栄の官僚操縦の類似は〝政治の仕事〟

昭和二十三年生まれの菅義偉は、「団塊の世代」である。

自民党にも団塊の世代に属する議員は多い。だが、総理総裁の座を射止めたのは菅だけだ。

野党に目を転じると、鳩山由紀夫も、菅直人も、昭和二十二年に生まれている。

団塊の世代は日本で最も人口の多い層を形成している。子供のころから競争、競争で成長してきた。近くにいる友達はみんなライバル。だから、どこか競争疲れしているところもある。息切れして落選を経験している団塊議員も少なくない。

菅以外で団塊世代の自民党議員といえば、中曽根弘文、竹下亘《たけしたわたる》、林幹雄、亡くなった鳩山邦夫《はとやまくにお》らがいる。自身も昭和二十三年生まれで団塊の世代である鈴木は思う。

〈自民党の団塊の世代には二世、三世が多い。叩き上げはあまり見当たらない。そんななかで生き残っていくには、相当な努力が必要だろう。菅さんはわれわれ団塊の世代のエースだ〉

平成八年の衆議院議員総選挙に菅は神奈川二区から自民党公認で出馬。新進党公認の現職上田《うえだ》晃弘《あきひろ》、旧民主党公認の新人大出彰《おおいであきら》らを破り、初当選を果たす。当選後は、平成研究会（小渕派〔当時〕）に所属した。

鈴木宗男は当時、党副幹事長を務めていた。平成八年の衆議院選挙で初めて小選挙区比例代表併用制が導入されるが、鈴木はこの選挙で実務を担っている。

鈴木は菅との初対面を今でも覚えている。まず、印象に残ったのは「目力」である。怖いというわけではない。やる気、「頑張るぞ」という気力がみなぎっていた。

菅はそのころ、「野中広務さんみたいな政治家になりたい」と口にしていた。

平成十年七月の自民党総裁選挙。この戦いは菅にとっても大きな転機となった。

平成研は派を挙げて領袖《りょうしゅう》・小渕恵三を担ぐ。だが、小渕とともに「竹下派七奉行」と呼ばれた梶山静六は反旗を翻《ひるがえ》し、自らも出馬を表明。菅は政治的な師である梶山と行動を共にし、佐藤信二も含めた三人で派閥を脱会した。

梶山と菅の行動に態度を硬化させたのは当時、幹事長代理の野中広務だった。

「何、梶山についていく？」

と、厳しい反応を示した。

副幹事長として鈴木は野中と緊密な連携を取っていた。だが、梶山や菅への対応は異なるものだった。

鈴木は菅に言い含めた。

「今回は小渕さんが勝つから。だけど、俺たちは同根。根っこはおんなじだ。お前、あとのことは何も心配するな」

鈴木は梶山が幹事長の時代にも副幹事長を務めていた。

宮澤喜一総裁、梶山幹事長体制で自民党は平成五年の衆議院選挙に突入した。

このときは、自民党は比較第一党ではあったものの、新生党代表幹事・小沢一郎がまとめた細川護熙を首班とする連立政権が成立したために、結党以来初めて下野することになった。

さらに言えば、鈴木は、梶山が国対委員長だったときにも副委員長を務めていた。二人の縁は深い。

梶山は陸軍士官学校出身。鈴木から見ると、終始一貫、「筋を通す」人間だった。

それと同時に完璧な平和主義者でもあった。梶山は野中広務、後藤田正晴らと同年輩だ。皆、戦争を経験している。そのうえで、あってはならない戦争は二度とすべきでないと、平和主義を信奉していた。

外見は武闘派そのものだったが、内面には非常に繊細なものを宿している。梶山はそんな政治家だった。その意味では、喧嘩《けんか》上手《じょうず》だが、ナイーブな一面も併せ持つ野中と似ている。

総裁選までは梶山と野中は共同歩調を取ってきた。平成研で長い間、同じ釜の飯を食った仲の二人が敵対する。思えば、皮肉な成り行きである。

平成研から小渕が出る以上、表立っては支援で動く。当時、「野中―鈴木ライン」と呼ばれるほど、鈴木と野中は密接な間柄だった。当然、従う。だが、鈴木は、心中密《ひそ》かにこう思っていた。

〈梶山さんの人間関係からして、それなりの票をとるだろう〉

鈴木は菅の目を見てこう激励した。

「おい、梶山さんを頼むぞ。頑張ってくれよ」

総裁選では中曽根派のなかから江藤隆美《えとうたかみ》らも、惜しみなく梶山の支援に徹した。江藤は梶山と当選同期である。結果、梶山は、小泉純一郎を上回る一〇三票を獲得できた。小渕には敗れたが、予想以上の結果だった。

総裁選の開票会場で鈴木は思った。

〈結果的に、これでよかったんじゃないか〉

派閥を割って出ても、意中の人を支持する。鈴木が菅に言って聞かせたように、この総裁選で小渕の勝利は確実視されており、動かしようがなかった。

誰が見ても敗れる戦いにあえて赴く。

損得で言えば、明らかに損だ。しかし、火中の栗を拾ってでも、自分の人間味を押し通す。それが菅の真骨頂だ。

梶山静六

小泉純一郎

小渕恵三

当時、菅は四九歳の一年生議員。なかなかできることではない。

菅は平成十八年に安倍晋三を総理大臣の座につけ、民主党から政権を奪還する直前の平成二十四年の自民党総裁選でも安倍の返り咲きの機会をつくるうえで中心的な働きをした。梶山選対での経験はこのときの原型になっている。

平成二十四年の自民党総裁選挙。安倍が所属する清和政策研究会（町村《まちむら》派〈当時〉）からは領袖の町村信孝《のぶたか》が出馬した。にもかかわらず、菅は安倍を口説き、出馬させている。

菅は、腰が引けていた安倍に対し、殺し文句まで口にしている。

「ここが勝負だ。安倍さん、あなた、この機を逃したらね、チャンスはありませんよ」

鈴木は思う。

〈菅さんらしいたいした読みだ。梶山さんを支援したことは菅さんにとって大きなエネルギーとなった。菅さんは今や政界きっての勝負師じゃないか。田中先生の系譜にある政治家にはハート、〈心がある〉

田中角栄が政治家として全盛だったころの話だ。

ある地方で道路建設の計画が持ち上がった。田中の肝煎《きもい》りの案件である。だが、建設省の幹部の一人がやんわりと反対した。

「先生、費用対効果が見込めません」

田中は聞き終わると、すぐ言った。

「うん、お前。いいことを言うな。よし、出世だ」

この幹部は霞ケ関の庁舎から建設省の出先機関に配置換えになった。地方勤務でラインからは外れる。だが、昇進には違いない。確かに「出世」はしている。文句のつけようがない。

これは田中流の人身掌握、官僚操縦の妙手の一つだ。人事をうまく使うことで、省内ではこんな評判が立つ。

「おっ。田中って、これはすごい奴だ。黙っていよう」

鈴木宗男は思う。

〈われわれ政治家は有権者に名前を書いてもらって議席を得ている。判断を誤れば、落選の憂き目に遭う。官僚は政策判断が間違っても、首になることはなく、給料も下がらないし、地位も変わらない。消費税選挙がいい例だ〉

消費税導入後最初の総選挙となった平成二年の衆院選では、自民党税制調査会の最高幹部の山中貞則《やまなかさだのり》が落選している。

鈴木は田中から直々にこんな教えも受けている。

「いいか、鈴木君。世の中な、三すくみだ。われわれはな、国民に弱い。それは選挙だ。ところがな、国民は役人に弱い。それは行政指導だ。ところがな、役人は政治家に弱い。人事だ。だからな、この三すくみ。これをうまくやれ。これがな、生きる道なんだ」

のちに鈴木と官僚の関係はメディアの餌食になった。「宗男が恫喝《どうかつ》」という文字がたびたび躍るようになる。鈴木は思う。

〈恫喝なんてしたことはない。指導をしただけだ。声が大きいか、小さいかは別にして、わたしは何も間違ったことは言ってない。田中先生もそうだったんだろう〉

第二次安倍政権で官房長官だった菅義偉による省庁の人事が「厳しい」とたびたび非難された。鈴木に言わせれば、とんでもない話だ。

菅は当たり前のことをしてきたにすぎない。官僚を統制するのは国民から選ばれた政治家の仕事。人事権は内閣が握っている。自信をもって官房長官がそれを行使する。当然のことだ。

しかも、官房長官は総理大臣に迷惑をかけられない。菅は責任をすべて自分で被《かぶ》る覚悟の中で判断をしてきた。

鈴木は思う。

〈日本学術会議の問題もそうだ。推薦する側と任命する側があったとして、任命する側の判断のほうが重い。主権者である国民の負託を受けているからだ。推薦された人に「ダメだ」という判断があるのは当たり前。そもそも学術会議会員の任命のような案件で総理大臣がいちいち細かいところまで見ているわけがない。事務方が上げてきたものだ。事務方を信頼しないと、議院内閣制は持たない。国民の税金を使う以上、慣例には囚《とら》われないという菅さんの見識は間違っていない〉

政治家も胆力がないと、思い切った人事はできない。鈴木宗男には今も選挙民からの支持がある。このことが鈴木の政治家としての判断を支えている。

「鈴木は嘘《うそ》をつかない」

「約束を守る」

地元の有権者がそう信じていてくれるから、官僚と対峙できる。選挙を経ないで仕事をしている役人は平気で嘘をつくし、手のひらも返す。鈴木は何度も経験済みだ。

〈官僚のコントロールは菅流でいい。菅流こそが民主主義だ。きちんと手続きは取っている〉

官僚操縦において、菅は田中角栄に似ている。「これはどれだけの男か」を見極めながら、人事を断行する。

しっかりした官僚は政治家を見ているものだ。

「この政治家とは、喧嘩しないほうがいい」

「この政治家とは、うまく折り合いをつける」

そうした見定めができる官僚もいる。鈴木は思う。

〈「役所の中の役所」と言われるだけあって、財務省はその点しっかりしている。財務官僚はちゃんと政治家の人となりを見たうえで付き合っている〉

鈴木自身も人間関係の妙でここまで生き残ってきた。官僚も評価しながら付き合ってきた。それは政治家としての財産だ。

石破茂の語る角栄の「日本列島改造論」の心を今に

令和二年九月の自民党総裁選で、菅義偉と争った石破茂元幹事長は、かつて田中派「木曜クラブ」の事務局職員を務めていた。衆議院議員に立候補したきっかけも、田中角栄であった。

田中角栄が『日本列島改造論』を発表したのは、オイルショックが起きる前だ。石破は、その点を指摘する。

田中角栄は、東京の一極集中の是正について、『日本列島改造論』の中で、繰り返し述べている。

〈角栄先生には、日本国内の格差を是正したいという思いが強かったのだろう〉

昭和四十年代には、全国新幹線鉄道整備法や、高規格幹線道路網計画ができ、各地に高速道路や新幹線が整備されていった。

ある試算によれば、『日本列島改造論』の構想のうち、高速道路は、一三〇％が実現している。それに比べて、新幹線は三〇％しか実現していない。七〇％が実現していないのだ。

石破は、地方創生担当大臣時代、新潟に視察に行き思った。

〈角栄先生は、新潟に新幹線を走らせよう、という強い思いを持っておられたのではないか。新幹線網を日本海側の恵まれない地域にも張り巡らせて、それぞれに個性のある街《まち》を造って発展させよう、という思いがあったのではないか〉

だが、石破によると、残念ながら、実際に、新幹線や高速道路が通ったことにより、栄えた地方は、必ずしも多くはないという。

新幹線や高速道路などの交通網が整備されると、交通基盤の「口」に当たる市町村・地域に経済活動が集中し、「コップ」に当たる市町村・地域の経済活動が逆に衰えるいわゆるストロー現象が起こる。その地域に魅力がなければ、便利な公共交通機関は、そこから人を奪う効果しかもたらさないのだ。地方に独自の特色がなければ、そこはすぐに廃れてしまうのだ。

石破茂元幹事長の父親の石破二朗《じろう》は、田中派の参議院議員だったが、息子の石破によく言っていたという。

「角さんの本質は、無類の親切なんだ。角さんはどうやったら、人に喜んでもらえるのか、ということばかり考えているんだ」

石破は思う。

〈田中先生がもし現在いたら、新幹線をおそらく今未通のところに造り、その先は地方の知恵をフルに活かす政策を打ち出すだろう〉

たとえば、日本の飲食業や、宿泊業での一人あたりの労働生産性は、アメリカの四分の一。ここにも大きな伸びしろがある。これまで、多くの旅館は、ＪＴＢや近畿日本ツーリスト、東急観光などの大手旅行会社のみを頼りにし、そこからの団体客を中心に商売をしていた。しかし、このビジネスモデルだけではきめ細かい個別のサービスへのニーズに対応できない。石破は、ビジネスモデルを劇的に変えた旅館も出てきていることを指摘する。

かって地方創生担当大臣だったときに、さまざまな自治体を視察している石破は、地方の問題点についてこう指摘する。

これまで地方は、ともすれば国の言う通りにやっているだけということが多かったのではないか。霞ケ関に予算要望をし、丸の内の大企業に工場誘致を依頼する。そしてなるべく大きな事業で、なるべく補助率が高く、自己負担が少ないものばかりに目がいっていたのではないか。その結果、自分の街の実情に合うかどうか、という最も重要なことが置き去りになってはいなかったか。しかし、これから先の時代はそうはいかない。

石破は、今後、地方を活性化させていくにはどうしたらよいのか、について語る。

「国が決まったメニューを提示し、それをただ地方が選択するだけ、という時代ではもはやない。竹下登総理の『ふるさと創生事業』は、一億円のバラマキだと批判されたが、竹下さんは『これで地域の知恵と力がわかるんだわ』と言っていた。これからは地方がその知恵と力をフルに発揮して地方から日本を変えていく時代だ。変革の試みは『点』が次第に密になりつつある段階で、まだ『面』にはなっていないが、あらゆる市町村に行くたびに驚きと感動がある」

日本において、トヨタやパナソニックのような世界と競争する製造業に従事する労働人口は、全体の二割ほどしかない。残る八割は、製造業以外の産業に従事しており、製造業以外の生産性は、未《いま》だ低いレベルにとどまっている。これは裏を返せば、大きな伸びしろが残されているということでもある。

田中角栄がもし現在いたら、きっとそこに重点を置くだろう、と石破は思う。

「そしてどうしたら地方に移ってもっと幸せな人生を送れるか、どうしたら東京の人も、地方の人も、もっと幸せになれるか、そう考えながら政策を打ち出していくだろう」

森山裕が夢見る〝角栄源流〟の「大経世会」構想

自民党国会対策委員長・森山裕が参議院鹿児島選挙区で初当選を果たしたのは平成十年のことだった。

森山自身が国政を目指したのは、田中角栄の弟子の二階堂進との縁があってのことだった。二階堂は同じ「吉田学校」出身だった佐藤栄作を担ぎ、橋本登美三郎《はしもととみさぶろう》、愛知揆一《あいちきいち》、保利茂《ほりしげる》、松野頼三《まつのらいぞう》らとともに佐藤派の旗揚げに参画。のちに「趣味は田中角栄」と公言するほど惚れ込み、田中派結成でも大きな役割を果たした。

森山が参議院選挙に出馬した平成十年には二階堂はすでに勇退していた。衆議院選挙には平成八年から小選挙区比例代表並立制が導入されていた。森山の地元である鹿児島五区は山中貞則のお膝元である。

森山は鹿児島市議会議員、議長の経験もあり、山中のことはよく知っていた。だが、参議院選挙出馬の報告と支援のお願いに山中のもとに出向くのは敷居が高すぎる。森山は二階堂の直系。中曽根康弘と正面衝突し中曽根派を脱会して以来、無派閥でありながら「税調のドン」として君臨してきた山中とは距離が

二階堂進

山中貞則

あったからだ。

中選挙区時代から面倒を見てもらっていた二階堂に相談した。

「俺が一緒に行こう」

二階堂にそこまでしてもらうのも申し訳ない。

「まあ、先生、わたしが行ってみますから」

森山は意を決して山中の自宅を訪れた。出馬の意向を聞くや、意外にも山中は賛同してくれた。

「いや、森山、お前が出るのが一番いい。鹿児島はお前、二議席取らんといかんから。俺が後援会長でも何でもするから。頑張れ」

森山が二階堂の子飼いであることは山中も十分承知している。その上で支援を約束してくれた。山中邸を辞した帰り道、森山はしみじみ思った。

「これはやっぱり、大政治家ちゅうのは違うな」

二階堂、山中の両御大が全面的に支援してくれたこともあり、森山は無事初当選を果たした。この選挙で自民党は九年ぶりに定数二を独占。平成十三年の選挙からは定数が一に減らされたため、自民の二議席独占はこれが最後となった。

当選後、国会議事堂の赤絨毯《あかじゅうたん》を踏んでからは二階堂に代わって山中が指導してくれた。選挙区でも「旧二階堂」「旧山中」という系列同士の争いはなく、一本化がなされ、今に至っている。

当時、自民党鹿児島県連の会長は小里貞利《おざとさだとし》。党幹事長は加藤紘一《かとうこういち》が務めていた。二人とも宏池会（加藤派）所属の議員である。新顔の議員にとって両者の存在は大きい。

だが、森山は二階堂から竹下登、青木幹雄というつながりで参議院議員となった。そのことを考えれば、当然、平成研究会（小渕派）入りが既定路線となる。

森山は困り果てた。宏池会と平成研、どちらの派閥に入ればいいのだろうか。どちらにも行きようがない。

森山の処遇をめぐって宏池会と平成研の両方から幹部五人ずつが出て、話し合いがもたれた。後日、青木幹雄からこう申し渡された。

「宏池会と平成研は兄弟派閥みたいなもんだから。森山さんは間違いなくうちの派閥の人間だけれども、向こうに預けます」

こうして森山は宏池会に入会した。本籍平成研、現住所宏池会である。領袖の加藤、大番頭だった古賀誠の薫陶を受けながら、政治家として成長していった。

平成十二年十一月、「加藤の乱」が勃発《ぼっぱつ》する。第二次森喜朗内閣打倒を目指して加藤紘一・山﨑拓らが立ち上がったのだ。古賀誠は加藤側近だったが、幹事長・野中広務とも親しい間柄だった。結果的に加藤派の大半を反加藤でまとめてしまう。

加藤の乱は主流派によって鎮圧された。加藤派は分裂。森山は再び行き場を失ってしまう。本籍である平成研の青木に相談した。

「先生、預けられた身は辛いもんで。どっちにも行きようがありません」

青木は、諭すように言葉を継いだ。

「そしたら、いっとき無派閥でいて、戻って来ればいいよ」

こうして森山は平成研に加わることになった。参議院議員時代の後半は平成研の一員として活動している。

石原派で事務総長を務めている現在も、「本籍平成研」という意識は変わっていない。

自民党国会対策委員長・森山裕と二階堂進の関係は市議会議員時代にさかのぼる。森山は二階堂の秘書を務めたことはない。二階堂は西田という秘書を地元に置いていた。西田には森山も世話になっている。二階堂が地元に帰ってくると、森山はほとんどそばについていた。

当時の二階堂は田中角栄派の重鎮として官房長官や党総務会長、幹事長を歴任。森山からすると、仰ぎ見るほどの存在だった。その点では同じ鹿児島選出の山中貞則も変わりはない。二人の大物議員と近く接することができたのは、森山にとって今も大きな財産となっている。

二階堂進の次女は三人の子供を残して早逝した。夫もまだ若い。

「あんたもまだあとのことがあるから」

そう言って、二階堂はまだ小さい孫二人を引き取った。二人は二階堂夫妻が育てていく。

二人の孫のうちの妹・二階堂友紀《ゆき》は大学卒業後、西日本新聞社に記者として入社する。二階堂は森山に本音を漏らした。

「森山君、友紀が『西日本新聞』に入って、もうほっとした」

二階堂はそれから間もなくして他界する。平成十二年二月三日のことだった。

二階堂友紀は長崎で起きた談合疑惑をはじめ、よい記事を書き続けた。やがて『朝日新聞』に移籍。現在は朝日で同性婚や人権教育をテーマに取材を続けている。

森山は生前の田中角栄とも会ったことがある。これもまた仰ぎ見るだけの存在だった。田中事務所の秘書軍団、佐藤昭《さとうあき》や朝賀昭とも面識があり、世話にもなった。

田中の秘書軍団といえば、名物男だった早坂茂三とも森山は縁がある。平成十年、参議院選挙で初めて国政に挑んだときのことだ。

森山の娘が早坂に「父を応援してください」と手紙を書いた。手紙を受け取った早坂は鹿児島の地を踏んだ。何度か現地入りし、惜しみない支援をしてくれた。

森山自身は田中政治、田中派なるものについて次のように捉えている。

〈田中先生から伝わる手法は決断の政治そのものだ。よりローカルに、よりグローバルにという理念もはっきりしている。地方創生の本家本元は「日本列島改造論」にある。日中国交回復は命がけの仕事。これを成し遂げた。本当にすごいことだ〉

森山の政治上の師・二階堂進は平成八年から九年にかけて最後の中国訪問に出かけた。森山も同行している。

中国には「飲水思源」という古事成語がある。もともとは「水を飲む者は、その源に思いを致せ」という意味だが、そこから転じて、「井戸の水を飲む際には、井戸を掘った人の苦労を思え」という意味で使われる。昭和四十七年、日中国交正常化の際に訪中した首相・田中角栄を周恩来が迎えた際の言葉として知られている。

森山は二階堂とともに中国を旅しながら、「飲水思源」そのものと感じられるような光景をたくさん目にした。

特に地元では森山と二階堂の関係は広く知られている。鹿児島四区では今も森山は「二階堂系」「田中派」の系譜にある政治家である。

森山はともに菅政権を支える二階俊博幹事長について思う。

〈二階俊博先生と田中派の政治手法はまったくいっしょだ。汗は自分でかきましょう、手柄は人にあげましょう。実際に突進力は優れているのに、決してそうは見せない。政治家として大変な資質だ。とても比べようはないが、わたしもそうありたい〉

田中派の系譜という点では首相の菅義偉も同じだ。菅の師匠は竹下派七奉行の一人、梶山静六である。

〈菅さんには内に秘めたものがある。安倍晋三内閣で進めてきた政策のなかにも、実際には菅さんが旗を振ってこられたものが少なくない。農産物の輸出もそうだ。菅さんでなければできなかった〉

森山は平成研究会で、参議院のドンと呼ばれた青木幹雄にもいまだに指導してもらっている。平成二十二年に政界を引退。現在では八六歳の青木だが、まだまだ意気軒昂《いきけんこう》である。

田中派の流れに連なる政治家が気を吐く中、肝心要の平成研、現竹下派にいま一つ活気が感じられない。森山は思う。

〈もったいない派閥だ。一番いい形は、竹下派と二階派が合同して一つの派閥になることじゃないか〉

いまだに「本籍経世会」と思い続けている森山の中には「大経世会」構想が芽生えている。

竹下派の総裁候補は茂木敏充と目されているが、参議院側の支持はまったく広がっていない。

二階派には二階直系以外に旧志帥会以来の伊吹文明グループから続くメンバーもいる。だが、勢力としては四七人とわずかなものだ。

首相・菅義偉は無派閥のまま今日の地位を築いた。これはもはや菅流のスタイルになっている。かえって派閥を持たないほうがいいのかもしれない。

今のところ、菅に直言できるだけの存在は周囲にいない。例外は二階俊博だけだろう。森山は思う。

〈そのうち、官房長官の加藤勝信《かとうかつのぶ》さんが慣れてくるだろう〉

菅は大事なことを人任せにしない。自分でやる。秘書経験が長かったことも影響しているかもしれない。森山にも直接電話をかけてくることがある。思わず恐縮してしまう。菅にはまだ官房長官時代の気質が残っているようだ。

角栄から菅は「土の匂い」を知る〝保守本流〟

昭和五十五年六月の衆院選で初当選した古賀誠は、当時、キングメーカーとして絶大な権勢を誇った田中角栄の薫陶も受けている。

初当選後、古賀は、宏池会の幹部で同じ福岡県を地盤とする田中六助に連れられて、田中角栄のもとに挨拶に行った。

議題は新人議員の古賀が今後、どこの派閥に所属するかであった。

田中六助は、田中角栄に言った。

「今度、福岡から当選した古賀なんだが、オヤジさんの派閥（田中派）に預かってもらってもいいのだが……」

田中角栄が言った。

「せっかくの話だが、古賀君は宏池会でいいんじゃないか。六さん、お前が責任を持って古賀君を預かればいいじゃないか」

「それなら、そうさせてもらいます」

もともと、古賀は宏池会に入る予定になっていたが、田中六助は田中角栄に仁義を切ったのである。

それ以来、古賀は、田中六助が田中角栄に会う席には、ほとんど同行した。

古賀が田中角栄の印象を語る。

「『わかったの角さん』と言われていたほどで、返事も早かった。それと田中元総理には『ああいう政治家に自分もなりたい』と思わせるオーラがありました。わたしがそんな印象を持ったのは大平正芳さんと田中角栄さんだけです」

古賀によると、性格は対照的だと評された田中と大平だが、似ているところもあったという。

「わたしと菅さんではないけど、田中さんと大平さんも、貧困に苦労した少年時代があり、エリートの多い昭和の政界のなかでは、体験の共有があったと思います。わたしと麻生さんの相性がよく取り沙汰《ざた》されますが、結局、個人的なことより、生い立ちの違いなんです。共有の体験がある者どうしのほうが、何も言わなくてもわかるところがあるから、自然と関係は強くなる」

政治家の世襲が進み、現在の政界は、地方選出の政治家でも、子供のころからずっと東京で育ち、小中高、そして大学と東京の学校で学んだ者ばかりだ。古賀のように、田舎で生まれ育ち、大学になって初めて上京する非世襲の議員は、減っている。

古賀はこの点を危惧《きぐ》している。世襲議員の増加は、そのまま地方の実態を知る政治家の減少につながるからだ。

「安倍さんも、岸田さんも、石破さんも、選挙区は地方だけど、東京で育ち、東京の学校で学び、友達もみんな東京の人。親友も幼なじみも選挙区にはいない。

世襲の議員は、高学歴で外国への留学経験もあり、非常に勉強家で優秀な面もあるが、理屈で物事をおさめる。

そのいっぽうで、普通に生活している人たちが経験するような苦労をしていないから、政治に一番必要な温かみや、国民に対する接し方はわからない。

這《は》い上がってきたという言い方は失礼かもしれないが、土の匂いを知る議員が少なくなると、自民党も国民の感覚から離れた政党になってしまう。田中角栄さんや大平正芳さんのような保守本流の政治家には誰よりもその視点があった。菅さんにもそれがある。官僚への強い姿勢が批判されたりもしますが、裏を返せば、国民の立場に立って、そんな官僚には任せられないと動いているからです」

現在のコロナ禍で、都市部への一極集中が見直される中、地方分権を志向した田中角栄の「日本列島改造論」や、大平正芳が唱えた「田園都市構想」が再評価されつつある。

自民党でもデジタル改革担当大臣（現デジタル大臣）の平井《ひらい》卓也《たくや》など宏池会の議員を中心に、令和二年六月に、デジタル技術を生かし、暮らしと自然を調和させた新たな社会像「デジタル田園都市国家構想」が発表された。

構想では、働き方や教育などのデジタル化を進め、地方にいても都市部並みの収入を得られ、感染の再拡大に対応できる社会づくりを目指すとしている。

古賀が語る。

「大平さんも、田中角栄さんも、都市への一局集中はいつか行き詰まると、危機感を持っていました。どちらも地方を生かすという発想は一緒で、手法が違うだけ。二人の発想が今こそ大切になっています」

菅政権は、発足時、『日経新聞』とテレビ東京での調査による数字では七四％と、歴代三位という山口泰明も思ってもみないほど高い支持率を得た。七年あまりに及ぶ第二次安倍内閣を官房長官として支えた実績と、人柄、安定感を評価する回答が多かったという。

さらに、新型コロナウイルス感染症によるパンデミックによって疲弊した経済の再生への期待もあったろう。菅総理も、それを全面に押し出していた。

しかし、菅は、自分が総理大臣になるとは思ってもいなかったに違いない。山口も、官房長官に徹するのだろうと思っていた。それがいつのころからか、総理大臣を目指すようになった。それでも、このタイミングでの総理就任は思いもよらないことだったろう。しかし、人徳なのは、このようなときにでもやきもちを焼く同期が一人もいなかったことだ。

第6章　難題解決内閣

菅政権発足の顔ぶれと政策の〝目玉〟

令和二年（二〇二〇年）九月十五日、菅義偉新総裁は、党役員人事に着手し、自民党の新執行部が決まった。

総裁選で菅支持の流れをつくった二階は、幹事長に再任した。政調会長には、細田派の下村博文が就任、総務会長には、麻生派の佐藤勉が就任、選挙対策委員長には、竹下派の山口泰明が就任した。

二階以外の三人は、いずれも菅の同期生で、菅を支持した派閥から選ばれた。

また、二階とともに、菅支持の流れをつくった森山裕国会対策委員長の再任も決まった。

九月十六日、国会で首班指名がおこなわれ、菅義偉内閣が発足した。

安倍政権の継承を意識し、主要閣僚は実績と安定を重視する守りの布陣となった。

麻生太郎副総理兼財務大臣、茂木敏充外務大臣、梶山弘志《かじやまひろし》経済産業大臣、小泉進次郎《こいずみしんじろう》環境大臣、萩生田光一文部科学大臣、西村康稔経済再生担当大臣、赤羽一嘉《あかばかずよし》国土交通大臣、橋本聖子《はしもとせいこ》五輪担当大臣の八人が再任された。

さらに官房長官に就任した加藤勝信や、行革担当大臣に就任した河野太郎、総務大臣に就任した武田良《たけだりょう》太《た》など、横滑りも含めると、閣内への留任は一一人に上った。

再入閣は、上川陽子《かみかわようこ》法務大臣、田村憲久《たむらのりひさ》厚生労働大臣、小此木八郎国家公安委員長、平井卓也デジタル改革担当大臣の四人だった。

初入閣は、岸信夫《きしのぶお》防衛大臣、野上浩太郎《のがみこうたろう》農水大臣、平沢勝栄復興大臣、井上信治《いのうえしんじ》万博担当大臣、坂本哲志一億総活躍担当大臣の五人だった。


組閣前日の九月十五日、令和元年九月十一日に発足した第四次安倍第二次改造内閣で、国家公安委員長兼防災担当大臣として初入閣を果たした二階派の武田良太は、小泉進次郎や、若手議員たちと新橋の寿司屋に集まっていた。

そこに武田の携帯電話が鳴った。武田が電話に出てみると、菅の声が聞こえる。

「菅ですが……」

武田は慌てて返事をした。武田の神妙な様子に他の議員たちも静かになった。

「はい」

「総務をお願いします。総務省は担当する分野が広いですが、いろいろ勉強になるから頑張ってください。よろしくお願いします」

武田は、菅の要請に応じながら、自らを奮い立たせた。

〈菅政権の看板政策である携帯電話料金の値下げを担当する要職だ。心して取り組まなくては〉

菅総理自身も、第一次安倍内閣時代に総務大臣を一年間務めていた。二階派の武田の総務大臣への起用は、新政権における目玉人事とも言えた。

二階俊博幹事長は思った。

〈菅総理も、武田さんのことを認めてくれている〉

直前の第四次安倍第二次改造内閣で、武田は国家公安委員長、防災担当大臣として初入閣を果たした。そこから横滑りしての総務大臣就任である。二階幹事長も納得の武田にふさわしいポストだった。

〈彼はしっかりした考えを持っているし、仲間の面倒みもよく、将来伸びていく人だ。大きな可能性を持っている〉

武田良太

二階派の林幹雄幹事長代理によると、菅義偉は、安倍政権時に国家公安委員長や防災担当大臣などを務める姿を見て、武田を「この男はできる」と評価したのだろう。だからこそ、菅政権下で、自らの牙城である総務省を所管する総務大臣に抜擢《ばってき》したのだ。

携帯電話料金の値下げ、NHKの受信料制度など総務省がらみの問題は、菅総理の長年のテーマでもある。それを実践するとなると、やはり「武田がいい」ということになったのだろう。

総務大臣に就任した武田は、菅総理が力を入れる携帯電話料金の引き下げを担当することになった。

携帯電話料金の引き下げは、菅総理の肝煎《きもい》りの政策だ。第二次安倍政権の官房長官時代から熱心にこの問題に取り組んでいた。

令和元年五月には、携帯電話会社にいっそうの競争を促す改正電気通信事業法を成立させている。

その年の十月には、二年契約の途中で解約した際の違約金を九五〇〇円から一〇〇〇円に引き下げ、端末代と通信料を分離して比較しやすくするなどの新ルールもスタートした。

さらに、令和二年四月には、楽天が携帯電話事業に第四の事業者として本格参入した。

だが、家計の携帯料金の支出でみると、変化は一定程度にとどまっていた。

シェア一位の携帯会社の料金を国際比較した総務省の調査では、英仏独の主要都市では二〇一九年度までの五年間で料金が七割から八割ほど下がっているが、この間、日本の値下げ幅は三割弱にとどまっている。

菅総理は自民党総裁選でも、携帯電話料金の値下げを訴えている。

「大手三社は二〇％もの営業利益を上げ続けている」

限られた公共の電波を利用する携帯電話事業は参入障壁が高く、楽天が新規参入したものの、ＮＴＴドコモとＫＤＤＩ、ソフトバンクの三社で市場シェアの九割を占める寡占状態が続いていた。

総務大臣に就任した武田は、菅総理の意向を受けて、九月一七日午前の記者会見で、携帯電話料金について引き下げを目指す考えを表明した。

「一〇〇％やる。できるできないじゃなく、やるかやらないかの話だ。一割とかいう程度だったら、改革にならない。諸外国は競争市場原理を導入して七〇％下げている」

武田には強い思いがあった。

〈家計の負担を少なくして、コロナ禍で苦しむ各家庭の可処分所得を上げることによって、疲弊している地域経済を底上げしなければいけない〉

武田は語る。

「そもそも携帯電話などの通信事業は、国民の財産である公共の電波を使っているのだから、純然たる民間の商売とは違う。こういうときにこそ、国民に還元するのが、大手三社の責務だ」

武田は総務大臣として、携帯電話料金値下げのために自ら率先して動いた。慣例として、携帯各社は新しく総務大臣が就任した際に挨拶に来ることとなっている。武田は、この機会をとらえて、各社に料金引き下げへの姿勢を質《ただ》した。

着々と進行する携帯電話料金の引き下げ

令和二年十月二日、ソフトバンクの宮内謙《みやうちけん》社長が総務大臣室を訪れた。

これまで大手三社のうち、ＮＴＴドコモとＫＤＤＩが料金引き下げに前向きに取り組む姿勢を示していたが、ソフトバンクは態度を明確にしていなかった。

宮内社長は、渋々ながらも表明した。

「わが社も、値下げを検討させていただきます」

ソフトバンクが値下げに理解を示したことで、携帯大手三社がそろって政府の方針に対応する見通しとなった。

武田はこの週、宮内社長のほかに、たて続けに、ＮＴＴの澤田純《さわだじゅん》社長、ＮＴＴドコモの吉澤和弘《よしざわかずひろ》社長、ＫＤＤＩの髙橋誠《たかはしまこと》社長、四月に本格サービスを開始した楽天の三木谷浩史《みきたにひろし》会長兼社長、楽天モバイルの山田善久《やまだよしひさ》社長と会い、各社の料金プランや携帯業界を取り巻く環境変化などについて意見を交わした。

さらに武田は、十月八日夕、総務省内で携帯電話利用者との意見交換会もおこなった。

武田は、非公開で約一時間、ひとり親と主婦、高齢者、消費者、フリーランスの各団体の代表者五人と意見を交わした。

令和二年十月二十七日、武田は、携帯電話料金の値下げを促すためのアクションプラン（行動計画）を公表した。

武田はこの日、記者会見で強調した。

「公正な市場競争がおこなわれているか、毎年検証する。必要に応じて取り組みを見直し、追加的な対策を取りまとめる。これは今までなかった部分だ」

行動計画では、「わかりやすく、納得感のある料金・サービスの実現」、「事業者間の公正な競争の促進」「事業者間の乗り換えの円滑化」を三本柱として掲げた。

年内に始めるウェブサイトでは、乗り換えのメリットや手続きをわかりやすく解説することも発表した。これは携帯料金について「わかりにくい」という声が根強いためだ。

また、各社に割り当てられている周波数についても、「有効利用を検証し、今後の割り当ての方策について検討する」と明記した。

「プラチナバンド」と呼ばれるつながりやすい周波数は現在、ＮＴＴドコモ、ＫＤＤＩ（ａｕ）、ソフトバンクの大手三社が利用し、既存の事業者が退出して空きが出なければ新たな割り当てができない。

ただ、今年から楽天モバイルが大手三社の回線を借りるのではなく自社回線を使って新規参入しており、「広く開放すべきだ」との声が出ていた。総務省は今後、割り当ての方法について検証し、令和二年の夏までに結果をまとめる。

アクションプランを受けて、十月二十八日、ＫＤＤＩ（ａｕ）とソフトバンクは新しい低廉な料金プランを発表した。しかし、両社は、多くの国民が利用するメインブランドではなく、サブブランドに新料金プランを設ける対応をとった。また、メインブランドからサブブランドへのプラン変更に際し、煩雑《はんざつ》な手続きや高額な事務手数料を要求する「囲い込み策」を見せた。

この両者の対応が、武田には「ごまかし」と映った。武田は、記者会見で舌鋒《ぜっぽう》鋭く、再考を迫った。

「サブブランドに、低廉なプランを用意した。それなのに、高いメインブランドに囲い込むスキームを堅持している。であるならば、メインブランドの価格を下げてもらうしか、国民に実感を持ってもらえない」

十二月三日、ＮＴＴドコモは、サブブランドではなくメインブランドで、低廉な新料金プラン「ａｈａｍｏ《アハモ》」を発表した。

ＮＴＴドコモの新プランは、業界の常識を破る低廉な料金プランだった。

新料金プランは、他社からの乗り換えやドコモ利用者のプラン変更の際の事務手数料を無料にした。

武田は、ドコモの新料金発表後も、携帯料金値下げのために、精力的に動いた。

公正取引委員会や消費者庁を担当する井上信治内閣府特命担当大臣とも連携し、十二月九日には「三大臣会合」を初めて開催している。

同一事業者内のブランド乗り換えにかかる手数料については撤廃も視野に検討し、三省庁が連携して年内にも改善策を打ち出すとした。また、消費者庁が携帯電話会社の広告表示を総点検し、わかりにくい契約条件や料金に対して指導や要請をしていくことも確認した。

会合後、武田は強調した。

「関係省庁の力を結集して障害を取り除いていく。市場競争が働いた結果、料金の低廉化につながる」

この日、ＫＤＤＩとソフトバンクは、主力ブランドからサブブランドに乗り換える際に生じる最大一万五五〇〇円の手数料を令和三年二月以降、順次撤廃する方針を発表した。

一二月二二日、ＮＴＴドコモに引き続き、ソフトバンクも新プランを発表した。

傘下の仮想移動体通信事業者（ＭＶＮＯ）のＬＩＮＥモバイル（東京・新宿）を吸収合併してスタートする新プラン「ＳｏｆｔＢａｎｋ　ｏｎ　ＬＩＮＥ」は、データ容量二〇ギガバイトで月額二八八〇円、ＮＴＴドコモが打ち出した「ａｈａｍｏ」と横並びの料金プランとなる。

新プランは、ソフトバンクのメインブランドのプランとして提供される。

さらに、年が明けた令和三年一月十三日、ＫＤＤＩは、データ容量二〇ギガバイトで月額二四八〇円の料金プラン「ｐｏｖｏ《ポヴォ》」を三月から始めると発表した。

ＮＴＴドコモとソフトバンクが十二月に公表したプランより四〇〇円安く設定されているが、「ｐｏｖ

０」には通話定額が含まれないため、これを追加すると三社の新料金プランは実質的に横並びとなる。

大手三社が発表した新プランの料金をこれまでの水準と比べると、データ容量二〇ギガバイトでは約六割が下がっており、恩恵を受ける利用者は少なくない。

武田は、５Ｇの基地局設置のスケジュールについても語った。

「令和二年に九八％のエリアカバー率になります。整備の予算措置ももちろんあります」

今後、携帯各社が５Ｇに投資をしていくことは、料金の値下げにも影響を与える可能性はある。

武田はそれについても語った。

「競争社会ですから、携帯各社も生き残りをかけて、やることはやるでしょうし、やらなければ競争に負けるだけです。そもそも携帯各社はこれまでが儲けすぎなんです。電力会社や、ガス会社の利益率は四～五％ですが、携帯各社は二四％です。携帯各社も『余力はあります』と言っています。これまで、三社でガチガチのところに、新規のモバイル事業者である楽天が参入したことは刺激になるでしょう。楽天はエリアのカバー率が現在は低いけれど、令和三年中には九八％まで整備すると言っています」

「縦割り１１０番」に見る規制改革への関心の高さ

河野太郎は行政改革担当大臣・国家公務員制度担当大臣として入閣した。河野は安倍晋三総理の下、閣内で要職を歴任してきた。平成二十七年（二〇一五年）に国家公安委員長・行革担当大臣、平成二十九年には外務大臣、令和元年には防衛大臣に抜擢されている。いずれも官房長官だった菅の意向が働いたと言われた。

組閣の前日、河野の携帯電話が鳴った。菅からの着信だ。

「規制改革をやってくれ。一丁目一番地だから、しっかり頼むぞ」

総理である菅義偉のせっかちな性格は河野もよく心得ている。

「とにかくスピード感を持ってやれ」

総理直々の言葉に忠実に河野は仕事を進めた。霞が関にも官邸の意向を徹底して伝えている。

〈この社会にはもっと温《ぬく》もりが必要だ〉

河野太郎行政改革担当大臣があらためてそう感じたのは大臣就任翌日の令和二年九月十七日のことだった。霞ケ関の規制改革・行政改革について国民から広く声を聞こうと、九月十七日に「縦割り110番」を開設。

「スピード感を持って」との菅義偉総理の指示を念頭に、窓口は河野個人のウェブサイトに立てた。役所の窓口に作ろうとすると、それだけで時間がかかってしまうからだ。

夕方四時過ぎに窓口を開設。「メールをお寄せください」と呼びかけた。まだ、この時点では河野も軽く考えていた。

〈合計で一〇〇通ぐらいきたら、嬉しいな〉

ところが、瞬く間にメールはなんと二〇〇〇通に達した。

〈これは、えらいこったな〉

河野は夕食を摂るため議員会館を出た。食べ終えたところでスマートフォンを確認する。そこで二〇〇〇通とわかっていたのだ。

小一時間ほどたって、赤坂の議員宿舎に帰った。そこですでに四〇〇〇通である。

「全部、わたしが目を通します」

寄せられるメールの取り扱いについて河野はそう公言していた。

「このままだと読めない。いったん止めてくれ」

すぐ指示した。八時間で四〇〇〇通。驚くべきペースであった。

窓口を内閣府のサイトに移行し、担当者を充てた。その後、メールの件数は八〇〇〇通に上った。役所の「縦割り」に対する国民の関心の高さを物語っている。

河野はできるだけメールに目を通した。自分が直面する問題について切々と書かれているものがたくさんあった。別に「何をしてくれ」というわけではない。「こんなことで悩んでいる。聞いてくれてありがとう」といった趣旨のものが多かった。

差出人の身の上も多岐にわたっている。受験生、お年寄り、失業したばかりの人、母子家庭の母親、難病の患者――。それぞれに生きづらさを抱えている人たちだ。

〈国民の皆さんが感じている問題をきちんと吸い上げるのは非常に大事なことだ〉

なかには都道府県や市町村に関係する業務に関するものもある。河野はあらためて感じた。

〈問題は縦割りだけじゃない。横割りについても考えなきゃいけない。相談者のなかには「どこへ行ったらいいのかわからん」という人も少なくないのだろう〉

現在、河野のチームは、優先順位をつける作業を進めている。順位の高いものから各省庁に流していく。

内閣府の事務局だけではとてもさばききれない数である。河野は三五人で構成する大臣直轄チームを結成。構成員には各省庁から一人ずつ官僚を集め、さらには地方自治体からも人材を投入してもらった。

河野太郎

結婚や離婚で姓が変わるとき、親族が亡くなったときなど、これまでは役所で煩雑な手続きを繰り返さなければならなかった。手間や時間、労力は膨大なものだ。

デジタル化を進めれば、これを一気に簡略化できる。複数の機関をはしごしなくても、どこか一カ所ですべての手続きを終えられる。そうした「ワンストップ型」の行政サービスを実現することがデジタル化、規制改革の第一の目的だ。

もう一つ、河野太郎行政改革担当大臣が「究極の目標」と位置づけるのが「温もり」である。いわば、政府が一人ひとりの国民と向き合うための手段としてデジタル化、規制改革を利用するのだ。

行政のデジタル化というと、いまだに誤解する向きもある。コストカット、切り捨て、非人間的、冷酷、金属的——そうしたイメージで受け取られがちだ。河野はそんなステレオタイプな捉え方に反論してきた。

「いやいやそうじゃない。それは誤解です」

メディアがデジタル化について伝えるとき、「デジタルトランスフォーメーション」「DX」などの横文字がつきまとう。これも無機的な印象を強める一つの原因だろう。

「カタカナより漢字のほうが温かみがあるんじゃないか」

そんな助言をされたこともある。だが、これには疑問も感じた。デジタル化を「電子情報化」に置き換えれば、それでいいのだろうか。河野は思った。

〈なんのためにデジタル化が必要なのか。国民に向けていっそう丁寧に説明していかなくては〉

欧米でのデジタル投資への認識は日本とは異なる。顧客へのサービス強化や新しいビジネスの創出が目的と考えるのが一般的だ。

日本と欧米で認識の差が生じるのはなぜか。一つにはＩＴ人材が偏在しているからだ。国内のＩＴ人材の六割以上はＩＴ企業が囲い込んでいる。

これまで日本企業はデジタル化をＩＴ企業に外注してきた。そのため、コスト削減のみが優先し、新しいビジネスを作り出せずにきたのだ。欧米企業が社内でＩＴ人材を活用し、顧客サービスや新規ビジネスの展開へと柔軟に対処しているのとは対照的である。

令和二年十二月の記者会見で河野は、自身の働きぶりについて胸を張った。

「一〇〇点満点で一〇〇〇〇点です」

「脱ハンコ」に象徴されるデジタル化、行政改革にひた走った三カ月だった。

だが、デジタル化や規制改革の本来のビジョンが国民に理解されているとはいえない。「脱ハンコ」は話題になったが、イメージだけがひとり歩きしてしまった感もある。

デジタルトランスフォーメーションから目指す「温もり社会」

「一万四九九二」、これまで行政手続きで判子を必要とした事例の数だ。

河野はここにもメスを入れた。まず決めたのは「認印は認めない」という原則だ。

専門店だけでなく、文具店や一〇〇円ショップで三文判を買ってくれば、認印は誰にでも押せる。これでは認証の意味はない。「ハンコがない」と慌てて買いに走った経験は誰にでもあるだろう。

河野は思う。

〈なんの意味もないことを延々続けてきたわけだ。ずいぶんと無駄を積み重ねてきたものだ。驚くしかないな〉

膨大なハンコが必要な環境を維持したままでオンライン化を進めることはできない。

「どうしても必要なものだけ言ってこい」

河野が役所に命じた結果、なんと、わずか八三種類だけを残すことになった。一万四九〇〇以上はやめることになったのだ。

住民票の写しの請求や転入・転出届、婚姻届などから押印がなくなる。残るのは登録した実印によるごく一部の手続きだけだ。

「ハンコはやめるんだから、行政サービスのオンライン化をどんどん進めてくれ」

ファクスの見直しも求めている。書類のやり取りをできるだけ減らしたいからだ。

河野は各省庁の尻を叩いている。本当に進めるかどうか。今後も目を光らせていなければならない。官僚は権益を守り、前例踏襲主義を続ける中、複雑な手続きや押印を長年続けてきた。それが変わるかもしれないのは、各府省の幹部人事を握る総理・菅の手法によるところが大きい。これまでも政府の政策に反対する官僚にはこう言い渡してきた。

「異動してもらう」

この点では河野も一致している。ネット放送に関する規制改革をめぐっては文化庁の担当者にこう迫ったという話もある。

「やる気がないなら担当部署を変える」

「希望する国民はマイナンバーに銀行口座を紐付《ひもづ》けできるようにしたほうがいい」

行政改革担当大臣として規制改革に取り組む河野太郎の持論だ。

マイナンバーと銀行口座の紐付けができていれば、行政側から国民に振り込みをする際、いちいち書類を提出する手間を大幅に省くことができる。

マイナンバー制度によって、日本では現在年に一回税務申告の記録を政府が把握できる。だが、英国はさらに進んでいる。政府が国民の収入を二週間ごとにつかむ仕組みがあるのだ。

これによって、たとえば、コロナ禍でもいち早い対応が可能になる。

失業し、収入が途絶えた。子供が五人いて、ちゃんと食べさせないといけない。そうした人に支援をしなくてはいけないと、政府の側が迅速に知ることが可能になる。

デジタル化すれば、いちいち申請をする手間が省ける。政府が持つデータによって必要な行政上の措置は浮かび上がってくる。給付が必要ならば、マイナンバーと紐付けされた銀行口座を通じてすぐに振り込みもできる。そのうえで「あなたは支援の対象です。支援金を振り込みました」と政府からオンライン上で連絡を受ける。究極的にはこうしたサービスが実現できる。

もちろん、河野は英国に近い形を目指している。今後、少子高齢化はますます進んでいく。お年寄りが増えれば、見守りや介護を通じて寄り添うことが大事になる。子供の数自体は減少を続けているにもかかわらず、子供の貧困や児童虐待はさらに大きな課題になってきた。

厚生労働省の調べによると、児童虐待の件数は毎年最高値を更新し続けている。昭和四十年代中ごろには一〇〇〇件程度だったが、令和元年には一九万件を超えた。

子供が七人いれば、そのうち一人は貧困状態にある。

特に厳しいのが一人親世帯。貧困率は四八％に上る。先進国のなかでもワーストクラスの数字だ。

子供にもしっかり寄り添わなければならない。河野が理想とするのは、今まで以上に人が人に寄り添い、お互いを大切にする社会である。

日本の総人口は平成二十年を頂点に減少へと転じた。問題はそれだけではない。総人口より早いペースで労働人口が減り続けている。これまでと同じことをしているだけでは、人に寄り添ったり、温もりを大切にしたりはできない。河野は思う。

〈「人間にしかできない仕事」に人間は集中しなければならない。人間がしなくてもいいことは、ロボットやＡＩに思い切って任せてしまえばいい〉

それを実現する手段の一つがデジタルトランスフォーメーションだ……。

市役所や町村役場を例にとってみよう。五つの窓口があるとする。そのすべてに職員を張り付けておく必要があるだろうか。オンラインを中心にすれば、窓口に来る市民の数は減り、窓口を一つに統合できる。残りの四人は浮く。それらの人員を、困っている人や高齢者への対応に差し向ければいい。

温もりを大切にするため、人が人にもっと寄り添える社会を実現するための第一歩。それがデジタル化である。この認識を国民と共有し協力を仰いでいかなければならない。

規制改革を担当する立場として、河野はマイナンバーの機能強化には積極的である。

デジタル化の推進で免許証やパスポートの更新、医療機関での保険証の提示などをオンラインでおこなうことになる。その際、重要なのが「本人確認」だ。手続きの申し込みをしている人が本当に本人なのかどうかを確認できる手立てを確立しなければならない。

現在、オンラインで銀行口座に振り込みをおこなう際は三菱ＵＦＪ銀行や三井住友銀行など、それぞれの銀行にログインする。その際にはそれぞれの銀行用のパスワードを使い分ける。だが、政府の手続きで同様に個別のログイン、個別のパスワードとやっていてはかえって不便だ。

政府は現在、マイナンバーカードと連動した「マイナポータル」と呼ばれるオンラインの「入口」を設けている。ここに入ることができれば、本人であることがひとまず確認できる。そのうえでパスポートの更新や免許証の更新、保険証の提示などの各サービスにスムーズに移行できる。個別にログインし、パスワードを使うよりもはるかに便利だ。

さらにマイナンバーカードに銀行口座を紐付けておけば、マイナポータルを通じ振り込みも簡単にできる。将来的にはそこからアマゾンや楽天などのショッピングサイトで買い物を楽しむこともできるようになるだろう。

これまではプライバシー保護の観点がデジタル化推進の足かせになってきた。そうした抵抗感はコロナ禍で下火になりつつある。

全世帯に一律一〇万円を配る「特別定額給付金」は自治体によって遅れが生じた。この混乱の一因はデジタル化の遅れによるものだ。

その上、マイナポータルも全員に強制する立て付けにはなっていない。あくまで希望する者だけが利用する仕組みだ。

「自分のデータは使わないでほしい」という人は一つひとつ自分でログインしてサービスを受けることになる。自分の個人情報をマイナンバーカードに連携させるかどうかは個々人が選ぶ。この点はこれまでとなんら変わってはいない。

オンライン教育・診療……規制の削減こそが成長策

デジタル化は教育の分野でも恩恵が期待できる。喫緊《きっきん》の課題の一つが「オンライン教育」の規制緩和だ。

令和二年十月、規制改革を担当する河野太郎行政改革担当大臣は、平井卓也デジタル改革担当大臣と一緒に、萩生田光一文部科学大臣に要請をおこなった。

萩生田光一

平井卓也

　これまでだと、小学校で四〇人の学級とすれば、担任の教師は真ん中ぐらいの理解度の子供を狙って授業をするしかなかった。できる子は「そんなのわかってるよ」と飽きてしまう。できない子にとっては、何のことかわからず、苦痛でしかなかった。

　オンライン授業を導入すれば、様相は一変する。児童一人ひとりが自分の理解度に応じた授業を受けられるのだ。担任教師は「よくわからない」という児童に、これまで以上に寄り添える。わからなければ、わかるようになるまで、つきっきりで教えることも十分に可能だ。

　できる子供は先へ進んでいける。算数が得意な小学生なら、同級生に先んじてコンピューターを使って六年生までに中学校の数学の過程を終えたり、場合によっては高校の授業に参加したりすることもできるだろう。

令和二年から小学校高学年での英語教育が必修化された。だが、現在、小学校の教員で英語の正しい発音ができる人材はほとんどいない。

せっかく「耳がいい」子供たちに教師が拙《つたな》いカタカナ英語で発音を教えるのでは本末転倒だ。かつてNHKでも放映された米国の子供向けテレビ番組「セサミストリート」をはじめ、オンライン上で学べる優良な英語教育コンテンツは山ほどある。これらを活用すれば、小学生がネイティブの発音を耳にし、正確な発音で英語を話せるようになる。

オンライン授業が効果を上げるのは英語だけではない。いずれ、授業そのものの捉え方が変わる。教え方の上手なプロの授業をオンラインを通じて視聴する形が主流になるだろう。担任の教師は授業の準備に割く時間が要らなくなる。その分、一人ひとりの児童や生徒に寄り添える。

子供たちを手助けすることが教師の主な役割となる。いわば、「ティーチング」から「コーチング」への変化だ。進路指導や悩みの相談など、壁にぶつかっている子供が乗り越えられるように支える存在に移行していく。そうした領域に現場の教師がより力を注げるようになる。このことがオンライン教育の真の狙いである。河野は思う。

〈遅れている子供もしっかり底上げができる。オンラインが進めば、日本の教育を本当の意味で変えられるかもしれない〉

デジタル化の波は医療の分野にも押し寄せている。代表的な例は「オンライン診療」である。

河野太郎行政改革担当大臣の発想は、医療のユーザー側の利便性に根差している。たとえば、過疎地の高齢者を考えてみよう。医療機関にかかりたいと思っても、運転免許証を返納していて、なかなか足がない。そうした境遇にある人にとって、オンラインで医師に診てもらえるのは実にありがたいことではないか。

この問題については河野自身も当事者の一人と言える。実は、アトピー性皮膚炎の患者だからだ。

令和二年三月にはツイッター上でこんな顚末《てんまつ》があった。

「河野大臣、顔赤くね？」

そういうツイートに対して河野大臣は、返答した。

「アトピーだ、文句あっか」

これに対して、八万四〇〇〇人が「いいね」、約一万人がリツイートしている。

なお河野はアレルギーのため、アルコールはまったく口にしない。菅総理と同じく甘党である。

河野は二週間ごとに専門医の診察を受けている。病状がよくなっていれば、薬を少し弱いものにする。悪くなったら、薬を強くする。頻繁に調整することで症状を抑えていくのだ。

診察がオンラインで受けられるようになれば、医療機関に通う必要はない。

一五〜二〇分ほどの時間さえつくれば、端末の前で専門医に診てもらえる。

そのうえで「じゃあ、この薬を使おう」「薬を変えてみよう」といった指導を受けられるのだ。

河野は思う。

〈オンライン診療がいつでも受けられるようになるのは、慢性の病気をお持ちの患者さんにとっても非常にいいことだ。

オンライン診療は、これまでは初診は対面が原則。対象となる病気も、主に生活習慣病などに限られていた。

現在は、コロナ禍で特例として初診から認められている。医師が患者からコロナに感染したり、医療機関の待合室から集団感染が発生したりするのを防ぐためである。

病院やクリニックの混雑解消にも役立つに違いない。病状によって診察にめりはりをつけることもできる。医療者の過重労働を防ぐことにもつながる。

田村憲久厚生労働大臣と平井卓也デジタル改革大臣、河野は令和二年十月八日、内閣府で会談した。コロナが収束してもオンライン診療の特例を原則として続けられるようにすることで合意した。菅義偉総理による「恒久化を検討するように」との指示に基づくものだ。

車の自動運転もデジタル化の一環だ。

河野太郎行革担当大臣は言う。

「いずれは自動運転が当たり前になっていくだろう。この流れそのものは止められない」

特に高速道路などにおいては自動運転がかなり有効になる技術開発が進んできている。

自動運転が本格化する時代に入ると、自動車そのものの性能は二の次になる。それよりも搭載された自動運転のソフトウェアの機能が重要視されるようになっていく。パソコンでいえば、本体自体の価格が下がっても、中に入っているウィンドウズなどのソフトが大事。これと似た現象が自動車でも起こる。

自動運転のソフトを開発するためには、なるべく多くの車を市中の公道でテスト走行させなければならない。そのうえでいかに有効なデータを集められるかが死活的に重要だ。

だが、このテストを現在の日本で実施するのは容易ではない。規制が多すぎるからだ。その点海外は一歩も二歩も先を行っている。

米国シリコンバレーの電気自動車メーカーのテスラは、各国で盛んに情報を集めている。自動運転ソフトの開発に取り組む企業は自動車メーカーだけではない。米国のアップルのような畑違いの会社も参入。データを収集してソフトをどんどん更新している。こうした事態を指をくわえて眺めているだけでは国内の自動車産業が後れを取っていくだけだ。

河野は国内の規制緩和に向けてすでに動いている。車の自動運転は過疎化、高齢化問題の解決の鍵でもある。自動運転が実用化されれば、地方の生活は劇的に変わる。地域経済の活性化も期待できる。これまで地方では大型駐車場を構えるスーパーマーケットが人気だった。だが、自動運転によって地域の商店街が息を吹き返す。体調などの問題で買い物に出られないお年寄りの世帯にショッピングカーを訪問させることもできる。

自動車産業は日本の基幹産業の一つだ。これは言うまでもない。自動運転が主流になったからといって、国内メーカー各社が大きくシェアを落とすようなことがあってはならない。競争力を維持できるような手立てを整えておく必要がある。ビジネスの上でも収益に結びつくような規制にしなければならない。

平沢勝栄初入閣の顚末

令和二年九月十六日、国会で首班指名がおこなわれ、菅義偉内閣が発足した。

この日午後三時五十分、平沢勝栄は、志帥会（二階派）の派閥事務所で、約三〇名の同僚議員たちと官邸への新閣僚の呼び込みの電話を待っていた。

平沢はすでに前日十五日の夜、菅総理から電話で入閣内定の連絡を受けていた。

「復興大臣をお願いします」

志帥会では、派閥の事務所で新閣僚を官邸に拍手で送り出すのが習わしだ。平沢は、今回は送り出される側として待機していたが、呼び込みの電話がなかなか鳴らず、やきもきしていた。

平沢は、そのうちにいても立ってもいられずに「フライング」で入閣の挨拶を始めることにした。

「まだ電話がきませんが、先に挨拶します。今度は大丈夫だろうと思います。今まで空振りが続き、やっと期待に応えることができて、ホッとしています」

平沢が、挨拶をし始めたその瞬間、ワイシャツの胸ポケットに入れていたスマートフォンが鳴った。待ちに待った官邸からの呼び込みの連絡だった。

挨拶を中断すると、平沢は電話に出て、返事をした。

「はい、よろしくお願いします」

平沢は電話を切り、周囲に笑顔を向けた。

「やっと『なり』ました」

平沢は、「大臣になる」ことと「電話が鳴る」を掛け、同僚たちに呼び込みの連絡があったことを伝えた。その瞬間、同僚議員たちからは拍手と笑いが湧き起こった。

二階派は規模こそ四七人の第四派閥だが今回の党役員人事と組閣では、二階の幹事長続投、武田良太の総務大臣への横滑り、さらに平沢の初入閣も勝ち取った。

当選回数八回を重ね、以前からいわゆる〝入閣適齢期〟となっていた平沢の入閣は、第二次安倍政権でも組閣がおこなわれるたびにマスコミの注目を集めていた。

だが、第二次安倍政権では、結局、平沢の入閣は一度もなかった。

平沢が入閣しなかった理由としては、さまざまな憶測が飛び交った。

なかには、面白おかしく報じたものもあった。

「平沢さんは、東大の学生だった時代、安倍総理の家庭教師だった。そのとき、定規で安倍少年を叩いたことが響いて、安倍総理時代は大臣になれない」

また、いくつかのメディアは平沢の入閣が実現しなかった理由として、連立与党である公明党と平沢の間の長い因縁が背景にあるとも報じていた。

実際、平沢と公明党との関係は複雑だ。

平沢勝栄

発端は、平成十二年六月の衆議院議員選挙まで遡《さかのぼ》る。

昭和四十三年（一九六八年）に東京大学法学部を卒業し警察庁に入庁した平沢は、岡山県警察本部長、警察庁長官官房審議官、防衛庁長官官房防衛審議官、内閣官房長官秘書官を歴任し、平成八年の衆院選に東京都一七区から出馬し、初当選を飾っていた。

平沢は、平成十二年六月の衆院選でも二期目の再選を狙って、同選挙区から出馬する予定だった。

だが、当時の政治状況が平沢の行動に待ったをかけようとしていた。

この当時は、小渕恵三総理が病に倒れたため、急遽《きゅうきょ》発足した森喜朗総理を首班とする自公保連立政権だった。

その後、現在に至るまで続く長期的な友好関係を築くことになる自民党と公明党だが、当時はまだ連立政権発足から日は浅く、大型国政選挙も、この衆院選が初めてであった。

連立与党として選挙を戦ううえで、問題となったのは与党三党間での候補者調整だ。

特に、自民党と公明党の候補者がバッティングするケースがいくつかあり、平沢が出馬を予定していた東京都一七区はまさにその一つだった。

平沢のほかに、同じ与党の公明党からは現在、党代表を務める山口那津男《やまぐちなつお》が出馬の準備を進めていた。

山口は、平沢が初当選を飾った平成八年の衆院選にも当時の新進党から出馬し、七万三七二六票を獲得した平沢に一万票ほど及ばす落選していた。

自公保連立政権の候補者調整を主導していたのは、野中広務幹事長だった。小渕内閣で官房長官として自自公連立政権を築いた野中にとって、この時期は権力の絶頂期でもあった。野中は選挙実務を取り切る幹事長として、各選挙区の候補者調整に辣腕《らつわん》をふるっていた。

野中は、首都・東京では、森田《もりた》健作《けんさく》が現職の東京都三区と、平沢の東京都一七区の二つの選挙区を公明党の候補者に譲り、二人を比例単独で出馬させるかたちで、公明党との選挙協力を進めるつもりであった。

だが、当事者の平沢も森田も、この方針に反発した。森田は自民党を離党し、無所属での出馬を表明。

いっぽう、平沢は離党せずにあくまで自民党の公認候補として選挙区からの出馬を目指した。

だが、野中も強硬であった。ギリギリまで比例にまわるように圧力をかけてきたのである。

平沢への圧力は続いた。結局、衆院選の公示日前日に自民党の候補者として一番最後に公認されるほどだった。

選挙戦が始まると、平沢はさらに多くの圧力を受けた。

選挙中に応援に来た自民党の議員は、元東京大学学長の有馬《ありま》朗人《あきと》、東京都選挙区で活動する小野《おの》清子《きよこ》と保坂《ほさか》三蔵《さんぞう》の参議院議員三人だけだった。ほかには誰も応援に来てくれなかった。どうやら公明党に配慮した野中から通達が出ているようであった。

だが平沢は、逆境にありながら、選挙戦での勝利を確信していたという。

なぜかといえば、自民党執行部からいじめとも言える仕打ちを受けている平沢に対して、判官びいきで応援してくれる有権者の熱を感じたからだ。

平沢は街頭で自らの逆境を訴えた。

「誰も応援には来てくれないけれど、だからこそ、わたしはこの選挙に勝たなければいけません」

聴衆からは拍手で迎えられ、選挙スタッフも自然と勢いづいた。

その結果、平沢は、初当選のときより、二万二〇〇〇票も増やし、九万五六〇六票を獲得。いっぽう、公明党公認で出馬した山口那津男は、七万四六三三票で平沢の前に再び敗れた。

ちなみに、平沢の前に二度落選した山口は、翌年の平成十三年の参院選に東京都選挙区から出馬し、当選。その後、平成二十一年九月には公明党代表に就任して現在に至っている。

いっぽう、平沢は、以降も連続当選を重ねて選挙区を盤石なものにしていく。多くの自民党の候補者たちが落選した平成二十一年八月の衆院選も、平沢は、選挙区で勝利をおさめている。

平沢が大臣になれないのは、連立を組んでいる公明党を慮《おもんぱか》ってのことと言われている。

平沢復興大臣の語る二階と菅

平沢は、今回の自身の入閣について語る。

「わたしが入閣できたのは、二階幹事長の存在も大きかったと思います。それとわたしと初当選同期の菅総理の存在も大きい」

実は菅も、国政初挑戦となる平成八年の衆院選では、神奈川県二区で公明党系の新進党公認の候補者の上田晃弘と戦い、厳しい選挙を勝ち抜いている。

そのため、菅も、平沢の置かれた立場への理解は深かった。

平沢は、以前から思っていた。

〈もし菅総理になれば、自分が入閣する可能性も高くなるかもしれないな〉

平沢と菅総理は、平成八年初当選組ということで縁も深い。

新人議員のころは、平沢、菅、石原伸晃などで、都市と地方の格差についての研究会をやっていた。その当時は、公共事業などで地方が優遇され、都市部は規制などで開発が進まないことが問題視されていた。

平沢が語る。

「菅総理は、当時から勉強熱心で一生懸命でした。総理大臣にもなるべくしてなったと思います」

今回の総裁選で、菅総理の誕生に向けて、真っ先に動いたのは、平沢が所属する志帥会の会長の二階俊博だった。平沢は平成二十九年にそれまで所属していた近未来研究会（石原派）を離れて、志帥会に入会した。

平沢は、二階をそばで見ていて、さまざまなことを学んでいるという。

「二階幹事長は決断が誰よりも早い。将来を見通す洞察力もある。そのうえ人間味もある。昨年の総裁選のときには、近くにいて驚くほどの早さで菅総理の支持を打ち出していました。わたしが誰を派閥として応援するのだろうか、と思っているうちに、二階幹事長は真っ先に菅さんの擁立を明言し、関係者に連絡して派閥全員の署名を集めました。他の派閥が右往左往しているうちに、そこまで動くのだから、決断と実行のスピードが段違い。それと二階会長の言うことならと、ひと言で四六名が一糸乱れずにすぐついていくのもすごかった」

平沢は、二階の気配りのすごさについても語る。

あるとき、二階は、親しい人物の娘の結婚式への出席を頼まれた。

「今度うちの娘が結婚するので、式に主賓として出ていただけませんか」

二階は、承諾すると、新郎がどんな人物かを気にかけた。

「出席はよいけど、新郎は誰なんだ？」

新郎はＪＴＢの社員だった。

二階はさらに訊いた。

「新郎側の主賓は誰なんだ？」

訊くと、上司にあたるＪＴＢの課長だという。

一般社団法人全国旅行業協会の会長である二階にとって、ＪＴＢは懇意であった。

二階はすぐに行動に出た。なんと、ＪＴＢの社長に直接電話をしたのだ。

「申し訳ないけれど、今度、おたくの会社の社員の結婚式があるから、出ていただけませんか」

結婚式は無事に執りおこなわれ、新郎側の主賓としてはＪＴＢの社長が、新婦側の主賓として二階がそれぞれ出席した。

平沢は、後日、このときの行動について二階に訊ねた。

「幹事長は、なんでわざわざ社長にまで電話したんですか？」

すると、二階は言った。

「もし、そのまま結婚式をやっていたら、新郎のほうは一生肩身の狭い思いをしたかもしれないだろう」

平沢は話を聞いて感心してしまった。

〈そこまで想像して心配するのか。二階さんの気配りはすさまじい。二階さんのことを慕う議員が永田町になぜ多いかがわかる。男が男に惚れる、というのはこういうことなんだな〉

福島県と平沢をつなぐ縁と復興への想い

復興担当大臣として初入閣を果たした平沢にとって、福島県は思い入れのある土地だ。

平沢は、実は東日本大震災で被災した福島県で育っている。

平沢は、昭和二十年九月四日、岐阜県大野郡白川《しらかわ》村で生まれた。

白川村は日本有数の豪雪地帯であり、特別豪雪地帯に指定されている。そのために、合掌《がっしょう》造りという独特な家屋が生み出され、白川郷・五箇山《ごかやま》の合掌造り集落は、ユネスコの世界遺産に登録されている。

平沢の生家も、国の重要文化財に指定されている「旧大戸家住宅」で、のちに下呂市の下呂温泉合掌村に移築されている。

平沢は、昭和二十九年、小学二年生の時に、父親の仕事の都合により福島県安達《あだち》郡安達町（現・二本松市）に転居した。

それ以来、二本松市立油井小学校、二本松中学校を経て、福島県立福島高等学校を卒業し、東京大学法学部に入学するまでの一〇年間を福島で過ごしている。

現在の選挙区こそ東京だが、福島出身ということで、平沢の大臣就任は地元の福島県からも歓迎されたという。

平沢が語る。

「福島県選出の復興担当大臣は、これまでに中通り中部の郡山市を地盤とする根本匠さんと、浜通りのいわき市を地盤とする吉野《よしの》正芳《まさよし》さんもやっていますが、中通り北部の出身者の大臣就任はわたしが初めてだったので、歓迎してもらいました。福島県に常に寄り添った動きをしてくれると思われているわけですから、その期待を裏切らないように、少しでも県民の期待に応えたいと思います」

平沢によると、福島県で発行される『福島民報』と『福島民友新聞』の二つの地方紙では、平沢の名前が記事になると、必ず「福島高校卒」と添えて、表記がされるという。『朝日新聞』や『読売新聞』などの全国紙ではもちろんそんな表記はない。

平沢は自分のことを取り上げる地方紙の記事を見るたびに身が引き締まる思いがするという。

平成二十三年三月十一日に起きた東日本大震災から一〇年がたったが、いまだに被災地に残した傷跡は大きい。特に課題となっているのは、未曽有《みぞう》の深刻な事故となった福島第一原発の事故だ。

平沢が語る。

「原発事故が福島県に与えた影響を考えると、本当に申し訳ない、と思っています。震災から一〇年が経過し、地震と津波による被害からの復興、再生はかたちができていますが、原発事故の後処理問題は、むしろまだこれから。現在もさまざまな問題が横たわっていて、これからも続きます。やはり、原発事故は、他の災害とは異なっていて、福島県を大変に苦しめています」

福島第一原発による事故が起きた当初、外国人ジャーナリストなどからは、「福島県は数十年以上にわたり、立ち直れないだろう」などと評されるほどだった。それだけ被害が甚大で、先行きが見通せないものだった。

平沢が語る。

「一〇年前に語られた絶望的な見通しよりは、立ち直っていますが、いまだに福島県は、県の面積の二・四％にあたる地域で立ち入りが制限されており、住むことができません」

現在、福島県には帰還困難区域と呼ばれる地域が存在している。帰還困難区域とは、放射線量が非常に高いために、バリケードなど物理的な防護措置を実施して、避難を求めている区域で、福島県浜通りの七市町村にわたる。現在も、帰還困難区域に住んでいた人たちは、避難を余儀なくされている。

それについても、平沢は語る。

「現在も避難されている方たちからは、今すぐ住むことが難しいとしても、今後の見通しを出すことは熱望されています。やはり、いつになったら戻れるのかがわからないと、人生設計も立てられません。この問題は経産省が担当していますが、福島県からも強い要望を受けているので、なんとか早くスケジュールを出すように尽力したいと思っています」

さまざまな問題が絡むが、平沢はなんとか実現させたいと願っている。

菅総理自身も、令和三年三月六日に、福島県大熊町を訪問した際に次のように発言している。

「帰還困難区域を必ず解除していく方針に変わりない。他の地域に避難されている方が帰還できるような環境整備をしていきたい」

令和三年四月十三日、菅政権は、東京電力福島第一原子力発電所で浄化処理されたうえでタンクに保管されている一〇〇万トン以上の水について、トリチウム（三重水素）以外の放射性物質を国の安全基準を確実に下回るまで浄化し、取り除くことが難しいトリチウムについても、同様に国の安全基準を大幅に下回る濃度に薄めたうえで二年後を目途《めど》に東京電力福島第一原発から海洋に放出する方針を決定した。

政府は放出にあたり、トリチウムの濃度を国際的な飲料水の基準の七分の一程度に薄めるとしているが、漁業者を中心に反対意見は根強い。

福島県の農林水産物は、原発事故以降、「危険だ」というイメージから売れ残ったり、安く買いたたかれたりする「風評被害」に悩まされていた。

平沢はその点についての懸念を語る。

「処理水の放出は二年後なので、それまでに時間はありますが、科学的に安全だということをいくら伝えても、すぐに理解され、購入してくれるものではありません。安全だと証明しても、消費者にとってイコール安心にはどうしてもなりにくい。消費者に福島県の水産物を遠慮しようとする気持ちが働けば、当然、事業者や生産者には損害が出ます。『安全だから大丈夫』と政府が公言しても、風評被害は発生します。わたしは、その部分の責任者ですから、対策をしっかりやっていきます」

平沢によると、今後、学校教育などを通して差別的な考えをやめるよう啓発していくという。

さらに、実際に風評被害が発生した場合には、具体的な行動も視野に入れて対策案を詰めていくという。

福島浜通りの国際教育研究拠点と復興庁の行方

政府は、現在、福島浜通り地域に国際教育研究拠点を設置する構想を推進している。

平沢がこの構想について語る。

「これまで福島県民は多大な犠牲を強いられてきました。そんな福島の人たちに少しでも元気と誇りを持ってもらうために、世界に名だたる素晴らしい教育研究機関をつくろうと動いています。世界レベルの研究機関、教育機関ですから、学者も一流の人を招請します。今年度から準備計画に対する二億円の予算がつき、現在、骨格をつくっています。来年度からはこれに基づいて本格的に動き出す予定ですから、相当大きな機関になるはずです」

国際的な教育研究機関としては、小泉政権のときに沖縄県への設立が決定された沖縄科学技術大学院大学の例がある。同学は、世界からトップクラスの人材を招請して現在も運営されている。

平沢によると、福島にできる国際教育研究拠点は、世界レベルにありながら、地域に根ざした教育研究機関になるという。

「やはり、福島県民に歓迎され、誇りに思ってもらえるものにしたいと思っています。原子力災害に関するデータや知見の集積・発信についても一つの専門分野になりますし、世界から一流の学者に来てもらい、年に数日ではなく、福島県に住んで研究する人、福島県民と一緒に考えてくれる人を探します」

平沢によると、福島県の抱える問題で、最も深刻な点は、震災以来続く人口の流出だという。

「福島の最大の問題は人口減です。多くの人たちが県外に流出したまま、戻ってこない。震災直前に二〇二万人いた人口は、現在（令和三年四月）、約一八二万人。この一〇年で二〇万人減っています。それと避難者の問題もあります。現在、約三万五〇〇〇人の避難者うち、県内が約七〇〇〇人、県外が約二万八〇〇〇人。まだまだ福島の人たちは犠牲を強いられていますから、その犠牲を少しでも和らげたいと思っています」

平沢の福島県復興に懸ける思いは強い。

「福島が元気になるためにはもうちょっと活気が必要。そのためには人口減を挽回しないといけませんから、今年度からは移住、定住対策に力を入れています。ひと言で言えば、移住者への支援金を出したり。一人でも多くの方に来て貰いたい。それと、企業の誘致にも力を入れていきます」

震災以降、残念ながら、福島県については原発事故の影響もあり、メディアでマイナスイメージで語られる機会が多かった。

平沢はそれを少しでも払拭《ふっしょく》したいと思っている。

「教育環境や医療環境を充実させて、少しでもプラスのイメージを持たれるようにして、生活するなら福島、子育てするなら福島と言われるような街にしたい。企業にも、福島をはじめ、東北地方への進出を要請しています。土地もありますし、日本経済全体が低迷している中、交通の便も決して悪くはありません。特に福島県、宮城県、岩手県は、いずれも高速道路が開通しつつあり、ネットワークで結ばれていますから」

福島県をはじめとする東北沿岸部は、いまも東日本大震災の余震とされる地震の被害に悩まされている。

平沢はこの「余震」という表現も、地震の被害を軽視する可能性があると危惧していた。

「余震というと、本震の付録のように思われてしまう。余震のなかにも災害規模が大きいものもある。国民の皆さんに余震と呼ぶのは誤解を与えます。余震や本震などというと、学問としては正当性があっても、国民は誤解します。そのため、気象庁に余震という表現について問い合わせてみたところ、気象庁においても、余震であるかどうかに関係なく、大きな地震や津波に備える防災行動を取っていただきたい等の考えを持っており、実際、この四月から、余震という表現が変更されています」

震災時に被害を受けた東北地方の沿岸部には、この一〇年で多くの防潮堤が整備された。

平沢が語る。

「防潮堤の整備は進めていますが、防潮堤があれば、絶対に大丈夫ということは言えません。最終的には、安全なところに逃げるしかありませんから、防災についての教育や訓練も大事です。ただ、津波がきたときに、防潮堤があれば、一時的に止めてくれる。防潮堤の建設も、地域の方々の声に耳を傾けて、どう進めていくか。これからの大きな課題です」

石破茂元幹事長は、災害対策に特化した省庁として、防災省を設置する必要性を訴えている。

復興庁は、震災から一〇年となる令和二年度末で廃止される予定だったが、政府は二〇三〇年度までの存続を決めた。

ただし、大型の公共事業はほぼ終わり、今後五年間の復興予算は計一兆六〇〇〇億円と大幅に縮小される。さらに、今後は復興が遅れている福島の支援に重点を置き、岩手や宮城など津波被災地への支援は今後五年で終える。

その存続をめぐり、将来の巨大災害に備えた「防災省」や「復興・防災庁」への衣替えも検討されていた。

復興庁は今後、どのような省庁として活動していくのか。

「復興庁は、被災地からはありがたがられているけれど、法律で役割が決まっています。東日本大震災の関連は復興庁ですが、一般的な災害については権限がない。そもそも一〇年の期限付きで設置されたわけですが、被災地の方たちの要望で、存続が決まりました」

復興庁は、なぜ存続ができたのか。

「何かあったときに、霞が関の役所のどこに持っていけばいいかわからないことがあるわけです。案件によっては、二カ所か三カ所、四カ所まわる場合も出てくる。復興庁は地域の要望をくみ取り、要望を関係各省庁に全部割り振るという、交通整理をしています。だから、地域からすれば本当にありがたい存在なんです」

二階幹事長は、以前から災害対策としての国土強靭《きょうじん》化に力を入れるように強く訴えている。

「国土強靭化は災害が起きてから立て直すのではなく、そもそも災害が起きる前に対策をすることが目的。災害発生前に備えることによって、コストも安くなる。日本は災害が起こってから動くけれども、起こる前にやることに意味がある。防潮堤の整備もその一つ。防災は誰でもできることではなく、専門的な分野です。国でも各自治体でも防災の専門家を育てようとしていますが、大学で防災を専門的に学べるところがどれだけあるか。そういった専門家の教育にも力を入れていきたいです」

野田聖子の幹事長代行就任と二階との接点

菅が総裁選に勝利した令和二年九月十四日の夜、野田聖子のもとに、新総理となる菅義偉から電話がかかってきた。

携帯の画面に菅の名前が表示されるのを見て、野田は嫌な予感がした。思わず傍らにいた夫に漏らした。

「あまりいい話じゃないと思うよ」

夫は、野田にとって、政治家としての進退について考えるうえでの良き相談相手であった。

菅は言った。

「幹事長代行に就任してほしい。自分が総裁になったときは、幹事長代行は聖子ちゃんにやってもらおうと決めていたんだ」

「幹事長代行ですか……」

野田は幹事長代行というポストを聞き、思わず黙考した。

第二次安倍政権で総務大臣や党四役の一つである総務会長を務めていた野田にとっては格下とも言えるポストだったからだ。

「菅さんを応援してくれた人に渡してください」

そう断ると、菅も引き下がらなかった。

「そんなことを言わないでくれ。きみしかいないと、最初から決めていたんだ。そろそろ権力のそばに来たらどうですか」

結局、野田は、渋々ながらも、幹事長代行を引き受けることにした。

幹事長代行というポジションは、誰が就任するかにより、役職の意味合いや重みが変わってくる。当選回数が少ない議員ならば軽く見られてしまうが、当選回数九回で閣僚経験者の野田が就任すれば、重要なポジションとして見られる。

野田の起用について、菅総理は、二階幹事長に特に相談している様子はなかった。

野田が就任した直後、二階に挨拶すると、二階からは、「そうか」とただひと言言われただけだった。

野田聖子

二階は菅総理と頻繁《ひんぱん》に会うことはないため、野田は、二階の代わりに定期的に官邸に足を運び、連携をとっているという。

幹事長代行に就任した野田聖子は、それまで二階幹事長との接点をほとんど持たなかった。

野田は、平成十三年から平成十九年にかけて、和歌山県選出で、二階と近い関係にある参議院議員の鶴保庸介と事実婚状態にあった。

その当時、野田はたびたび和歌山まで選挙の応援に行った。そのときに決起集会などで、二階と同席することはあったが、別段親しく話すほどではなかった。

平成二十四年十二月に第二次安倍政権が発足すると、野田は自民党の総務会長に抜擢された。そのとき、二階は総務会長代行に就任し、野田をサポートしている。

当時、二階は、野田に何かを注文することは一切なかったという。

二階が平成二十八年八月に幹事長に就任して以来、永田町の自民党本部の幹事長室には、多くの客がひっきりなしに押し寄せている。

野田が二階の幹事長としての仕事ぶりについて語る。

「二階幹事長はわたしが思うに、風呂敷みたいなところがあります。細かいことは何もいわずに、全部包み込む。すでに功なり名を遂げているから、『自分のために何かをしよう』という発想がない」

野田によると、二階の政治家としての強みは、かつての野中広務のように自分に欲がないところだという。

最近では、二階の発言がメディアを騒がす機会も増えている。

二階は、令和三年四月十五日午前、ＴＢＳのＣＳ番組の収録で、東京オリンピック・パラリンピックについて、発言した。

「これ以上とても無理だということだったら、これはもうスパッとやめなきゃいけない」

各社は、この発言を五輪中止を示唆するものとしていっせいに報じた。

野田が語る。

「幹事長が言うと、真意があると深読みをされるだけで、思った通りに発言しただけなんです。大海のような人ですから、その都度、姑息《こそく》な計算をして発言などしていません。さっそく幹事長室で、わたしや林幹雄幹事長代理で事実を伝えるために『何がなんでも開催するのかと問われれば、それは違うという意味で申し上げた』とのコメントを作成し、発表することにしました。二階幹事長は、そのとき、わたしたちにかわいい顔でニヤッとするんです。生意気に聞こえるかもしれませんが、とてもお茶目なところもあります」

安倍晋三前総理は、かつて筆者の取材に、二階幹事長のことを「タイミングの魔術師」と表現したことがある。

野田から見た二階幹事長像はどうか。

「わたしも、『政治の運動神経、反射神経がいいなあ』と思うことが多いです。メリハリがあって、特に選挙となると別人格のようになります。幹事長はよく『靴の減り具合を見ている』と表現しますが、選挙のために活動することの大切さを必死に説いています。実は、ここ三回の衆院選が比較的楽だったために、今、自民党には選挙で苦労をしたことがない〝頭でっかち〟の若手も多いんです。なかには、口は達者だけれど、選挙区に帰らず、地元の活動を疎《おろそ》かにしている議員もいます。幹事長もわたしも、その部分はすごく心配しています」

二階は、現在八二歳だが、その世代の人間にしては珍しく、共働きの家庭で育った。

父親の俊太郎《しゅんたろう》は、造船会社の社長や、県会議員、稲原村の村長を務め、母親の菊枝《きくえ》は、当時では珍しい女医だった。菊枝は、晩年まで医師として活躍し、和歌山県の地域医療に貢献し続けた。

そのこともあり、野田から見ても、二階は女性の社会進出や男女間の社会的格差の問題に対して、先進的な感覚を持っているという。野田が語る。

「二階幹事長の世代で、母親が働いている家は珍しい。母親が女医として働いている姿を見てきた幹事長は、頭ではなく肌感覚で、女性に理解があります」

第7章　野心的挙党体制

コロナ・脱炭素……総理の立場の難しさ

菅義偉が総理大臣に就任してからまだ日が浅い時期、野田は菅と食事をともにする機会があった。

野田はその席で、菅に対して、自身が抱いていた菅政権の懸念について質問した。

「安倍総理には総理を守ってくれる盾がいっぱいあった。官房長官だった菅さんはもちろん、総理秘書官の今井《いまい》（尚哉《たかや》）さん、副総理兼財務大臣で盟友の麻生（太郎）さん、副総裁の高村《こうむら》（正彦《まさひこ》）さん、経済再生担当大臣だった甘利《あまり》（明《あきら》）さん、みんなが幾重にもなって、安倍総理を守っていた。それゆえ、何か問題が起きても政権は続きました。菅総理には安倍総理のときのように、盾がたくさんいるようには思えないけれど、その点は大丈夫ですか」

菅は野田の問いに、はっきりと答えた。

「わたしにはいない」

さらに続けた。

「自分はひとりでやる」

野田はさらに訊いた。

「大丈夫なんですか」
菅の答えは明確だった。
「大丈夫」
野田は、菅の答えに総理大臣という立場の難しさを感じた。

山口泰明は、菅総裁のもと、選挙対策委員長に就任した。山口にとっては居心地のいいポストだ。安倍内閣のころにある省庁の大臣にと勧められたことがある。山口は、丁重に断った。大臣の椅子《いす》に座りたがる議員は多いが、山口はそれほど魅力を感じない。大臣となると経歴は立派になるが、その省庁のことに特化してしまう。むしろ、選対委員長のような党の役職のほうが、さまざまな官庁に行きつながりができる。そのつながりが広がれば広がるほど視野も広がり、仕事もしやすくなる。そこが党の役職の醍醐味《だいごみ》だと山口は思っている。

山口は、二階幹事長を支える林幹雄幹事長代理とは政治の道に入る前から縁がある。山口の父親である泰正は埼玉県比企《ひき》郡の出身で、同郡内にある日本農士学校を卒業した。実は、林の父・大幹《たいかん》は日本農士学校の母体とも言うべき、金鶏学院の卒業生で、二人は顔見知りだった。山口自身、林大幹と会ったことがある。

さらに、林が芸術学部で、山口が法学部と、学部こそ違ってはいるが、二人とも同じ日本大学の出身だった。

お互いに政治の道に入ってからは、平成十九年（二〇〇七年）八月に第一次安倍改造内閣が発足したときに幹事長に就任した麻生太郎のもとで、林が筆頭副幹事長、山口は副幹事長の一人としてともに仕事をした。

　山口も林も、互いに親近感を抱いている。

　山口は、どのような些細《ささい》なことでも林には報告し相談する。たとえ自分ひとりで判断できることでも林にだけは報告する。そのことを二階俊博幹事長の耳に入れたほうがいいと林が判断したのならば、山口の口から直接二階に報告する。

　二階俊博幹事長は、当選一二回というキャリアの中で、さまざまな修羅場《しゅらば》をかいくぐってきた。いま政界を見回しても、二階のような人物はいない。その動きは適格で、無駄な動きがない。

　二階がそのような動きができるのは、やはり二階派の大番頭ともいうべき林がいるからだ。山口にとっても、常に林がクッションとして入ってくれるおかげで、二階との間に行き違いが起こったことがない。

　菅義偉総理が、二階俊博幹事長に言った。

「今度の所信表明演説で、国内の温暖化ガスの排出を二〇五〇年までに『実質ゼロ』とする方針を表明したい。ついては、二階さんよろしくお願いします」

　令和二年（二〇二〇年）十月二十六日に開会する臨時国会で、菅は「二〇五〇年カーボンニュートラル宣言」をするつもりだった。いろいろ逆風もあるはずなので、二階によろしく頼むということである。

　十月二十六日、第二〇三回臨時国会が召集された。

　菅義偉総理は、この日午後の衆参各本会議で、就任後初めて所信表明演説に臨んだ。

　菅総理は、地球温暖化対策に関して宣言した。

「二〇五〇年までに温室効果ガスの排出を全体としてゼロにする、脱炭素社会の実現を目指す」

　携帯電話料金の引き下げなどの改革についても意欲を語った。

「できるものからすぐに着手し、成果を実感いただきたい」

菅総理は演説で、「成長戦略の柱に経済と環境の好循環を掲げて、グリーン社会の実現に最大限注力する」とし、「積極的に温暖化対策をおこなうことが大きな成長につながる」と訴えた。

脱炭素社会の実現に向けて「国と地方で検討をおこなう新たな場」を設ける方針も示した。

省エネ徹底と再生可能エネルギーを最大限導入するのに加えて、「安全最優先で原子力政策を進める」と強調し、さらに、「長年続けてきた石炭火力発電に対する政策を抜本的に転換する」と表明した。

新型コロナウイルス対策に関しては、感染拡大抑止と経済活動再開を両立させる方針を強調した。

東京オリンピック・パラリンピックは「来年夏、人類がウイルスに打ち勝った証《あかし》として、開催する決意だ」と語った。

また、デジタル庁設立へ準備を急ぐ考えを示した。

「大胆な規制改革を実現し、ウィズコロナ、ポストコロナの新しい社会をつくる」

地方創生では「観光や農業改革などで地方を活性化し、日本経済を浮上させる」と主張。東日本大震災からの復興は「スピード感を持って取り組む」と述べた。

北朝鮮による拉致《らち》問題についても、表明した。

「政権の最重要課題だ。条件を付けずに金正恩《キムジョンウン》委員長と直接向き合う決意だ」

米軍普天間《ふてんま》飛行場（沖縄県宜野湾《ぎのわん》市）の辺野古《へのこ》移設工事は「着実に進める」と述べた。元徴用工問題で関係が冷え込む韓国は「極めて重要な隣国」としつつ、「健全な日韓関係に戻すべく、適切な対応を強く求める」と訴えた。

強まる菅政権下での二階の影響力

二階俊博幹事長は、令和二年九月の自民党総裁選で菅義偉支持の流れをいち早くつくった。いわゆる一《いち》番槍《ばんやり》である。主流派としての存在感を確立し、政府・与党内での発言をより強めている。

十一月十二日、二階は、午後〇時二分、総理官邸で菅総理と昼食をとった。さらに、その夜六時四〇分に、東京・虎ノ門のホテルＴｈｅ　Ｏｋｕｒａ　Ｔｏｋｙｏ（旧ホテルオークラ東京）の日本料理店「山里」で菅総理と再び食事をとっている。菅総理と冷戦状態にあると思われていた小池百合子《こいけゆりこ》東京都知事も同席していた。小池と新進党時代から親しい二階の仲介的会食ともいえた。

そういう案件もあったとはいえ、菅総理と一日に二回も会うというのは異例のことである。菅総理と二階幹事長がいかに蜜月かを表わしている。

政府与党連絡会議は、総理官邸で原則月一回開かれる。二階は、第二次安倍内閣の平成二十八年八月三日に幹事長に就任して以来、それまで最長であった田中角栄の記録を破り、九月八日には通算の幹事長在職日数が一四九八日の最長に達している。しかし、その会合では、それまでの安倍政権の前例どおり、冒頭の菅総理と公明党の山口那津男代表の発言が終わると、記者団はハイ終了とばかりに退席していた。

ところが十一月十六日の会合では、菅総理、山口代表の発言に続き、二階幹事長の発言まで記者団が残り、二階幹事長の発言を公表することになった。

小池百合子

二階は、会議の冒頭で報告した。

「二〇五〇年までに温室効果ガスの排出ゼロとする政府目標の実現に向け、党内に推進本部を設置した」

なお、菅総理は、その本部長に二階幹事長を据えたのである。菅総理が、いかにこの実現に本気かがわかる。

二階は強調した。

「党一丸となって課題に取り組み、政府の対応をしっかり支えていきたい」

会談後の記者会見で、「前例踏襲」に異を唱えた。

「自民党幹事長の発言にも意味がある。公開は当たり前だ。これまでそんなことがなされていなかったことがおかしい」

今回からすぐに変更されることになった。

二階は、これまで中国、韓国に太いパイプを持つ。が、アメリカとはそうではない。米大統領がバイデン前副大統領に代わり、自ら訪米する意欲を示している。外交面でも、政府をリードする意欲に満ちている。

このように、菅政権では、二階幹事長の力がより強くなっている。

令和三年四月二十二日、アメリカが主催する気候サミットで菅義偉総理が演説した。日本の二〇三〇年度の温室効果ガス削減目標を「二〇一三年度から四六％削減し、さらに五〇％の高みに向け挑戦を続けていく」と宣言した。

また、アメリカのバイデン大統領は、同国の温室効果ガス排出量を二〇〇五年比で五〇～五二％削減する新たな目標を公表した。

菅総理の約束を守り抜くため、自民党は「二〇五〇年カーボンニュートラル実現推進本部」を立ち上げた。本部長は二階俊博幹事長である。

令和三年五月二十四日、推進本部の会合で、目標を達成するための具体策を盛り込んだ決議をまとめた。

決議では、目標達成に必要な措置を大胆かつ計画的に実施するため、必要な予算を複数年度で確保できる仕組みを検討するとともに、政府全体で取り組む事業を策定し早期に開始すべきだとした。

そして、安全対策の徹底を前提に、原子力発電所の早期の再稼働や新設・増設を進めることや、電気自動車などの普及に向けたインフラ整備、それに水素を含む「次世代エネルギー」を空港などで大規模に導入することを求めた。

令和三年度の補正予算から二〇三〇年まで、ちょうど一〇カ年である。この新目標を達成させるため、複数年度にわたる予算措置を大胆かつ計画的に実施する新たな仕組みが検討された。具体的には約二〇兆円の事業費を確保し、まずはインフラ整備に着手する。現在百カ所程度の水素ステーションを少なくとも全国に一〇〇〇カ所、ＥＶステーションは一万カ所増設する必要がある。

以前、国策に合う民間の工場建設の際に国から出る「立地補助金」制度があった。同様の制度を復活させ、これまで石油、石炭を使用していた工場を、再生エネルギーで賄える工場に建て替える場合、設備投資に国の補助金を半額出すという制度なども検討する。

こうした提言は、二階俊博幹事長抜きでは不可能だった。二階以外の政治家がいくら経産省や財務省に乗り込んでも、役人は誰も聞く耳を持ってくれない。

菅総理が本部長に二階を選んだのは、官房長官時代から二階の巧みな根回しを見ていたからである。その読みは、ずばり当たった。

いっぽう、財務省がカーボンニュートラルに関する予算を認めたのには理由があった。実は、二階俊博幹事長がそれまで消費税一〇％を死守したからである。

新型コロナウイルス問題が現実のものとなった令和二年二月ごろから「消費税を五％にしろ」「一時的でも消費税を撤廃せよ」という声があちこちから聞かれるようになった。が、そういう意見を聞き入れなかったのが二階だった。

二階は、竹下内閣がどれほど苦労して、消費税を成立させたかを身をもって知っている。財務省としては、一〇％死守は至上命題であり、財務省の存在意義そのものだった。

財務省は二階にこれ以上ないほど深く感謝した。だから「二階先生のおっしゃることなら、たとえ何兆円の予算でも構いません。言う通りにいたします」ということになる。

国内温暖化ガス排出「二〇五〇年までに実質ゼロ」の踏み込み

菅義偉内閣の今後について国会対策委員長の森山裕はこう考えている。

〈確実に進めていくことが大事だ。あまり大風呂敷を広げすぎるのはよくない〉

菅は所信表明演説で「二〇五〇年までの温室効果ガス排出実質ゼロ」を初めて掲げた。これは歴史的政策転換である。もっと評価されていい。

だが、唐突な感も否めない。「思いつき」「付け焼き刃」といった批判の声もある。森山はそうした見方は取らない。

〈これは以前から考えていた政策なんじゃないか。菅さんの政策のなかではグローバル。これで環境大臣・小泉進次郎さんも閣内でひと花咲かせられるかもしれない。世の中はその方向に行かざるを得ない。ここは思い切って目標を定め、そこに向かってみんなで走っていくことだろう〉

東日本大震災、東京電力福島第一原子力発電所事故発生からの一〇年間。温室効果ガスの排出量は増加し続けている。

脱炭素という観点からいっても、原発は容認せざるを得ない。小泉の父・純一郎は「脱原発」を掲げているが、そこは仕方のないところだろう。

太陽光・風力・地熱・中小水力・バイオマスといった再生可能エネルギーは、温室効果ガスを排出しないし、国内で生産できる。エネルギー安全保障にも貢献可能だ。有望であり、多様で重要な低炭素の国産エネルギー源である。森山は思う。

〈地熱発電の技術がもう少し進めば、鹿児島は非常にいい立地じゃないか。太陽光は夜の問題がある。発電量が急激に落ちるので、その対応が難しい。地熱が有望だろう〉

地熱発電をおこなうと、温泉が出なくなるという誤解がある。だが、それは単なる思い込みにすぎない。まったく無関係だ。

日本は火山国。森山の地元・鹿児島の桜島をはじめ、活火山のエネルギーをうまく利用する技術の開発が待たれる。

菅総理は臨時国会の所信表明演説で、国内の温暖化ガスの排出を二〇五〇年までに「実質ゼロ」とするカーボンニュートラル方針を表明した。政府はこれまで「二〇五〇年に八〇％削減」としてきたが、明確な年限を示したうえでゼロにまで踏み込んだことに、海外から称賛の声が相次いだ。

が、二〇五〇年目標ではあまりにも遠い未来の話になってしまう。今の財界人が三〇年後も現役でいるとは考えられず、経営者にとっては株主の利益を最優先で考えるコーポレートガバナンスの問題もある。

そうしたさまざまを考慮に入れると、二〇五〇年展望の二〇三〇年が具体的にどのようになっているか、段階を踏んだ政策を打ち出すべきだろうとの声もあった。

そうした中で菅総理は、四月二十二日、「二〇三〇年の温室効果ガス削減目標を、二〇一三年比で四六％削減する」と発表した。

同時に「五〇％（削減）の高みに向けて挑戦を続ける」と強調した。

田中角栄の通産大臣時代と総理大臣時代の秘書官だった小長啓一は思った。

〈菅総理の決断はタイミング的にも国際協調という観点からも非常に良かった。やりようによっては、単なる環境問題にとどまらず、経済成長の柱になっていくのではないか〉

菅義偉総理による新しい国づくりは着々と進んでいる。そのキーワードはデジタルとグリーンの二つである。

今の日本はグローバル化によって格差が広がり、富が一部に集中し、中産階級が下流化しているというようになっている。

日本はまだアメリカほどではないが、これは全世界的な傾向である。

田中角栄が『日本列島改造論』で主張したのは「一億総中流」である。高速鉄道網、高速道路網の建設、空港の整備等を通じて、日本全国どこに住んでも一定以上の生活ができる国づくりを目指したのである。この考えが、中流階級が消え、下流階級が増え続ける今の日本で評価されているのである。

小長は思う。

〈一億総中流の手段は、いまや角栄流の道路建設などだけではなく、グリーンであり、デジタルが基本となる。5Gに対応したようなインフラの整備も重要である。それが新しい国づくりの大きなポイントになってくるだろう〉

コロナ禍は脱東京一極集中の追い風⁉

現在、コロナ禍によって、東京一極集中が少しずつ見直され始めている。

武田は語る。

「まさに新たな日常の展開。東京に居なくてもオンラインの活用により地方で仕事ができる。大都会でものすごく高いお金を払ってマンションにしか住めないような状況よりも、その三分の一、四分の一のお金で庭付きの家に住んで仕事ができるほうがいいと考える人も増えている。東京一極集中ではなく、地方回帰、地方分散を促進できるチャンスを結果的にコロナ禍が促した側面はある。分散は、機能の分散だけではなく、人材など資源の分散にもなる」

オンラインの活用による地方への分散化は、かつて田中角栄が訴えた「日本列島改造論」にも通じるものがある。

令和二年十一月十二日の総務委員会で、武田は希望の党の比例近畿ブロック一回生の井上一徳《いのうえかずのり》衆院議員から質問を受けた。

井上は、田中角栄がかつて著した『日本列島改造論』のコピーを示しながら質問した。

「まず一つ目、資料でお配りしておりますが、『日本列島改造論』です。これは、一九七二年、今から約五〇年前に書かれた本です。これを読みますと、明治百年、明治元年が一八六八年ですから、それから一〇〇年たった一九六八年の意味ですが……」

井上は、『日本列島改造論』の一説を読み上げる。

「明治百年を一つの節目にして、都市集中のメリットは、いま明らかにデメリットへ変わった。国民が何よりも求めているのは、過密と過疎の弊害の同時解消であり、美しく、住みよい国土で将来に不安なく、豊かに暮らしていけることである。そのためには都市集中の奔流《ほんりゅう》を大胆に転換して、民族の活力と日本経済のたくましい余力を日本列島の全域に向けて展開することである。工業の全国的な再配置と知識集約化、全国新幹線と高速自動車道の建設、情報通信網のネットワークの形成などを梃子《てこ》にして、都市と農村、表日本と裏日本の格差は必ずなくすことができる」

井上は読み上げると、質問を続けた。

「今読んでも、このとおりです。一九七二年に書かれて、それから五〇年たって、わたしは、田中角栄元首相の問題意識は、今こそ鮮烈に沸き上がっていると思います。それで、安倍政権のときにも東京一極集中是正と地方創生ということで掲げられましたが、残念ながら、むしろ東京一極集中は加速化しており、地方衰退も加速化しています。この大きな流れをやはりみんなで力を合わせて変えていかないと、わたしは日本というのは本当にスカスカの国になってしまうのではないかと思っています。わたしは、多分、その問題意識は共有できると思います。東京一極集中是正と地方創生に向けて、もっと力を入れて全員でやっていかないと、わたしは本当に日本の将来がないと思っていますので、実力大臣たる武田大臣が政治家としてどう取り組んでいくのか、思いを聞かせていただきたいと思います」

井上の質問に対して、武田は答えた。

「均衡ある国土の発展というものを目標に掲げてもう久しくなってきておりますけれども、ご指摘のように、一極集中というのが加速化して、地方の衰退というのも加速化して、今となっては大変重大な社会問題となっているんです。

一極集中は、災害リスクというものも伴いますし、また、地方の担い手がいなくなってくるという、地方の力というものも衰退する原因にもなってくる、さまざまな悪影響を及ぼすわけでありますけれども、このコロナ禍の中において、われわれは、新たなる日常というものを見出す。この新たなる日常とは何なのかといえば、地方にいてもしっかりと都会の仕事ができるんだ、都会ではちっちゃな高いマンションしか住めないけれども、アパートしか住めないけれども、そのお金があったら、もっと自然環境で豊富な、子供の教育上もいい、環境のいいところに住めるんだ。いろいろな将来の新たなる日常に向けて、われわれは、地方への回帰というものを進めていく、一つひとつの努力が大事だ、このように考えております。

さまざまな面で今、地域おこし協力隊はじめ、さまざまな方々が運動を展開していますけれども、今なおまだその解消には至っていないということは、これは国家的問題として位置づけて、われわれもありとあらゆる英知を結集して取り組んでまいりたい、このように考えております」

武田は、均衡ある国土の発展をあらためて遂げなければいけないと思っている。

昭和四十七年（一九七二年）六月二十日、次期総理を目指す田中角栄の政策構想をまとめた『日本列島改造論』が日刊工業新聞社から出版された。

日本全体の工業化を促進し、日本を均衡化していこうというものである。東京、大阪、名古屋など一部の大都市の経済を発展させるのではなく、全国の経済を発展させる。いわば、地方分権のはしりであった。公害など環境問題が出てくることが予見されていたが、それを処理すると示した。経済の成長だけではなく、環境問題にも配慮する時勢に合った政策であった。

構成は七章立てで、前半は『明治百年は国土維新』と題し、田中の政治に対する基本認識、国土改造の目的、在来の国土開発政策の反省などの総論を述べている。「人口の三二％が国土の一％に住む」「許容量を超える東京の大気汚染」「過疎と出かせぎで崩れる地域社会」などの見出しで、東京圏に人口が集中して過疎・過密化が深刻化していることを訴えた。

後半では「工業再配置で描く新産業地図」「工業再配置を支える交通ネットワーク」「ダム一〇〇〇カ所の建設を」といった見出しを掲げ、新幹線や高速道路など交通ネットワークの構築や大規模工業基地の建設など、人と経済の流れを変える列島改造の方法を具体的に提示した。

そして、冒頭の「序にかえて」と最後の七章「むすび」。この二つの部分だけは、田中が自ら筆をとった。

水は低きに流れ、人は高きに集まる。世界各国の近世経済史は、一次産業人口の二次、三次産業への流出、つまり、人口や産業の都市集中をつうじて、国民総生産の拡大と国民所得の増加が達成されてきたことを示している。農村から都市へ、高い所得と便利な暮らしを求める人びとの流れは、今日の近代文明を築きあげる原動力となってきた。日本もその例外ではない。明治維新から一〇〇年あまりのあいだ、わが国は工業化と都市化の高まりに比例して力強く発展した。ところが、明治百年を一つの節目にして、都市集中のメリットは、いま明らかにデメリットに変わった。

同年六月、田中角栄通産大臣の『日本列島改造論』が書店に並んだ。

この本は、なんと八八万部も売れ、ベストセラーとなる。

それから数週間後の七月五日、自民党総裁選挙となった。なんとも言えないほどのグッドタイミングでの出版であった。衝撃を与えた田中は、ライバルの福田赳夫を下して総裁に選出された。

が、昭和四十八年十月、第四次中東戦争が勃発《ぼっぱつ》。原油価格は一挙に四倍に急騰した。

この深刻な石油危機が、「狂乱物価」と呼ばれた急激なインフレを引き起こし、未曽有《みぞう》の経済危機を展開させた。地価も急上昇を続けた。インフレとオイルショックの二つが、田中角栄の『日本列島改造論』に歯止めをかけることになった。


武田総務大臣は、均衡ある国土の発展を改めて遂げなければいけないと思っている。

今後、人口の減少と行政のデジタル化が進むと、これまで以上に、現在、一七四一ある基礎自治体の役割が重要になってくる。かつて基礎自治体は、三三〇〇ほどあったが、市町村合併が進み、半分ほどになっている。

また、オンライン化とデジタル化が進めば、国民が直接行政とやりとりすることも可能だ。たとえば、現在では、生産者と消費者が直接取引することが可能になっているが、同様のことを、行政システムでおこなうこともできる。

総務省では、行政サービスの質を向上し、業務を効率化するため、行政のデジタル化を徹底していくこととしている。地方自治体の情報システムについて、クラウド活用を原則とし、令和七年度中に標準システムに移行できるように取り組みを進めている。

こうした構造的な変化や新たな潮流の中でも、行政は的確に対応できることが必要である。将来も見据えつつ、行政の仕組みの本質的な部分について不断の見直しをしていくべきである、と武田は指摘する。

また、武田は、デジタル化やスリム化の要として、マイナンバーカードの活用が鍵になるという。

「デジタル化の遅れが日本の経済成長や豊かな生活の妨げになっている。総務省で行政のデジタル化の鍵となるのは、マイナンバーカードの普及や利便性の向上だ」

令和二年九月からは、買い物などで使える最大五〇〇〇円分のポイントを付与する「マイナポイント」事業が始まっている。令和三年三月からは、健康保険証としてのマイナンバーカードの利用が開始される予定だ。

武田自身は、将来の日本をどのような国にしたいというビジョンを持っているのか。現在、日本を含めた世界は、変革の大きなうねりの中にある。

特に先進諸国において少子高齢化が進み、また、かつてない甚大な洪水や台風など地球規模で自然災害が激甚《げきじん》化・頻発《ひんぱつ》化している。

加えて、アナログからデジタルへの移行は急激に進んでいる。

このなかでも、特にインパクトが大きく、広範囲に影響を及ぼすのが「デジタル化」である。

たとえばビジネスの世界では、デジタル情報通信が標準化したことで、それまで問屋や小売業者を介してつながっていた生産者と消費者が、いまや直接結びつき、売買をおこなうようになっている。それと同じように、行政でも、デジタル化が進めば、国民にとっての利便性が高まることはもちろん、業務の効率化・スリム化が図られるだろう。ここで生み出される余力は、「資源」である。資源はすなわち「人材」、「財源」となる。

この資源は、日本の未来の鍵となる。防災・減災対策、産業の国際競争力強化、次世代育成、先端技術の研究開発、新たな成長戦略への投資などに、この「資源」を戦略的に投じていきたいと武田は考えている。

　また、少子高齢化、オンライン化の進展など社会の変化に合わせ、今までの国、都道府県、市町村それぞれの行政機関の在り方や、相互の関係についても、絶えず見つめ直していく必要があるのではないだろうか。特に自然災害などの危機対応を念頭において、柔軟性をもち、機能を十分に発揮できるような行政機構の実現は大きな課題であろう。

　デジタル化などの時代の潮流を正しくとらえ、前もって手を打つ。その責任の一端は総務省が担っており、責任を果たす覚悟でいる。

　社会の変化がもたらすインパクトは大きい。想像を超えるような大きな改革が、近い将来に必要になるだろう。それには、反発も強いことは十分に予想される。

　しかし、〝筑豊魂〟に燃える武田は、強い意欲を示す。

「大胆な改革には、強い抵抗がある。しかし、政治家は自らの信ずる理想があれば、それに対する抵抗があってこそ燃えるものだ」

無派閥政権ゆえの混乱・弱点……

　安倍政権時代は、菅義偉という優秀な官房長官がおり、官邸には今井尚哉秘書官など第一次安倍政権からの同志のような陣営で固められていた。長い時間をかけて培ってきた信頼のおける人材に加え、派閥の存在も大きかった。安倍総理が強権的だったのではなく、官邸が強すぎたのである。

　下村博文政調会長が「ああ、菅さんには派閥がないのだ」と実感した一件があった。菅政権が誕生し、官房副長官に就任した坂井学《さかいまなぶ》が挨拶に来た際、自分の名刺だけ置いていったのだ。

　坂井は、菅総理を慕う無派閥の若手議員でつくる「ガネーシャの会」の中心人物である。選挙区が隣の菅とは以前から近く、派閥を嫌う総理の意向に沿って無派閥を貫いてきたが、事実上は「菅派」の番頭格である。

菅総理の番頭格であり、党側と連絡を取り合う調整役である副長官でもある坂井が、政調会長とさえこのような挨拶しかできないのはやはり問題であった。実際、坂井は人事や国会の開会時期をめぐって連絡不足が続き、二階俊博幹事長が激怒し、幹事長室に出入り禁止になってしまったことがある。最近こそ下村は坂井と直接話す機会が増えた。が、まだ十分な調整役が務まっているとは言い難かった。

〈無派閥の人たちは自立自尊でやってきたから、人に対して頼み方を知らないのだな〉

無派閥だから、相手にどのようにお願いしたらいいか、活用したらいいか、という発想を持っていない。だからマスコミも「坂井の動きが悪い。何をしているんだ」といった論調の記事が出てしまう。

〈無能なのではなく、人に頼むことに慣れていないだけだ。もう少し図々しく、人を頼ってお願いしてきてもよいのだが……〉

女房役である官房長官時代には長所だったことが、トップリーダーになった途端に弱点となる。それでも菅政権の支持率はさほど下がっているわけではない。コロナがもう少し収まってくれれば支持率も回復するはずである。支持率に関してはコロナ次第といったところだろう。

小池百合子はニュースキャスターの経験からマスコミ慣れしている。菅総理もずっと官房長官記者会見を続けてきたが、小池とは対照的にパフォーマンス嫌いだった。官房長官時代まではそれでよかったが、総理になってからはそう言ってもいられない。

たとえば下を向いて原稿を読んでいる菅総理に対して、多くの人がプロンプターの使用を勧めた。下村博文政調会長もその一人である。

プロンプターに替えてから目線が上になり、国民に語りかけているような雰囲気になった。下村は思った。

〈最初からプロンプターを採用しておけばよかった。良いと思ったものはなんでもどんどん取り入れていくべきだ〉

令和三年一月後半になると、菅総理に咳《せき》が止まらない症状が出始めた。

下村博文政調会長は、菅総理を心配して言った。

「一週間にいっぺんくらい、休んだほうがいいですよ」

下村はこの前日、安倍晋三前総理と話す機会があった。安倍前総理は途中で退任せざるを得なかったことについて、「やはり休める時に休んでおけばよかった」と悔いていた。

安倍前総理は、令和二年二月以来、コロナ対応のために一三〇日以上連続で休みを取らずに仕事をしていた。新聞の首相動静で「午前九時官邸着、午前一一時官邸発」などとだけ書かれた日もあった。が、官邸に二時間しかいなかったのだから、二時間しか仕事をしていなかったわけではない。動静のみを追っている記者にはわからない、目には見えない部分で、準備や後処理などがあり、そうした日も一日中仕事をしていたのである。

一日も休まずに仕事をしていたストレスと、これまでストレス解消になっていたゴルフと外遊がコロナで制限されたストレスが重なり、持病の難病を悪化させてしまった。

下村博文政調会長は、菅総理に安倍前総理から聞いたばかりの話を披露して、菅総理にアドバイスした。

「『ちょっとだけ仕事をしよう』と思って手をつければ、結局一日中仕事をすることになります。休む時は週に一度でもいいから、キッチリ休まれたほうがいいですよ。みんな土日は普通に休んでいるのですから」

それから菅総理は、定期的に完全休日を設けるようになった。が、根が真面目で仕事一辺倒な性格は変えようがないため、仕事を入れないと気が済まないのだろう。それでも本気で政権を維持したいのなら、やはり休むべきである。

なお、令和三年一月下旬、安倍晋三前総理が、下村博文政調会長に言った。

「菅さんを、しっかり支えてほしい」

菅との出会いに始まる横浜市議の逸話

政治家と秘書との関係は、政治家の性格を見るのに役立つ。

かつて、菅義偉の秘書を務めて、現在、横浜市会議員を務める遊佐大輔《ゆさだいすけ》は、昭和五十六年六月九日生まれ。横浜市南区で生まれた。

子供のころは政治家になろうなどとはまったく思っていなかった。生活の中心は野球。勉強は好きだった。

野球による推薦を受け、横浜高校に入学。遊佐は「スポーツクラス」で授業は午前中のみ、午後は練習という学校生活を送る。一番でショートだった。

一つ上の世代には後に西武ライオンズ入りし、「平成の怪物」と呼ばれる松坂大輔《まつざかだいすけ》がいた。遊佐はあまりのレベルの違いに圧倒される。

松坂の世代はのちに甲子園で春夏連覇を達成。「歴代最強」の名をほしいままにすることになる。入学当初はまさかそれほどの強者たちが一学年上にいるとは思わない。

〈これが、強豪校のスタンダードなのか……〉

絶望的な気分にかられた。そうはいっても、野球推薦で入った以上、部活は続けなくてはならない。だが、怪我《けが》で腰を痛めてしまう。野球を続けられなければ、学校も辞めるしかない。それが野球推薦で入った生徒の宿命だと思っていた。

当時、遊佐の学級担任は田中謙二という教師だった。田中は野球部のコーチでもある。高校野球の世界では有名な指導者だったが、のちに四二歳の若さで早逝している。

その田中が生涯で唯一、担任を持ったことがある。そのクラスに遊佐は、たまたまいた。野球部員ということもあり、何かとかわいがってもらっていた。

怪我をしたあと、田中をはじめ、多くの人が「学校を辞めさせまい」と尽力してくれた。そのおかげもあり、野球を断念しながらも横浜高校に残ることができた。大学進学へと目標を変更し、受験に合格。無事卒業も果たし、現役で桜美林大学への入学を決めた。

遊佐は田中のことを「恩師」と呼び、横浜市内に建てられた墓前への報告を欠かさない。

遊佐の祖父は宮城県の出身である。横浜に出てきて、港湾関係の会社を立ち上げた。

小学校低学年のころのこと。日本中がバブル景気で狂騒の中にあった。その崩壊とともに、事業で大きな損失を出してしまう。

遊佐の父は祖父の会社にいた。だが、のちに経営方針を巡り退社している。そして、いよいよ倒産したとき、遊佐は二一歳になっていた。

父はすでに独立していたが、ほうぼうに迷惑をかけたという思いを強く抱いていた。遊佐家の家計は大変なことになった。

ある日、「大輔には今まで野球とか好きなことをやらせてやった。これから先は、自分で道を切り開いてほしい」そう言われた。

その後、父は連帯保証をしていた借金を完済。現在では従業員一五人ほどの会社の会長を務める。

遊佐は大学四年時に身一つで放り出されることになった。大学は辞めざるを得なくなり、中退することとなる。今となっては「いい勉強をした」と振り返ることもできるが、当時は働きたくても働き口がない就職氷河期。必死だった。

すぐに働ける求人はないか。ハローワークにも足を運んだ。勤め先に決まったのは、横浜市金沢区にある廃棄物処理会社の工場勤務だった。遊佐は平成十六年四月に入社する。

仕事の内容は収集されてきた缶をアルミとスチールに仕分けするというもの。一日、黙々と作業を続ける。入ってみてすぐにわかったが、周囲には高齢者しかいなかった。

ある日、工場長に声をかけられた。

「俺が掛け合ってやるから、本社で営業をやれ」

こうして本社勤務となった。本社の所在地は横浜市南区。生まれた街、また現在の選挙区である。出勤初日。社屋に入ろうとすると、立て看板が目に入った。「衆議院議員・菅義偉」とある。菅という政治家を認識したのはこのときだった。

菅は当時、三期目。遊佐の勤める会社は国政進出の時点から応援していた。

「勉強になるから、行ってみるか」

あるとき、上司にそう勧められ、菅の国政報告会に行くことになった。地域の支援者を集め、政策について話をする。当時、こうした集会を週に数本開いていた。

遊佐の親戚には政治に関わる者は誰もいない。国会議員を生で見るのは初めての経験だった。それまではせいぜい少年野球大会に来賓で招かれた地方議員を見たことがあるくらいのものだった。

会場に入ると、周りの人たちが口々に言った。

「あんた、若いんだから、一番前に座りなさい」

気がつくと、いつの間にか最前列に押し出されていた。それまで政治家に対して金持ち、世襲、有名人といった漠然としたイメージしか抱いていなかった。それも、どちらかというとマイナスの印象だ。だが、手が届きそうな距離で話す菅にそうした匂《にお》いは感じられない。

政治の話ばかり。冗談も言わない。口数が多いわけでもない。盛り上がる場面があるわけでもない。だが、吸い込まれるように、気がつけば夢中で話に聞き入っていた。

〈なんだろう、このオーラは……〉

会場には一〇〇人ほどの聴衆が集まっていた。菅が四五分ほど話をして、そこから一五分は質疑応答の時間となった。またも周りに促され、遊佐は手を挙げた。

「どの新聞を見るのが、一番正しいですか？」

訳もわからず、口から飛び出した問いだった。そのころ、遊佐は一般紙を定期購読していなかった。プロ野球の試合結果を確認するため、スポーツ紙を開く程度だった。ちなみに、今も昔も地元球団の横浜DeNAベイスターズびいきである。

「全部読んで、自分で考える。自分の考えを持ったほうがいい」

菅は諭すように答えた。それまでに出会ってきた大人のなかには菅のような人間は一人もいなかった。

本社に勤務する従業員は廃棄物収集の運転手まで含めると、一五〇人ほどいた。ほぼ全員が菅のことを知っている。人柄に惚れて支援している者も多かった。そうした人たちと触れ合っていく中で、遊佐にも菅本人や政治そのものへの興味が湧いてきた。

廃棄物処理の仕事は魅力的だった。毎日が面白かった。

会社では事業系廃棄物を取り扱っていた。契約した会社に社名の入ったゴミ袋をあらかじめ渡しておき、決まった曜日に収集に行く。事業系廃棄物の会社は市内に何社もあった。だが、各社間で料金に大きな差はない。そのなかでクライアントの契約を取ってくるのが営業担当者の仕事だった。

〈どうすれば、契約を取れるんだろう〉

考えた。営業職に移ったとはいえ、相変わらず環境は厳しかった。契約をこなさなければ、生活は楽にならない。

事業系廃棄物の袋を出すのは営業時間外であることが多い。一日の仕事が終わりオフィスを閉めたあと、あるいは飲食店などは夜中にゴミ袋を表に出す。

遊佐はおもに日付が変わった深夜、体重計のような秤《はかり》を持って担当地区の企業を回った。運転手が収集に来る前の時間帯に、ゴミの重量を測ってデータを取る。その上で各企業に料金プランを提案するのだ。そこまでやる営業は珍しい。

「これでしたら、もう少しお安くできます。ちょっと面倒を見ていただけませんか」

値引きの代わりに他の企業を紹介してもらうわけだ。こうした営業手法で着実にクライアントを増やしていった。当初は手取り一八万円だった給料は一年半で三〇万円にまで上がっていった。クライアントにもかわいがってもらった。仕事に手応えも感じていた。

こんなエピソードもある。どうしても契約を取りたい飲食店に毎日営業していたところ、「しつこい」と、ポリバケツごとゴミを全身にかけられた。意気消沈して量販店に洋服を買いに行き、異臭を放ちながら銭湯に駆け込む。「シャワーだけでも浴びさせてください」と懇願すると、たまたま番台にはその銭湯のオーナーが立っていた。あまりの光景に事情を聞かれ、事の経緯を話すと、そのオーナーはほかにもビルを所有する資産家で、いくつかの契約を任されることになった。

〈頑張っていれば誰かが見てくれている〉

遊佐にとって、社会人の原点と言える。

菅に見る政治家と秘書との関係

遊佐が入社した翌年、平成十七年九月、小泉純一郎総理は衆議院を解散。選挙がおこなわれた。世にいう「郵政選挙」である。

そのころ、遊佐は菅事務所の仕事を手伝う若手ボランティアスタッフの一員となっていた。菅が街頭演説をおこなう際、ビラまきの実働部隊として活動する。たまに飲み会もあった。社長の了解を得たうえでそうした場に顔を出していた。他のメンバーとも仲良くなった。

郵政選挙でもボランティアとして活躍した。ビラまきはもちろん、菅がいない時間帯にマイクを手にしてしゃべることもあった。普段の仕事と選挙運動はまったく違う。非日常の世界で面白かった。

当時の遊佐はまったくのノンポリである。自民党と民主党の違いもよくわかっていなかった。だが、政治の面白さにいつしか惹《ひ》きつけられていくのを感じていた。

〈選挙に立つ候補者は皆、人生をかけている。落選したら終わりだ。その人生をかけている人に対して、これだけ多くの人たちがまるで自分のことのように必死になってサポートしている。こんな仕事はなかなかないな〉

事務所スタッフやボランティア、支援者を動かす菅義偉とはどんな男なのか。もっと知りたくなった。

選挙戦は苦しい。苦しいときこそ、本当の人柄が表に出る。菅もそう言っていた。遊佐は思った。

〈だったら、その人柄を絶対に近くで見てやろう〉

選挙戦を通じて菅の一挙手一投足、言動や行動を見るよう心がけた。投票日が近づくころには事務所のミーティングにも同席を許されるまで信頼を得ていた。遊佐は決心した。

〈いつか、この人のもとで働きたい〉

国会議員の事務所にとって選挙は秘書を入れ替える時期でもある。郵政選挙後、菅の事務所にも都合で退職する秘書がいた。菅のもとで働きたいと思い始めていた遊佐にとってはまたとないチャンスだった。

当時、菅の事務所では地元に七人、東京に三人の秘書がいた。遊佐の気持ちを知っている秘書は、こう耳打ちしてくれた。

「『遊佐だったら、いいんじゃないか』って菅さんも言ってるよ」

「わかりました。社長に相談してみます」

そう答えてはみたものの、気は重かった。

〈ここで辞めるのは義理を欠いている。殴られるだろうな〉

遊佐は腹を決めて、社長室のドアをノックした。

「社長、すみません、菅さんのとこに行きたいです」

やっとの思いで切り出した。

「そうか。お前が秘書か。いや、こんなに嬉しいことはない」

社長は破顔一笑した。

「行ってこい、頑張れ」

そう言って、送り出してくれた。遊佐はあらためて社長と会社に感謝の意を強くしていた。

後日、菅本人と面接をした。

「社長は了解しているのか」

「もちろんです」

国会議員秘書がどんな仕事なのか。この時点ではまだわかっていなかった。菅にどうしても聞いておかなければならないことがあった。

「実はわたし、大学を卒業してないんですけど。高卒でも大丈夫ですか」

ボランティアの経験があるとはいえ、政治はまったく未知の世界。大学卒業者でなければ、議員秘書の資格はないのではないか。そう本気で信じ込んでいた。

ところが、菅はさらりと答えた。

「過去はまったく関係ない。自分で決断して、社長も背中を押してくれているんだから、今と未来を一生懸命に頑張れ」

こうして、遊佐は菅義偉の秘書となった。最初の仕事は車の運転手である。平日は泊まり込みで国会の仕事をこなす議員とは違い、菅の選挙区は横浜。一日に三往復するときもあった。菅は新人秘書を自身の近くに置き、すべての仕事を見せる。分刻みのスケジュール管理、礼儀作法、有権者との接し方など、菅流の新人教育である。時折、新聞を見ているかどうかのチェックもあった。

後輩秘書が入ると、地元選挙区の担当に配属される。そこで重要な位置づけにあったのが、国政報告会への動員である。参加する側だった遊佐が、今度は人を集める側に回る。

「前回は八〇人来ていた。今夜は、一〇〇人集めたい」

数日後にはまた違う地域で開催する。

「この前は一二〇人だったから、次は一四〇人だ」

遊佐は思った。

〈これはごまかしが利かないな〉

それでも続けているうちに勘が働くようになってきた。

〈秘書の仕事って、案外簡単だ〉

国政報告会に人を集め、ポスターが貼れる家をつくり、名簿を増やす。地元の秘書の役割は信頼関係に基づく「人の輪づくり」だった。

〈ここでは、誰にも負けない存在になろう〉

密かに決意した。とにかく歩くしかない。先輩秘書にくっついて仕事のやり方を盗んだ。営業時代に培ったノウハウも役立った。

選挙区を回り、名刺を渡して話をする。この繰り返しだ。だが、すべての家で話し込んでいたら、日に何軒かしか回れない。とはいえ、話をしなければ、人は集会に足を運んではくれない。

〈どうすべきか〉

たとえば、初めて会ったAさんにこんなふうに頼むとする。

「実は明日、集会があるんです。二、三人くらい連れてきていただけませんか」

これは現実的。スケジュールが空いていれば、数人を連れて集会に行くぐらいはなんとかなる。

ところが、まだ知り合って間もない人に、「一〇人連れてきてもらえませんか」だと、相手も困惑するか、断られるかだろう。そこの加減を見極める必要がある。その人が何人だったら気持ちよく声掛けしてくれるのか。そこを探り、情報収集をする。これが秘書の仕事だ。

Bさんがふと、こんなひと言を漏らしたとする。

「あそこの公園で毎朝、ラジオ体操をやってるんだよ」

遊佐は決して聞きっぱなしにはしなかった。翌朝、ばれないように内緒で公園に向かう。どれぐらいの人が集まり、どんな話をしているのかを調べるためだ。小さな情報でも確認の作業は欠かせない。菅を連れていくのか、それとも秘書が行くのかの判断が求められる。

担当エリアを広げると、遊佐自身の仕事が増えてきて、どちらかの地区が疎かになる。

〈自分の応援団もつくらなければ〉

遊佐が出向かなくても、人が集まってくる。そうした仕組みを作り上げなくてはならない。そのためには、遊佐の手足となるボランティアを確保する必要がある。

集会に参加したことがある人の名前はすべて名簿に記入していく。謝意を伝えるための御礼訪問も必須だ。「人の輪づくり」のために、個人の実績も管理していた。

一千二〇〇人が目標の集会であれば、それら個人の数字の積み重ねで一四〇〇人ぐらいにしておく。これは歩留《ぶど》まりを含んだ数字だ。ここまで詰めておけば、当日に欠席者が出たとしても、目標達成は十分可能になる。せっかく来てくれた以上、話し手、聞き手、双方に充実した時間を過ごしてほしいと願い段取る。

毎日こうした作業を繰り返す。計画性を持って緻密に動員を組み立てていった。

遊佐なりに工夫しながら、地域回りを続けていく。ネットワークはだんだん広がっていった。面白味もわかってくる。

〈人集めに関しては歴代の菅事務所秘書の誰にも負けていない〉

いつしかそんな自負が芽生えていた。

それから間もなく秘書二人が選挙に立候補。菅事務所出身の議員が誕生していった。

もう一人、秘書が退職した。入って一年半足らずで遊佐はナンバースリーの秘書になっていた。地元を任されるようになっていく。

経験に伴い、仕事はできるようになった。あとは菅義偉との戦いである。菅事務所に入って、退職するまでの間、遊佐は菅に褒められたことは一度もない。皆無である。

今も印象に残る思い出がある。平成十九年の参議院選挙。自民党には逆風の戦いで総裁である安倍晋三は大惨敗を喫した。

菅の選挙区は衆議院神奈川二区（横浜市西区・南区・港南区）。参議院選挙に出馬する神奈川選挙区の自民党候補者の決起大会で、動員の責任者となった。

ここに遊佐は一二〇〇人を集めた。官房長官をはじめ重要閣僚を経験する前、地元の集会としては最高記録である。

だが、菅の反応は思いもしないものだった。当日、会場入りすると、表情も変えずにぼそっと告げたのだ。

「俺は昔、横浜文化体育館を満員にしたんだよな」

横浜文化体育館の収容人数は五〇〇〇人。遊佐は心の中で「なんだこの野郎」と毒づいた。今となれば、菅の物言いはよく理解できる。遊佐は褒められたら慢心してしまうタイプだ。叱られると、胸の内の炎が勢いを増し、スイッチが入る。そこを完全に見抜いていた。

その後も大きな失敗はなかったが、それでも何度も叱責された。そのたびにひと回り大きくなっていった。

秘書一人ひとりとの人間関係を非常に大切にしていた。遊佐とは違う性格の秘書はいつも褒められていた。そこで、「俺のほうが頑張ってるのに」と嫉妬するのは愚の骨頂だと考えていた。

遊佐は菅を「恩人」だと心底思っている。事務所に入る際には「命を預ける」と決めた。これは決して大袈裟《おおげさ》な表現ではない。褒められる、叱られるといった上辺《うわべ》の言葉だけで進退が左右されるようなことは一度もなかった。

遊佐大輔

秘書から「市会議員」への転換点

菅義偉は一一年間、二階俊博も一一年間にわたって議員秘書を務めた経験がある。永田町では「秘書上がりの議員に秘書として仕えるのは難しい」との見方がある。業務の内容に精通しているし、なんでも自分でできてしまう。勢い、秘書への評価は細かく厳しいものになりがちだというのだ。

菅のもとで秘書を務めた遊佐大輔は「細かい」「厳しい」と感じたことはなかった。遊佐の仕事は緻密な戦略性を求められるものだった。自分自身が十分に細かいのだ。

〈菅さんは自分で気づかないところを気づかせてくださった。本当に勉強になった〉

秘書の仕事を続けながら、「いずれは自分も議員に」と考える者もいるだろう。遊佐は違っていた。

〈菅さんが政界を引退するまで秘書として雇ってくれるかな。俺の人生はそれでいい。悔いなどない〉

菅事務所は多くの地方議員を輩出してきた。菅の地元・衆議院神奈川二区で議員をしている元秘書は遊佐を含めて四人だ。だが、そのなかで自分から「立候補したい」と名乗り出た人間は一人としていない。

当時の菅が遊佐の行く末についてどう考えていたかはわからない。だが、遊佐自身は一生を秘書で終えても構わないと思っていた。

地元の市議や県議が引退を決めると、決まって菅のもとを訪れる。後継について相談するためだ。地元議員とも信頼関係があった。だいたいは意中の人がいて、「あいつを出さしてくんねえか」と地方議員のほうから持ちかける。

平成二十二年のことだ。南区選出の横浜市議の丸山峰生《まるやまみねお》が菅のもとにやって来る。引退を決意し、後継に「遊佐を出したい」と了解を得るためだった。

当時、遊佐は丸山の選挙を担当していた。菅はこのとき、申し出を断った。

「遊佐は若すぎる。ダメです」

当時二八歳。だが、丸山は諦めきれない。

「おれはお前にしたいと思ってる。お前がひと言菅さんに言えば、気持ちが変わるかもしれない。『出たい』と言ってくれ」

遊佐はやんわりと窘《たしな》めた。

「先生、違います。私は菅さんに命を預けています。『行け』と言われれば行きます。何も言われないうちは、私は秘書で終わってもいいと思ってるんです」

こうまで言われては仕方がない。丸山も不承不承受け入れるしかなかった。後継者として別の候補者の擁立が決まった。

統一地方選挙の一年前、丸山は正式に引退を表明。後継候補が発表された。それから三〜四カ月にわたって地域回りを続けていたとき、思いもかけない事態が起こった。後継候補が突然辞退を申し入れたのだ。自民党から正式に公認される直前の出来事だった。

選挙前に完全に味噌をつけた格好だ。後釜《あとがま》選びはさらに難航した。丸山自身も一度落選を経験している。決して選挙に強い地盤ではなかった。

選挙まで一年を切った時点で候補者不在。異例の事態となった。

その年は夏に参議院選挙もあった。そんなある日の夜、遊佐は菅から事務所に呼び出された。向かい合って腰を下ろした。

〈菅さんとこうして差しで話すのは、いつ以来だろう〉

そんなことを考えていると、菅が口を開いた。

「もう遊佐しかいない。出る覚悟はあるか」

市議選のことだというのは、わかりきっている。

「お世話になったその日から、私は命ごと預けています。行くも行かぬも菅さんが決めてください」

菅はうなずいた。

「じゃあ、行くぞ。今まで俺に尽くしてくれた分、今度は有権者のために尽くせば大丈夫。退路を断って頑張れ」

握手をした。遊佐は最大限の愛情と受け取った。共に乗り越えた苦しかった選挙、活動の数々、こみあげる涙をこらえるのに必死だった。同時に、覚悟を決めた。

こうして遊佐は、平成二十三年四月の統一地方選挙に二九歳で出馬することになった。東日本大震災、東京電力福島第一原子力発電所事故の直後の選挙戦である。

候補者の選挙を秘書として手伝うのと、自ら出馬するのとでは天と地ほどの違いがある。立候補を決めて以来、そのことを何度も思い知らされた。政治家と秘書はまったく違う職業だ。

〈一八〇度違う。野球とソフトボールくらいの違いがあるんじゃないか〉

遊佐は市議選の一候補予定者。もはや「菅事務所の遊佐」ではない。菅義偉という大きな看板を失った一青年にすぎなかった。いったん世に放たれてしまうと、選挙民の見る目はまったく違う。

〇〇党というだけで、会ったことも話したこともない不特定多数の人から自動的に嫌われてしまう。ペットボトルを投げつけられ、傘の先端が目に入りそうになることも、一度や二度ではなかった。こんな経験はなかなかできるものではない。

半年ほどの活動を経て、遊佐は一万五〇〇〇票余を獲得。定数五名の南区で三位当選を果たした。

トップ当選したい。そう思い必死で活動した。にもかかわらず、結果は三位。悔しくて仕方がなかった。

「もう辞めたい」とまで思い詰めたほどだ。

震災直後という時勢が大きく影響した。有事の際は現職が圧倒的に有利。これは選挙の鉄則だ。知名度不足で急ごしらえの候補が苦戦するのは無理もない。初陣での当選はむしろ上出来と言えた。それでも遊佐は結果が許せなかった。

次の選挙までは四年間ある。気持ちを切り替えた。遊佐はこうした場面で燃える。

〈絶対に地元での信頼を勝ち取る〉

任期の間、地域のために精一杯仕事に励んだ。

次の選挙では票を五割伸ばし、一万五〇〇〇票を超えた。

三期目はさらに増やす。一万七〇〇〇票を獲得し、一位の座も堅持した。

横浜市は政令指定都市だ。自治体としての権限は神奈川県よりも強い。五大都市（横浜市・名古屋市・京都市・大阪市・神戸市）は、「市議会議員」ではなく、「市会議員」と呼ぶ。

〝常在戦場の政治家稼業〟からの後方支援

はたして遊佐は、国政を狙うのか。その答えはすでに出ている。心境は一〇年前、市議選に初出馬したころと何も変わっていない。

〈まさか政治家になるなんて思ってもみなかった。今のフィールドへ私を押し上げてくれたのは菅さん。菅さんからどこか違うところへ「行け」と言われれば、それに従う〉

市議として一〇年という歳月をかけて自分の後援会をつくってきた。その人たちとも話をしなければならない。だが、出所進退についての考え方は秘書のときから一ミリも変化していない。

仮に菅が「〇〇選挙に出ろ」と言うのなら、そうする。だが、何も言われない限りは今の立場を全うするだけだ。

遊佐の地元での役割は、横浜市議となって菅後援会をまとめることではない。菅の支援者たちと仲良くすることでもない。

遊佐と菅は親子ほども年齢が離れている。遊佐自身の支援者を次々に開拓し、その人たちを菅とどうつなげるかを考えなければならない。

「選挙に出ろ」と言われたとき、「いや、何も準備してませんでした」では話にならない。それは野望とは違う。政治家とは常在戦場の稼業なのだ。

そうした遊佐が追い求めていることがある。

〈とにかく強い候補者になる。強い議員になれば政策も仲間もまとめあげることができる〉

どんな敵対候補と対峙したとしても、引けは取らない。自分自身がつくってきたもの、周りを支えるメンバーに対して、絶大なる信頼と自信を持っている。

官房長官に就任して以来、菅は地元に帰ってこられなくなった。

「地元は大丈夫です」

そう言い切れるくらい頑張りたい。本気で思っている。

遊佐の事務所には普段はパートの職員がいるだけだ。地方議員としては珍しいことではない。秘書が常駐しているわけではないし、週末は閉めている。労働基準法の範囲内で運営している。

だが、様相が一変する時期がある。遊佐と菅の選挙期間中だ。

菅の選挙において遊佐は自分の選挙同様に選対を組む。ボランティアを含むスタッフも集める。事務所は毎日開けて、選挙戦に邁進《まいしん》するのだ。

その分、「支援者には負担をかけていて申し訳ない」と言う。遊佐の選挙は四年に一回。菅の選挙は解散があるため、何年かに一回おこなわれる。一般的な地方議員の事務所に比べると、プラス一回ほど選挙の機会が多い。遊佐事務所はそれで有名だ。

自分の支援者が菅の支援者になる。そうした流れをつくっていきたいと活動してきた。菅がつくった後援会は確かに強力だ。だが、そこに頼りきっているだけだと、やがては目減りしていく。

であれば、役割は決まっている。菅とは違う角度、視点で支援者を掘り起こす。そのためには、さらに地元に信頼される政治家になっていかなければならない。

遊佐の後援会には多彩な人々が集まっている。三期目の選挙では選挙権を得たばかりの一〇代のスタッフも手伝ってくれた。最高齢となると、九〇代の人もいる。年代に境目がなく、幅広いのが特徴だ。

官房長官から総理大臣に就任した今、衆議院選挙となっても、菅は自分自身の選挙にかかりきりではいられない。都市部を地元としている議員にとって、これは大きな不安でもある。遊佐はその不安を少しでも払拭するため、側面からの支援を怠らない。

菅と会う機会はますます少なくなってきた。そもそも二人で会うことはほとんどない。会っても、仕事の話以外はしない。菅と言えば、下戸《げこ》が有名になった。だが、早飯も特技の一つだ。あっという間に食べ終える。

「後援会の○○さんは元気か」

「久しぶりに、あの店に行きたいなあ」

そうした選挙区事情の話がほとんどだ。たまに電話はかかってくることがある。

秘書として仕えるようになったころから遊佐には確信があった。

〈この人しかいない。日本で一番の政治家だ。いずれ総理となる〉

遊佐だけではない。事務所の秘書、ボランティアのスタッフ、支援者にも共通する思いだった。菅は常日ごろから言っていた。

「人に見返りを求めることなく、自分で決めた道を一生懸命頑張れ。必ず誰かが見てくれている」

官房長官時代、菅はあらゆる機会に聞かれていた。

「総理にはならないんですか」

そうした声にまともに答えることはなかった。古くから菅を知る者には合点がいった。

〈脇目もふることなく、官房長官の仕事に一生懸命。おっしゃっていた言葉通りに行動されている〉

そして、令和二年秋。安倍晋三の退陣を受け、菅は自らで決断し、自民党総裁選挙への出馬を表明した。

〈一七年前に出会ったあのときから何も変わらない。やっぱり日本一の政治家だ〉

菅は総裁選で勝利を収め、総理大臣の座に上り詰めた。総理となる人物に秘書として仕える。なかなかあることではない。「いずれは」と思っていたものの、本当にこの時がくるとは、にわかに信じられなかった。


菅義偉には厳しさと優しさが究極の形で備わっている。

「日本一優しくて、日本一厳しい方です」

菅事務所で秘書を務めた現横浜市会議員の遊佐大輔はそう思っている。いっぽう、菅の妻・真理子はどうか。

「菅さんから厳しさを取り除いて、その分を優しさに付け足したような方。奥様は世界一優しい」

現在は会う機会が減った。支援者との会合や通夜の席などで顔を合わせるくらいだ。

そんなとき、真理子夫人は必ず声をかけてくれる。

「遊佐くん、いつもありがとうね」

菅事務所のスタッフ、OB、OG、菅の支援者。夫人の人柄を慕う者は多い。

菅義偉にこうあってほしい。菅事務所で秘書を務めた現横浜市会議員の遊佐大輔にはそうした願いは特にない。そんなことを言える立場ではないと自覚している。

「一生ついていきます。これからもご指導よろしくお願いします、としか言えない」

菅から遊佐に贈られたものが一つだけある。

菅はガラケーのユーザーだ。平成二十一年の衆議院選挙が終わったときのこと。遊佐はまだ秘書だった。使っていた携帯電話を菅は遊佐に譲った。電話帳をはじめ、データはすべて消去したうえでのことだ。

「新しく買うから」

本人はそう言っていた。ほかにも理由があったのかはよくわからない。

その携帯は今でも大切にとってある。使うことはない。だが、捨てることはないだろう。飾っているわけではないが、きちんとしまってある。

平成二十一年の夏、「政権交代選挙」で自民党は下野した。選挙戦はかつてないほど厳しいものだった。政令指定都市を選挙区にしながら自民党公認で勝利した衆議院議員は、全国で二名しかいない。そのうちの一人が菅だった。

選挙中、自ら電話をかけまくり、支援を要請していた。苦しいときの菅を間近で見た。全員が一丸となって得た勝利だった。遊佐にプレゼントした携帯はそのとき使っていたものだ。

第一次安倍内閣から始まる「教育再生」の迷走

元沖縄・北方担当大臣の福井照《ふくいてる》は、昭和二十八年十二月十四日、大阪市阿倍野区に生まれた。灘高等学校、東京大学工学部土木工学科を卒業し、昭和五十一年に建設省（現・国土交通省）に入省。マレーシア・クアラルンプールへの派遣や掛川市役所への出向なども経験する。

平成十一年に建設省を退官した福井照は、翌平成十二年の衆院選で高知一区から出馬し、民主党の五島《ごとう》正規《まさのり》、公明党の石田祝稔《いしだのりとし》らを破り初当選した。選挙に強く、政権交代が起きた平成二十一年の衆院選でも勝利し四選となった。

当選後からずっと宏池会に所属していたが、平成二十八年九月に二階派に入った。平成三十年二月、健康上の理由により辞任した同じ二階派に所属する江﨑鐵磨《えさきてつま》の後任の内閣府特命担当大臣（沖縄及び北方対策、消費者及び食品安全、海洋政策）、領土問題担当大臣に任命され、初入閣した。

平成二十五年一月十五日、安倍晋三総理が内閣の最重要課題の一つに位置づけている教育の再生を議論し実行に移すための「教育再生実行会議」を設置した。第一次安倍内閣時に設置された教育再生会議の、事実上の復活とみなされた。

一月二十四日の第一回会議で最初に議題にあがったのが「いじめ」である。通常、こうした会議に出席した総理は、最初に顔だけ出して退席するのが普通である。が、安倍総理は最後まで会議に参加し続けた。同じく会議に参加した自民党衆議院議員の福井照は思った。

〈安倍総理の思いがそのまま出ているな〉

最初の議題がいじめと知った福井は、日本社会の歪《ひず》みや未成熟さをあらためて感じた。

それから一カ月あまりした二月、教育再生実行会議は、社会総がかりでいじめに対峙《たいじ》するための基本的な理念や、体制を整備するいじめ対策の法制化について政府に提言した。六月には「いじめ防止対策推進法」が超党派の議員立法として提出され、九月に施行された。

この法律の効果が見られ、施行後からいじめによる子供の死亡は減少した。が、いじめ被害に遭った子供が自殺に至るまでの苦しみ、葛藤も不明であり、いじめが自殺にどれほど悪影響を及ぼしたのかもはっきりしない。当人にしかわからないことは当然あるが、少しでも真相に近づく努力を重ねれば、周囲が手を差し伸べる余地が出てくる。

保育施設には、文部科学省管轄の「幼稚園」、厚生労働省管轄の「保育園」、内閣府管轄の「認定こども園」の三つの施設類型がある。

このなかで最も歴史が古いのは、明治から続く幼稚園である。保育園は戦後、戦争孤児救済のために設置されたもので、この流れから保護者が働いていれば保育園、働いていなければ幼稚園を利用することになる。

が、若い夫婦、特に母親は第二子の妊娠など家庭の事情や、そのときどきの社会情勢で就業形態に変化が起きやすく、保護者の就労の有無で利用施設が限定されるのは不便である。そこで登場したのが平成十八年にできた認定こども園制度である。

就学前の子供に教育・保育を一体的に提供し、地域における子育て支援を実施する施設を都道府県知事が認定する制度で、いわば保育園と幼稚園の中間的存在である。

福井照は平成二十三年ごろから、将来的には幼稚園も保育園も認定こども園に吸収しようと動いてきた。

が、調査や働きかけを進めれば進めるほど、厚労省と文科省の役所同士の対立の根深さだけが浮き彫りになった。両省はまさに水と油の関係だった。しかも幼稚園には文科省に強い森喜朗や河村建夫が、保育園は衛藤征士郎や衛藤晟一《えとうせいいち》らがそれぞれ後ろについており、これも統合の障壁となっていた。

福井照

福井照は、一〇年目に悟った。

〈文部科学省、厚生労働省、内閣府の三府省にまたがる縦割り行政を一つにまとめるのは不可能だ〉

が、親たちは幼稚園と保育園があることを理解し、自分たちにより便利なほうを器用に選んでいた。福井はもはや、それほど強固な縦割り行政を無理に一つにまとめる意味を見出せなくなった。

「こども庁」創設に向かう菅と二階

令和三年二月二日、山田太郎《やまだたろう》と自見《じみ》はなこの両参議院議員が共同事務局を務める「Ｃｈｉｌｄｒｅｎ Ｆｉｒｓｔの子ども行政のあり方勉強会」が発足した。

山田と自見は、「日本の若者の死因第一位は自殺。先進国のなかで最も数が多い危機的状況だ」との問題意識を持っていた。

多くの子供たちが、大人たちが気づかぬままストレスを溜《た》め、孤独の中で一人悩み、精神的に追い詰められていく。しかもその理由が、いまだにハッキリしないのだ。見えないところでいじめがあり、虐待がある。日本の子供が置かれている現状は、きっと悲惨なのだろう。自殺するまで気づかれず、気づいても放置されている現状に、山田と自見は強い危機感を抱いていた。

山田太郎参議院議員は、昭和四十二年五月十二日、東京都大田区に生まれる。慶應義塾大学経済学部に入学。卒業後は、いくつかのコンサルタント会社を経て、平成十三年に製造業専門専業のコンサルティング会社ネクステックを創業設立。平成十八年に東証マザーズに上場させる。平成二十二年の参院選に比例区でみんなの党から出馬し、落選するが、平成二十四年十二月に繰り上げ当選を果たす。

その後、平成二十八年の参院選には、新党改革から出馬し、比例区で再選を目指すが落選。令和元年七月の参院選では、自民党から比例区で出馬し、当選した。

山田は、コンサルタント時代に、子供政策を考える業界の人びとからさまざまな提言を受け、「こども庁」創設のアイデアを出したという。

自見はなこは、自見庄三郎《しょうざぶろう》元郵政・金融担当大臣の娘で、東海大学医学部医学科卒。小児科勤務医としてキャリアを積んできた。平成二十八年の参院選に比例区から立候補し、初当選。

令和三年四月一日午前、山田太郎と自見はなこ両参議院議員は官邸に菅総理を訪ね、ヒアリングやアンケートの結果を踏まえた三つの提言を申し入れた。

一、専任の所管大臣によって率いられる「こども庁」の創設、二、子供・子育て関係支出の対ＧＤＰ比を倍増、三、行政の縦割りを克服し府省庁横断の一貫性を確保するため、「こども庁」には総合調整、政策立案、政策遂行の強い権限をもたせる。

この三つを柱に、子供の医療、保健、療育、福祉、教育を一元的に所管する「こども庁」創設を求めた。

話を聞いた菅総理は、こども庁のアイデアに深い感銘を受けた。

この日、菅はたまたま二階俊博幹事長と林幹雄副幹事長と官邸で昼食をとる予定が入っていた。菅は食事をしながら、さっそく二人に話をした。

「こども庁というアイデアは非常に良いと思う。党のほうでまとめていただけませんか」

話を聞いて、二階もまた直感的に思った。

〈こども庁の話は、次の選挙の目玉公約になる〉

了承した二階は、すぐさまこども庁設立に関する本部を設置することを決め、提案した。

「本部長は、野田聖子でどうか」

二階が野田聖子の名前を口にしたのは、野田が女性であり母であることが大きかった。また、二階は「菅義偉総理の次のカード」となり得る野田聖子

山田太郎

自見はなこ

や小池百合子を大事にしていた。女性初の総理大臣となれば国民からの受けも良く、自民党の顔、選挙の顔になる。

が、元沖縄・北方担当大臣の福井照は反対した。

「このテーマは複雑すぎます。施設類型統合にはあまりに反対が強烈で二階先生しかそのバリアーにはなり得ません」

根深い対立が続く厚労省と文科省が、共に納得する組織再編にしなければならない。そんな超人技ができる人物は、二階俊博以外に考えられない。

本部長には二階俊博、事務総長には二階派の閣務を取り仕切る福井照が就任することになった。

国民の間で、「なぜ、こども庁の責任者に高齢男性の二階俊博が起用されるのか」といった意見が出た。

が、根回しが必要な案件は、二階俊博幹事長抜きでは実現しない。特にこども庁は菅総理の肝煎《きもい》りであり、そこに二階が出てきては役所もむげにはできない。そうした計算があった。

福井は当初、こども庁設立の意図を間違って解釈していた。

〈きっと菅総理は、こども庁を創設して縦割り行政を排除する流れをつくりたいのだな〉

ところがよくよく話を聞いてみると、菅総理の目的はほかにあった。

「施設類型をいじったら大変なことになる。これには手をつけず、内閣府にこども庁をつくって、そこにすべての情報を集約するようにしたい」

福井は納得した。こども庁の話を聞いた加藤勝信官房長官も、菅の意見に賛成した。

「縦割り行政に手を突っ込んで統合するなんて、最初から無理だと思っていた」

話はトントン拍子に進んだ。山田と自見の〝太郎・はなこ〟コンビによる提言からわずか三日後の四月四日、自民党はこども庁創設にかかる菅総裁直轄の「『こども・若者』輝く未来創造本部」を立ち上げた。

福井は、山田と自見の提言すべてを活かし、六月初旬に閣議決定される「経済財政運営と改革の基本方針」（骨太の方針）へ盛り込んだ。速やかな実現を目指し、令和四年秋もしくは令和五年の創設を目標とした。

「こども・若者」輝く未来創造本部の事務総長に就任した福井照は思った。

〈これからは、子供を中心に据えた政策を考えよう〉

これまでの考え方は、「子供目線で」「子供と人生を伴走する」といった大人からの視点、行政や事業者の立場からものを考えていた。が、福井は近年ビジネスで求められる「デザイン思考」で、こども庁の役割について考えた。

デザイン思考とは、ある課題の革新的な問題解決策にたどり着くため、ターゲットも気づかない本質的なニーズを見つけ、変革させるイノベーション思考法のことである。

もともとデザイナーがデザイン業務で使う思考のプロセスを、ビジネスなど多分野に応用したものである。こども庁の場合ターゲットは子供であり、ピープル・センタード（子供中心）の政策をおこなうという考え方である。

福井はキャッチフレーズを考案した。

〈「こどもまんなか（子供真ん中）」でいこう〉

子供の視点、子供の目線で、子供たちが生まれる前の段階から、生まれ、育ち、学ぶ、それぞれの段階ごとに光を当て、子供政策を作り直すのである。

子供に重きを置いた改革、子供を真ん中に据えた政策は、これまで日本だけでなく世界を見回してみても見当たらない、世界初の考え方だった。

福井はまず必要な情報を集めるため、児童相談所や幼稚園、小学校周辺を調べてみた。その結果、子供が安心して相談できる場の有無すら現場で把握できていない実態が明らかになった。誰も現場のことを知らない。大人たちが認知しているのは、子供の自殺が増えているというデータのみである。

福井は、さすがに焦燥感を募らせた。

〈いったいどんな子育てをすれば、こんなに子供の自殺者が増えるのだろう〉

ゆとり教育、一等賞のない運動会、子供食堂などの貧困対策。これまでさまざまな対策が試みられてきた。が、戦後七〇年以上かけて、先進国で最も子供の自殺者が多い国にしてしまった。

〈子供の周囲にいる大人たちが誰も現状を把握しようとせず、よって分析も進んでいない。だから子供の自殺の原因すらわからないままなんだ〉

少子化対策担当大臣経験者にもヒアリングを行い、これまでの取り組みについての振り返りもおこなった。福井は思った。

〈もはや日本社会の存続は危機的状況にある。子供のための政策のあり方を抜本的に改革しなければならない。これは政治の責任であり、役割だ〉

福井照はひたすら「こどもまんなか改革」と言い続け、少しずつ人心を掌握《しょうあく》していった。

「プラットフォーム型組織」こども庁

こども庁創設にあたり、二階俊博幹事長は令和三年度の補正予算から各市町村に約一億円ずつ配ろうと考えた。竹下登内閣による「ふるさと創生事業」に倣い、全国にある約一七〇〇市町村に「こどもまんなか基金」を渡し、各市町村それぞれで優先順位をつけて用途を考えてもらう。予算額は一〇〇〇億円ほどで、市町村の規模や人口に応じて金額を決めていく。

基金の使い道は自由だ。たとえば、令和三年六月に千葉県八街市《やちまた》で起きたトラック事故で、帰宅途中の小学生五人が死傷してしまった。二度とこのような痛ましい事故が起きないよう、一億円かけて歩道とガードレールを設置すれば、市民は安心して子供を学校へ送り出せるだろう。

　また基金を人件費に充てて学校常駐の福祉担当員や児童相談所の相談員を増員すれば、痣《あざ》を作った子供や、笑顔が消えた子供に「どうしたの？」と聞くことができる。家庭訪問し、虐待が疑われる親と直接話し合う体制もできる。「お父さん大好き」と言いながら、痣の絶えない子供にどう対処していくか。警察と児童相談員がいっしょに子供を守ろうと家庭に押しかけても、虐待する親から子供を引き離すことは難しい。仮に引き離すことができても、子供が安心して暮らせる受け入れ体制が必要だ。親といっしょにいても、親と離れて暮らしても地獄の現状を改善するためには、やはり基金が必要となる。

　さらに、いじめなどデリケートな問題に対処するには、トレーニングが必要だ。トレーニング費をかけ、人数を増やさなければ何も始まらない。文科省は教育委員会までが管轄なので、福祉事務所を管理運営する市町村が直接に子供たちに手を差し伸べる必要があった。

　二階幹事長の考案した計画を実行するためには、タイトなスケジュールをこなしていかねばならない。七月にこども庁設立を自民党の公約とし、任期満了の十月二十一日までに衆議院を解散して衆院選を戦う。選挙が終わったらすぐさま菅総理が新経済計画を発令する。発令後一カ月はかかるので、年末に補正予算を閣議決定し、翌令和四年の通常国会ですぐさま補正予算を上げる。


　こども庁は、「プラットフォーム型組織」を売りにしている。プラットフォームとは、サービスやシステムを動かすための土台や基盤のことを指す。

　その代表格は、世界最大級のプラットフォームを持つＧＡＦＡ《ガーファ》である。ＧＡＦＡとはアメリカのグーグル、アマゾン、フェイスブック、アップルの四社の頭文字を並べたもの。検索エンジンやＳＮＳ、ショッピングサイトなど、それぞれの企業が持つプラットフォームから入手した顧客情報は非常に価値が高く、顧客の要望に合わせたサービスを展開できるようになり、効率的な収益アップにつながっている。

こども庁もこうしたプラットフォーム型組織を構築していく予定である。情報を文科省まで上げる仕組みができれば、市町村部局と協力して子どもたちを守り育てる体制ができあがる。

大臣は少子化担当大臣の坂本哲志が引き受け、「子ども・子育て担当大臣兼こども担当大臣」と名称を変える。

また、こども庁長官のポジションを設け、役人の担当責任者も置く。

日本は明治以来、プラットフォーム型の行政組織は一つも存在しないため、日本初の試みとなる。

が、マスコミの反応は冷たい。

「こども庁などまやかしだ。つくると言って選挙対策に利用するだけだ」

こども庁設立の事務方責任者となった福井照は思った。

〈マスコミは現場のことをまったく知らないから、批判的に書く以外にないのだろう〉

が、菅、二階、福井の三人ともに、こども庁の創設に本気で取り組んでいる。

もともと日本には、いじめを〝問題〟として捉える考え方がほとんどなかった。昭和世代の人間は、いじめは被害者の甘ったれた精神に問題がある。また親による子供の虐待も、教育の一環である「愛の鞭《むち》」「子を思う親心」と考えられてきた。

そこで福井照は、いじめ問題をヨーロッパ、特に北欧の政治から学んだ。

子供同士や親子のトラブルのなかには、明らかに「虐待、暴行、恐喝、監禁」など犯罪に当てはまるケースがある。いじめは昔からあったが、そのやり方は今のほうがより陰湿である。

学校や教育委員会の隠蔽《いんぺい》体質も深刻だ。いじめ防止対策推進法制定のきっかけとなった「大津市中2いじめ自殺事件」では、形骸化し機能しない教育委員会の廃止まで視野に入れた改革がおこなわれることになった。

この事件は、平成二十三年十月十一日に滋賀県大津市内の中学校の当時二年生の男子生徒がいじめを苦に自宅マンションから飛び降り、自殺するに至った事件である。

被害者には全身に痣があった。加害者は三人の同級生であった。

遺族が加害者らに損害賠償を求めた訴訟で、最高裁は、第一法廷で遺族側の上告を退ける決定をした。が、いじめと自殺の因果関係を認め、加害者三人中の二人に計約四〇〇万円の支払いを命じた二審判決が確定した。

二審判決によると、「男子生徒に対し、首を踏みつける」「制汗スプレーを使い切るまで吹きつける」「手足を緊縛する」などのいじめを繰り返したことが判明した。

大津市は市長部局にいじめ対策推進室を設置し、いじめ対策の取り組みを推進しているとした。が、どこまで機能しているのか、隠蔽体質がどれほど改善されたのかは不明である。

政治が真っ正面から、いじめ、虐待問題に取り組むのは初めてである。こども庁設立の事務方責任者である福井照は、心に決めた。

〈われわれの本気度を見せてやる！〉

福井は、財務省にも宣言した。

「こども庁は来年度つくります。今年度の補正予算から各市町村に基金を配ります」

あとは予算をいくら取れるかである。

令和三年五月二十八日、自民党の有志議員による勉強会がおこなわれ、子供に関する政策を一括して所管する「こども庁」創設をめぐり提言をまとめた。

福井照は勉強会を開く際、野田聖子に頼んだ。

「最初の挨拶で『こんなふうに思っています』と言うだけでいい。その後は座っていてくだされればいいです」

野田聖子の立場に配慮して、『こども・若者』輝く未来創造本部のもとに、「会議」と銘打った野田の勉強会を新たに設置することになった。本部は二階と福井、会議は野田という二段構造である。

令和三年七月十三日、菅義偉総理が創設に意欲を示す「こども庁」をテーマにした勉強会が岐阜市の自民党県連であり、オンラインも含めて県内の地方議員など約一三〇人が参加した。野田聖子はオンラインで参加した。


ただし、文教族の議員の一部には、いまだに、「こども庁、こども庁と言ってるけど、こんなもの意味がないから」と言う者もいる。

学校教育法は、文科省所管の最大の法律である。総則、義務教育と続き、条文は幼稚園から始まる。文教族たち全員が「三つ子の魂一〇〇まで。幼児教育が最も大事」と刷り込まれている。だから保育園や認定こども園などは論外であり、融合もこども庁もあり得ないと考えている。

自民党の「こども・若者」輝く未来創造本部の本部長を務めている二階が意気込みを語る。

「子供はやはり各家庭にとっても、それから日本にとっても大切な宝物だ。そのことをもう一度認識して、子供たちのために政治が何をできるのかを考えて、推進していくことは大きなことではないかと思います」

第8章　ワクチンと憲法

ワクチン接種「史上最大の作戦」発動

令和三年一月十八日夜、菅義偉総理は、新型コロナウイルスのワクチンの国内での接種に向けた準備を進めるため、河野太郎行政改革担当大臣に政府全体の調整を図るように指示した。

菅総理は、官邸で記者団に語った。

「全体の調整を河野大臣に指示した。皆さんに安全で有効なワクチンがお届けできるよう、全力で取り組んでいきたい」

菅はワクチンについて感染対策の決め手と強調し、接種の準備について語った。

「これまでは官邸チームにより、それぞれの各大臣のもとでおこなってきた。今回、態勢を強化する」

さらに、河野を担当大臣に選んだ理由についても語った。

「規制改革担当大臣として、それぞれ役所にわたる問題について解決してきた」

一月十七日の時点で、新型コロナによる全国の重症者は九七三人に上り、一五日連続で過去最多を更新していた。コロナ対応が後手批判を浴びる中で、菅総理らはワクチンの接種を国民の不安を和らげる切り札と位置づけていた。

菅義偉総理が新型コロナウイルスの感染防止対策の「決め手」と期待を寄せるワクチン接種。政府は二月下旬から医療従事者の接種を始め、高齢者や基礎疾患がある人などに順次、拡大する方針だ。時間の制約と規模の大きさから「史上最大の作戦」とも称されるなかで、国民にスムーズにワクチンを行き渡らせることは政権にとって非常に重要な課題となっている。

菅総理は、一月二十六日の衆院予算委員会で強調した。

「円滑に接種を進める見通しを一日も早く国民に示し、スケジュールを明らかにする中で安心を与えていくことが大事だ」

菅総理は、ワクチンが「感染対策の決め手」との考えも改めて示した。

ワクチン接種のスケジュールは、部分的に明らかになりつつある。

一月二十五日、厚生労働省は、自治体向け説明会で、医療従事者ら約四〇〇万人への接種を二月下旬にも始める方針を示した。

次に対象となるのは約三六〇〇万人の高齢者。厚生労働省は態勢が整えば三月下旬から始め、二カ月と三週間で二回の接種を終えるよう求めた。基礎疾患のある人などは四月以降、段階的に始めるという。

問題は、それ以外の国民の接種はいつになるか、だった。

菅義偉は、二月二十四日夜、新型コロナウイルスの高齢者向けのワクチン接種について、四月十二日から始める方針を明らかにした。総理官邸で記者団の取材に語った。

総理は「四月五日の週に、高齢者向けのワクチンを自治体に発送する。十二日から接種する予定だ」と述べた。高齢者向けについて、ワクチンの調整を担う河野太郎行政改革相はこれまで「四月一日以降」と説明し、日付については言及していなかった。

コロナ感染対策の核はどこに……

自民党清和政策研究会（細田派）会長・細田博之は官房長官や幹事長、総務会長、国会対策委員長など要職を歴任してきた。

現在は党観光産業振興議員連盟会長も務めている。細田自身の言葉を借りれば、「旅館やホテルの応援団」だ。

新型コロナウイルス感染拡大を受け、令和三年一月七日、菅義偉内閣は、東京都、神奈川県、埼玉県、千葉県において緊急事態宣言を発出し、十三日に十一都府県に区域を拡大。このうち、栃木県、岐阜県、愛知県、京都府、大阪府、兵庫県、福岡県は三月七日で緊急事態措置区域から除外された。二十一日には埼玉県、千葉県、東京都、神奈川県も除外される見込みだ。

緊急事態宣言の最中、措置区域の住民は飲食を伴うものを中心として次のような対策を要請された。

「飲食につながる人の流れの制限」

「飲食店に対する営業時間短縮」

「外出の自粛」

「テレワークの徹底」

除外されれば、人々の行動は解き放たれる。旅行に出かけ、飲食に向かう。催し物にも参加するだろう。

細田は思う。

隠れた陽性者が旅をしたり、飲食をしたりすることもあるだろう。そこから感染拡大する可能性は高い。一時、全国で一〇〇〇人にまで減った感染判明者の数は、一気に七〇〇〇人にまで膨れ上がった。三月七日で大阪や愛知、兵庫でも除外される。

焦点は、東京をいつ措置区域から除外するかだ。感染判明者数の推移だけを眺めていても、決断はできない。

二月十五日に細田は西村康稔経済再生担当大臣と面会。民間の協力を得ないまま宣言からの除外を決めるのは、「いつまでも賽《さい》の河原《かわら》だ」と訴えた。さらに言葉を継いでいる。

「単純に感染判明者が減ったから緊急事態を解除するのなら、試験の点数で言えば〇点に近い」

細田は旧通産省出身のいわゆる官僚派である。自粛で人の行き来を締め付けるだけでは日本経済が壊死《えし》するとの危機感を隠そうとはしない。民間の自助で感染者を割り出せるような舞台装置づくりが必要だ。細田はそう考えている。

二月十一日、国立代々木競技場第一体育館（東京）でプロボクシングのチャリティーイベント「LEGEND」が開催された。WBAスーパー&IBF統一世界バンタム級王者・井上尚弥《いのうえなおや》選手ら新旧の世界王者たちが集結。会場に詰めかけた観衆だけでなく、テレビ中継やライブ配信を通じて多くのファンが夢のカードに酔いしれた。

細田はこの大会に注目していた。コロナ禍でのプロスポーツ興行として入念な運営体制が敷かれていたからだ。

「入場希望者全員を対象に、検査を実施する」

主催者はそう表明。観客二八〇〇人、セコンドや会場整備のスタッフ、選手ら四〇〇〇人のすべてが事前にPCR検査を受けけた。当日入場が許されたのは陰性判明者のみだ。検査サービス企業と連携。費用はチケット料金に反映させた。七〇〇〇人規模の大会にもかかわらず、無事に成功を収めた。

細田は、この大会から多くの教訓を得た。

〈「LEGEND」を参考にすれば、東京オリンピック・パラリンピックの開催は十分に可能だろう〉

観客やサポーター、選手、選手団、ボランティア、食堂関係者や宿舎のスタッフも含め、接触が予想される人は全員検査すればいい。たいした数ではないだろう。検査の結果は、五日しか持たない。ならば、五日ごとに検査を繰り返せばいい。

三月十九日に阪神甲子園球場（兵庫）で開幕する「第九三回センバツ高校野球」も同様。感染症対策に考慮しながら、大会運営がなされる。一回戦が済んだら、最初にＰＣＲ検査を実施。二回戦終了後には、勝ち残ったチームをもう一回検査。

もちろん、観客も検査を受ける。細田は思う。

〈これなら、仮に一万人が集まったとしても、問題はない〉

厚生労働省や医療従事者は感染症を抑え、叩くことにだけ注力している。それでは経済が死んでしまいかねない。旅すらできない世の中で、外国人観光客も入ってこない。航空会社や旅館、ホテルなど、苦境に立つ業種が多すぎる。

感染が拡大する中、細田は抗原検査の大幅拡大を唱えてきた。抗原検査とは新型コロナウイルスの抗体を用い、ウイルスが持つ特有のタンパク質（抗原）を検出する検査方法。ＰＣＲ検査に比べ検出率は劣るものの、短時間で結果が出る利点がある。特別な検査機器を必要としないので、速やかに判断が必要な場合には有効な検査法だ。

「ＧｏＴｏトラベル」の再開を見込んで、細田はこんな献策もしている。

「ホテルや飛行機の利用者を対象に抗原検査を実施。陰性判明者には割引を適用する」

民間を巻き込んでいかない限り、収束は見込めない。

細田は二月、東京・六本木のドラッグストアに足を運んだ。市販の抗原検査キットを購入するためだ。小売価格は四〇〇〇円。国費で買い上げる前提で量産体制を敷けば、単価は下がると見込んでいる。細田は思う。

〈米国では一人一ドルで抗原検査が受けられる。日本でも三〇〇円なら誰でも受けるだろう。日本国民全員が受けたとしても、三〇〇億円。安いものだ〉

現在のところ、政府はコロナ禍で倒産した企業への手当や失業者対策なども含め、何兆円もの資金を投入している。それに比べれば、三〇〇億円は確かに小さな額だ。

検査が広がらない中、感染症の蔓延《まんえん》は菅義偉総理や、田村憲久厚生労働大臣、西村康稔経済再生大臣らが責任を問われるばかりの事態に陥っている。

機を見るに敏な小池百合子東京都知事が「今は緊急事態宣言を解かないで」と発言しているのも、時流を読んでのものだ。細田は思う。

〈小池は保険をかけている。東京が緊急措置地域に含まれている限り、感染者が増えても、「責任は政府にある」と批判だけしていればいい。自分はあくまで安全地帯にいられる〉

ワクチンの効果に関して、細田は懐疑的だ。

国内で接種を終えた人が、医療関係者と菅総理などで合計四三万七〇〇〇人。接種開始から一カ月たっていることを考えれば、決して早いペースではない。このままでは、五〇〇〇万人まで行くのに何カ月かかるだろう。五〇〇〇万人が打っても、国内にはまだ七五〇〇万人がいる。その七五〇〇万人のうち、わずか〇・〇一%が陽性だったとすれば、七五〇〇人だ。

国内でワクチンの接種が進んでも、収束の決定打にはならない。細田はそう確信している。

インフルエンザワクチンの事例はそれを裏づけている。流行時には国内でも一億人近くがワクチンを打っている。それでも流行を抑え込めた年はない。インフルエンザは型式の問題があり、新型コロナと簡単に比較はできない。それでも参考にはなる。

免疫チェックポイント阻害因子の発見と癌《がん》治療への応用により、平成三十年にノーベル生理学・医学賞を受賞した京都大学名誉教授の本庶佑《ほんじょたすく》は感染が広がり始めたころ、こんな提言をしていた。

「収束させるには、国民全体に広範な検査をやるしかない」

ウイルスを蔓延させないためには、検査と隔離が基本だ。本庶はそれを確認してみせた。

厚労省がこの間に採用してきた対策は、集団感染が出始めのところで捕まえ、周辺の人を検査するだけだ。陰性や無症状のまま周囲に感染させて回っているような人はまったく捕捉できていない。だから、対策は常に後手に回ってきた。

厚労省や保健所、医療機関主導の体制で全数検査に踏み切るのは無理がある。今でさえ現場は混乱しているのに、手が回らない。細田が厚労省幹部に聞くと、決まってこんな答えが返ってきた。

「集団感染が発生したところの周辺で対策は打ってきました。大丈夫です」

では、なぜこれまで患者が増え続けてきたのか。ずっとこの手法で続けてきたにもかかわらず、収束への道筋はいまだに見えてこない。

厚労省による感染症対策は医師が立案し、管理することを前提としている。医師免許を持たない者が勝手に判断することは許さない。医学的な根拠に基づき政策を立て、医師や保健所、医療機関が厳格に運営する。細田は思う。

〈つまり、感染症対策についてすべての責任を国が持つというわけだ。だが、この状態のまま、第三波、第四波がきたらどうなる。また、菅総理のせいにするんだろうか〉

今からでも遅くはない。全数検査に舵《かじ》を切るべきだ。細田はそう考えている。

抗原検査拡大など「国民皆検査」問題

自民党では二月二十四日から党所属国会議員と同居の家族を対象にPCR検査の受け付けを始めた。費用は全額党本部が負担する。党職員はすでに全員が検査を終えた。陽性判明者は一人もいなかった。
〈地域や学校、職場で検査が受けられるような体制を早急に整えなくてはいけない。費用に関しては、国が面倒をみればいい〉

抗原検査拡大を訴える細田の主張を取り上げた三月三日付『読売新聞』朝刊の記事。「羽鳥慎一モーニングショー」（テレビ朝日）が早速反応した。

番組の名物コメンテーターの玉川徹《たまがわとおる》が「私も以前からそう思っていた。大賛成」と援護射撃したのだ。

細田はこの「国民皆検査」問題に昨年（令和二年）十月から取り組んできた。今さらではあるが、悔しい思いもある。
〈昨秋から検査を拡大していれば、東京オリ・パラ開催にはなんら問題がなかった。手をこまねいている間に、東京オリンピック・パラリンピック競技大会組織委員会や政府はじょじょに押し込まれていった。外国人の観客は受け入れないことはすでに決まりつつある。このままでは、日本人の観客も難しいかもしれない〉

そうなれば、大会自体の筋がめちゃくちゃになる。国内の交通機関や宿泊施設も大打撃を受けるだろう。

The Okura Tokyo（旧ホテルオークラ東京）は、オリ・パラに向けて一一〇〇億円もの投資をしてきた。にもかかわらず、昨年から館内では閑古鳥《かんこどり》が鳴いている。これで無観客が決まり、最悪の場合、オリ・パラが中止にでもなれば、大変な事態だ。

何もThe Okura Tokyoだけの問題ではない。多かれ少なかれ、ホテルや旅館は同じような状況に置かれている。

細田が最も憂慮しているのは航空会社だ。昨年一年間で海外から来る観光客は四〇〇〇万人と見越していた。新型コロナウイルスの影響でそれがほとんどゼロである。日本から海外に向かう観光客は二〇〇〇万人。これもほぼゼロ。

国内で旅行する人は年間で延べ五億八〇〇〇万人に上る。これも半分以下に落ち込んでいる。細田は思う。

〈感染者の数が落ち着いてきたら、「ＧｏＴｏトラベル」は再開すべきだろう〉

人間はそもそも旅をしたい、催し物が見たいという欲求を抱えている。そうした気持ちを抑えることは誰にもできない。宣言を解けば、人の行き来が増え、感染も拡大してしまう。

だが、経済を止めるわけにはいかない。菅義偉総理の責任を問うのも筋違いだろう。細田は思う。

〈感染がなかなか収束しないのは、むしろ一人ひとりの国民の行動の結果だ〉

菅総理は自民党総裁選挙で「自助・共助・公助」を訴えた。コロナ対策はまさにそれだ。今、求められているのは自助だと細田はいう。政府が財政出動し、企業を支援するのは典型的な公助。これまではそれに偏りすぎていた。しかも効果は十分でない。国民も自覚を持ち、政府に協力する段階だという。

新型コロナウイルス感染症が流行の拡大を見せる中、永田町界隈でも感染者が報じられるようになった。細田派会長の細田博之は、今年四月五日には七七歳の喜寿を迎えるという自身の年齢を踏まえ、この病気に少なからぬ関心を抱いている。

竹本直一前ＩＴ・科学技術担当大臣は、令和二年十二月に感染。重症化して入院した。竹本は現在、八〇歳だ。

自民党内では「秘書が優秀でよかった」との評判がもっぱらだ。全国紙の取材では「三途の川を見てきた」と明言している通り、病状は一時、予断を許さないところまで進展していた。

細田が本人に聞いたところ、生々しい証言が返ってきた。

「意識が朦朧《もうろう》としてきた。秘書がうまく入院させてくれた。病院に入ったところから意識がない。年末には死地をさまよっていた。年が明けて三日に、集中治療室で意識が戻った。でも、自分がどこにいて、どういう状況なのかはまったくわからなかった」

竹本はその後、全快。リハビリを経て、現在は国会に復帰している。

石原伸晃元幹事長も感染し、入院していた。令和三年度予算が上がる三月二日の本会議には久しぶりに顔を見せた。議席は細田のすぐ隣だ。細田は、思わず言葉をかけた。

「どう？　大変だったね」

石原は病み上がりらしく幾分慎重に答えた。

「今でもね、手に力が入らない」

同じことを竹本も口にしていた。以前は三五～四〇キロほどあった握力がなんと八キロまで減退。ちょっとしたものを手で持とうとしても、落としてしまう。味覚にも後遺症が感じられるという。

細田は、他方、安藤高夫《あんどうたかお》、新藤義孝《しんどうよしたか》、渡嘉敷奈緒美《とかしきなおみ》、高鳥修一《たかとりしゅういち》らにそれぞれ感染や検査の経験を聞いてみた。いずれも自分が感染している自覚はまったくなかったと発言している。

安藤は、たまたま運転手が陽性だったため、念のために検査をしたら、自身も陽性だったという。政府の新型コロナウイルス感染症対策分科会の尾身茂《おみしげる》会長がコメントしたように「陽性者はどこに潜んでいるかわからない」のである。だから徹底的な検査体制が必要なのだ。

新型コロナウイルス感染症は高齢や基礎疾患が危険因子と言われている。細田や竹本以外にも、国会には後期高齢者は少なくない。幹事長・二階俊博は八二歳、副総理・麻生太郎は八〇歳だ。

コロナのワクチンは、永田町でも高齢者から順に打っていく手はずになっている。

世間では「なぜ、国会議員が優先されるのか？」と批判する声もあるようだ。だが、細田は高齢の国会議員には優先的に接種する必要があると考えている。

〈国会議員は飛行機にもよく乗るし、さまざまな人と接触する機会も多い。日本中、ときには海外も飛び回る職業だ。ワクチンを打っておくに越したことはないだろう〉

渡嘉敷の場合、感染時には平熱で味覚も正常。自覚症状はほとんどなかった。だが、異変は感じたという。

化粧品の匂《にお》いを嗅ぎ取れなくなった。彼女は資生堂（広報室）出身で薬剤師の資格を持っている。「これはおかしい」と検査を受けてみると、陽性だった。

自民党国会議員ではないが、岡本行夫《おかもとゆきお》元総理補佐官は、コロナが原因で令和二年四月二十四日に七五歳で亡くなった。当時は今とは違い、治療法もまだ手探りだった。

岡本は細田にとって友人の一人でもあった。細田が通産官僚としてワシントンに駐在していた時代、まだ外務省に勤めていた岡本も現地で一緒だった。

現在、菅政権は、コロナ禍での政権運営に苦しんでいる。

もし、田中角栄が総理大臣だったら、今回のコロナ禍にどのように対応しただろうか。

田中に秘書として仕えた朝賀昭は語る。

「オヤジなら最初の緊急事態宣言のときに、新型コロナの感染者が少なくなり、完全に沈静化が見通せるまで解除しなかったんじゃないかと思う。それと、そのための経済的な補償も充実させただろう。今は人数が増えるたびに緊急事態宣言をして、場当たり的に対応しているところがあるが、オヤジなら、一度、今は動くときではなく休むときだと判断したら、『経済的に苦しい立場に置かれる人は、すべて政府が面倒をみるから今は休もう』と大号令をかけて、責任をとったと思う」

朝賀は、菅政権が大胆な政策を実行しにくい理由として、その政権基盤の弱さを指摘する。

菅総理は本人がそもそも無派閥だ。菅総理に近い議員たちのグループはあるが、派閥に比べれば、どうしても結束力は落ちる。

二階俊博幹事長の志帥会、安倍元総理の清和会、麻生太郎財務大臣の志公会などが菅政権を支えているが、菅総理の立場は、それらの派閥に対してあくまで協力をしてもらうという立場にならざるをえない。

朝賀がさらに語る。

「こうした危機的な事態のときは周りを抑え込めるくらい力のある総理ではないと難しい。菅さんも頑張っているが、自分に従わせるのと、協力をしてもらうのでは全然違う。派閥の長のなかには、菅総理のことを対等ではなく格下に見る人もいる。たとえば、麻生さんは、菅さんを政治家としては自分より上の人間とは思っていない。それでは号令をかけるのではなく、お願いをするばかりになって難しい。菅さんは派閥がないことで苦労していると思う」

最盛期の田中派（七日会）には、衆参合わせて一四〇人以上もの議員が所属していた。

自民党の議員が衆参合わせて約四〇〇人と考えると、三人に一人は田中派だったという計算だ。

朝賀は語る。

「オヤジ自身、派閥が大きすぎるから、いつか三分割や四分割になるだろうと考えていたくらいで、よく『おれ以外では維持できない』って漏らしていました。『竹下（登）だって、まとめられるのは四〇人くらいだ』と言ってました」

現在の自民党は、清和会が一〇〇人近くの議員を擁して、党内第一派閥である。

「現在も、大きな派閥はありますが、これは派閥の領袖《りょうしゅう》の器量ではなくて、小選挙区制度のおかげ。なるべく大きな派閥や総理総裁を輩出している派閥に入りたいという心理が働きますから」

新たな憲法審査会会長の選任が示すもの

衆議院憲法審査会は令和二年十月二十六日、新たな会長に自民党の細田博之を選任した。選出後、細田はこう述べている。

「日本の国家像を国民的見地に立って議論する意義は極めて大きい。審査会に課せられた使命は誠に重大だ」

「各会派が異なる意見にも耳を傾けながら、自由闊達に議論することができるよう公平かつ円満な運営に努めたい」

衆議院憲法審査会は会長の細田以下、幹事や委員五〇人で構成されている。自民党の政権奪還後は森英《もりえい》介《すけ》や佐藤勉が会長を務めてきた。

細田は十月二十三日、国会対策委員長の森山裕と面会。就任に前向きな意向を示した。

細田は安倍晋三の出身派閥の細田派会長。「改憲路線も安倍と同じ」（閣僚経験者）との見方が広がった。

細田博之

菅義偉総理は、十月十四日の党総裁就任会見でこう述べた。

「自民党は憲法改正を是として立党された政党。衆参両院の憲法審査会を動かしていくことが大事」

会長就任の直前まで、細田は自民党憲法改正推進本部長を務めていた。後任の本部長には衛藤征士郎が就任している。細田・衛藤はいずれも細田派の重鎮。安倍に対する菅義偉の配慮がにじんだ。

「総理の考えは安倍政権を踏襲することが基本。憲法改正に邁進《まいしん》する意思表示と受け取っていただいて結構だ」

細田の前任者である佐藤勉は二十九日の記者会見で憲法関連の新たな体制について強調した。

細田はこれまでに二回本部長を務めた。平成二十九年五月に安倍は憲法九条に自衛隊を明記する案を表明した。このことを踏まえ、三十年三月に自衛隊明記を含む四項目の条文イメージ（たたき台）をまとめた。

衛藤は党内保守派の重鎮。今回の人事では菅が自ら打診した。「安倍改憲」に思い入れの強い細田派に改憲議論の推進を託したかたちと見られる。

ただ、衛藤は憲法議論の実務者としての経験は乏しい。与野党交渉への影響は未知数と言える。

第二次安倍内閣発足後は保利耕輔や故保岡興治《やすおかおきはる》ら与野党合意を尊重する「憲法族」が議論を主導してきた。だが、近年は保守派が交渉の前線を務め、立憲民主党や共産党などの不信感を招いてきた。

平成三十年秋には細田派の下村博文が審査会幹事に内定したが、審議に応じない野党を「職場放棄」と批判して辞退に追い込まれている。

今回の人事について疑問視する声も出ている。

「細田は自分で野党と関係を築く人ではない。衛藤が党内でガンガンやれば調整できなくなる。改憲の優先度は前政権より低いのではないか」

憲法審査会は前身の憲法調査会をつくった中山太郎《なかやまたろう》の意思を引き継ぎ、「政局は持ち込まない」を原則にしてきた。だが、昨年の通常国会では国対委員長経験者の佐藤が会長を務め、政府の意向や国対の影響が強まった。実際に憲法議論が進むかどうかは見通せていない。

本部長としての細田の功績といえば、平成三十年三月、自民党四項目改憲案を取りまとめたことだろう。四項目は「自衛隊の明記」「緊急事態対応」「合区解消・地方公共団体」「教育充実」からなる。推進本部がまとめた「条文イメージ」は次の通りだ。

・「自衛隊の明記」

第九条の二　前条の規定は、我が国の平和と独立を守り、国および国民の安全を保つために必要な自衛の措置をとることを妨げず、そのための実力組織として、法律の定めるところにより、内閣の首長たる内閣総理大臣を最高の指揮監督者とする自衛隊を保持する。

②　自衛隊の行動は、法律の定めるところにより、国会の承認その他の統制に服する。

・「緊急事態対応」

第七三条の二　大地震その他の異常かつ大規模な災害により、国会による法律の制定を待ついとまがないと認める特別の事情があるときは、内閣は、法律で定めるところにより、国民の生命、身体および財産を保護するため、政令を制定することができる。

②　内閣は、前項の政令を制定したときは、法律で定めるところにより、速やかに国会の承認を求めなければならない。

第六四条の二　大地震その他の異常かつ大規模な災害により、衆議院議員の総選挙又は参議院議員の通常選挙の適正な実施が困難であると認めるときは、国会は、法律で定めるところにより、各議院の出席議員の三分の二以上の多数で、その任期の特例を定めることができる。

・「合区解消・地方公共団体」

第四七条　両議院の選挙について、選挙区を設けるときは、人口を基本とし、行政区画、地域的な一体性、地勢等を総合的に勘案して、選挙区及び各選挙区において選挙すべき議員の数を定めるものとする。

参議院議員の全部または一部の選挙について、広域の地方公共団体のそれぞれの区域を選挙区とする場合には、改選ごとに各選挙区において少なくとも一人を選挙すべきものとすることができる。

② 前項に定めるもののほか、選挙区、投票の方法その他両議院の選挙に関する事項は、法律でこれを定める。

第九二条　地方公共団体は、基礎的な地方公共団体およびこれを包括する広域の地方公共団体とすることを基本とし、その種類ならびに組織及び運営に関する事項は、地方自治の本旨に基づいて、法律でこれを定める。

・「教育充実」

第二六条

③ 国は、教育が国民一人ひとりの人格の完成を目指し、その幸福の追求に欠くことのできないものであり、かつ、国の未来を切り拓く上で極めて重要な役割を担うものであることに鑑み、各個人の経済的理由にかかわらず教育を受ける機会を確保することを含め、教育環境の整備に努めなければならない。

第八九条　公金その他の公の財産は、宗教上の組織もしくは団体の使用、便益もしくは維持のため、または公の監督が及ばない慈善、教育若しくは博愛の事業に対し、これを支出し、またはその利用に供してはならない。

憲法改正の「入口」国民投票法審議

細田に言わせれば、いずれも極めて常識的な案である。だが、野党第一党・立憲民主党の対応は意外なものだった。「絶対反対」の姿勢を鮮明にし、一切受け付けないのだ。

安倍晋三内閣で可決・成立した安保法制をはじめ、自民党がこれまでに推し進めてきた一連の法整備の一環。立憲は四項目、特に九条の条文イメージをそう位置づけた。「戦争への道を開くもの」だというのだ。

連立与党の公明党も安保法制以来の自民党の動きには必ずしも協力的ではなかった。

もともと「反戦平和」を掲げてきたとあって、支持団体の創価学会の一部から「危ない方向に進んではいないか」「平和を害するものではないのか」といった声が上がったようだ。

国会で安保法制を審議していた当時、公明党側の責任者は元副代表の北側一雄だった。自民党側の高村正彦と連携しつつ、党内をまとめ、成立に漕《こ》ぎ着けている。

九条改正について細田はこう考えている。

〈日本を取り巻く環境に現実的な危機があるとすれば、金正恩《キムジョンウン》だ〉

他には習近平《しゅうきんぺい》やプーチンもいる。それらの国々が配備するミサイルや潜水艦、核兵器はすべて日本を向いている。抑止力となり得るのは米軍だけだ。そういう意味では、日本の現状は丸裸に等しい。であれば、国の備えとして自衛隊の位置づけを再確認するくらいのことはやらせてもらいたい、と細田は言う。

こうした意思表示をすると、野党からは「拡大主義」「いつか来た道」とお決まりの反論が飛び出す。

だが、細田はまったくそうは思っていない。

〈現実問題として、日本と中国、ロシア、北朝鮮との兵力差は歴然としている。米国に守ってもらうしかない〉

自民党内のタカ派にも「核武装すべき」という人はさすがにいない。仮に核を持ったとしても、それほど抑止力にはならないだろう。ただ、相手国の首脳が冷静さを欠いたときには、何が起きるかはわからない。

戦後、この国で受け継がれてきた平和主義の流れは細田も理解している。第二次世界大戦に対して「反省すべきだ」との声は今も決して小さくはない。特に文化人にその傾向が強い。先ごろ亡くなった『ノモンハンの夏』などの著者の半藤一利《はんどうかずとし》のように、必ずしも左翼・リベラルではなくても、そう考えている層はある。

安倍内閣当時、彼らは「総理がいつまた好戦的になるかわからない」とさんざん煽《あお》ってきた。

だが、細田はこの点でも考えが異なる。

〈「彼我の差はあまりにも大きすぎる」と、政治家なら誰でもわかっている。ただ、相手は本当に攻めてくるかもしれない。そのとき、本当に今のままでいいのか〉

東京大学名誉教授・小林直樹《こばやしなおき》をはじめ、これまで長く法学者の多くは自衛隊を「違憲だ」と指摘してきた。だが、そうした評価に最近では変化が見られる。

芦部信喜著、高橋和之補訂『憲法』（岩波書店）といえば、平成五年の刊行以来、四半世紀にわたって読みつがれてきた憲法教科書の決定版である。平成三十一年三月、四年ぶりの改訂版である「第七版」が出た。同書の「はしがき」で高橋は明確に述べている。

《九条問題は、自衛隊創設以来、日本における立憲主義の最大のアキレス腱となってきた。だが、今では七割以上の国民が自衛隊の存在を支持すると答えるようになってきている。立憲主義は、政治が憲法に従っておこなわれることを求める。立憲主義を護れという呼びかけは、したがって、憲法と現実の乖離《かいり》を説明し指針を与える理論無くしては、虚ろにしか響かないだろう。その理論を求めて、憲法学は苦悩してきた》

細田の知る限り、憲法学者がここまで踏み込んだことはこれまでにない。学界でも現実に合わせたほうがいいとする考え方が少しずつではあるが、出てきたわけだ。

だが、それでも立憲民主党は動こうとしない。国会の勢力分布を見てみよう。衆議院では自民・公明両党を合わせると、議席数の三分の二を超えている。だが、参議院では連立与党だけでは三分の二に満たない。改憲が今すぐ実現する状況ではないのだ。細田は思う。

〈だったら、柔軟に議論すればいいんじゃないか。核攻撃を受けそうな事態でどうすればいいのか。イージスアショアの問題も含め、真面目に議論ができそうなものだ〉

だが、立憲民主党にその気はなさそうだ。「憲法改正論議には踏み込まない」が党是なのかもしれない。

こうした事情もあり、現在のところ、憲法審査会では国民投票法改正の議論を続けている。すでに三年に及ぼうとする長い議論だ。

現在検討しているのは、実はたいした内容ではない。国会議員や地方議員の選挙における投票ではすでに認められていることがほとんどだ。投票所としてどんな会場が利用できるか、外国の船に乗っている人が投票できるようにするにはどうすればいいか、といったことである。

改正案の中身で唯一、争点と言えそうなのは宣伝、広告に関するところだ。立憲をはじめ、野党はこう主張する。

「自民党には潤沢な資金がある。めちゃくちゃな活動をするんじゃないか。規制しなければならない」

細田はこの主張にまったく同意できない。通常の国政選挙、地方選挙を見れば、いかに的外れな内容かがわかる。新聞にせよ、テレビにせよ、特定の政党や候補の広告が大量に流れることなどない。メディアもその点では公正を期しているように見受けられる。『朝日新聞』だから野党寄り、『産經新聞』だから自民党寄りとはならない。細田は思う。

〈法律に明記し規制すると、検閲に近い制度になる。かえってよくないんじゃないか。「同じ分量」であることをメディア各社、政党の間で「紳士協定」として取り決めるのが現実的だろう〉

広告、宣伝をめぐってはインターネットも議題になっている。細田はこれも「国政選挙・地方選挙と同様でいい」とする立場だ。野党の一部には「巨額の資金が流れ込み、情報操作がされる」との指摘がある。

細田は思う。

〈常識で考えれば、広告、宣伝は抵抗の材料ではない。ためにする行為だ〉

国民投票法改正案はできれば令和三年の通常国会で成立させたい。細田はそう思っている。

なぜなら、衆議院議員の任期満了が十月に迫っているからだ。三月に入り、残すところ七カ月を切った。

そんな中、衆参両院で憲法改正案を発議する雰囲気はまったくない。この点は立憲側も理解しているはずだ。

「だったら、手続きの法律だけ整備しておきましょう」

細田はその構えである。立憲はこれまで「国民投票法改正は関所のようなもの。これが通れば、一気に本体である改憲の議論が始まってしまう」と抵抗を続けてきた。

令和三年通常国会でどこまで議論を進められるだろうか。衆議院憲法調査会会長・細田博之の手腕にかかっている。

〈立憲もだいぶ前向きに考えてくるはずだ〉

野党の委員でも山尾志桜里《やまおしおり》などは結局、国民民主党に行ったが、柔軟な考え方の持ち主だ。国民民主党の考え方は憲法九条改正に対しても是々非々。ただ、自民党の案をもっと限定的に運用すべきと考えているところもある。条文に関しては今の自衛隊のあり方に沿って考えるべきだと言っている。これなら議論はできる。

いっぽうで、立憲民主党や共産党は議論自体を拒んでいる。「今の九条で十分。平和主義を貫き、自衛隊は認めないわけでもない」と玉虫色だ。

コロナ禍が露呈させた「緊急事態条項」不備

「緊急事態対応」は、東日本大震災からの復興で改めて浮上してきている課題だ。

現在、憲法には「緊急事態」の条項がない。そこで問題となるのは、私権の制限ができないことだ。陸前高田《りくぜんたかた》市や大槌《おおつち》町をはじめとする被災地では現在も所有権者に遠慮しながら、住宅の移転や再建、都市計画を進めている。所有権者が引っ越したり、亡くなったりしていて、合意を取り付けるのが容易ではない。結果として震災から一〇年が経過しても、復興は驚くほど進んでいない。

憲法に「緊急事態」を明示し、対応の際は私権に一定の制限を加えられれば、復興は三年で終わっていただろう。

これからも大地震は起こる。津波もくるかもしれない。そのときに備えておく必要はある。これは東日本大震災が長い時間を超えて与えた教訓でもあるだろう。

「緊急事態」でいえば、現下の新型コロナウイルスのような感染症についても考えておく必要がある。感染拡大前の令和二年一月、こんな出来事があった。

コロナ感染が拡大した中国湖北《こほく》省武漢《ぶかん》市からの邦人退避の第一便。到着ロビーで厚生労働省職員が乗客に東京都内の医療機関で検査を受けるようお願いした。だが、二人は拒んで帰宅してしまう。「感染しているかもしれない人が市中に出た」との不安が広がった。

三月二十日にも問題が起きた。スペイン旅行から帰国した一〇代の女性は成田空港で受けたPCR検査の結果が出るまで待機を要請された。だが、それを待たずに羽田経由で沖縄県の自宅に帰宅してしまう。その後、感染が判明した。

さいたま市では三月二十二日、格闘技「K－1」のイベントが約六五〇〇人を集めて開催された。三日前、政府の専門家会議が「慎重な対応」を求め、会場を所有する埼玉県は主催者に自粛を要請している。だが、主催者は強行した。

これらはいずれも緊急事態による私権の制限ができないために生じた問題と言える。

現在の感染症対策では個別法で対応してきた。だが、強制力には欠ける。欧米のようなロックダウンは国内では無理だろう。感染拡大を徹底的に叩くのは難しいということだ。

〈「緊急事態」はやはり憲法に書くべきだろう〉

細田自身はそう考えている。


令和二年九月末、菅義偉総理から衛藤征士郎元衆院副議長に要請があった。

「衛藤さん、憲法改正推進本部長を頼みます」

「わかりました」

九月二十九日、自民党は衆院憲法審査会長に細田博之元官房長官、党憲法改正推進本部長に衛藤征士郎元衆院副議長を充てる人事を決めた。菅総理としては、安倍前総理の出身派閥・細田派の重鎮二人を起用し、改憲でも安倍路線の継承と本気度をアピールする狙いがあった。

菅総理はこうした衛藤のキャリアと実績を評価して、自民党憲法改正推進本部長に任命したのである。

衛藤は思った。

〈憲法改正の主役は、あくまで国民だ。選挙で選ばれたわれわれ国会議員は、常に連帯責任を感じながら憲法改正に向き合わねばならない〉

憲法改正推進本部の役員である顧問には、党三役である二階派（志帥会）を率いる二階俊博幹事長、佐藤勉総務会長、下村博文政調会長に加え、党内派閥の領袖である竹下派（平成研究会）の竹下亘会長、石原派（近未来政治研究会）の石原伸晃会長、岸田派（宏池会）の岸田文雄会長、石破派（水月会）の石破茂会長が就いた。

麻生派（志公会）は、会長の麻生太郎副総理兼財務相が政府側のため、森英介元衆院憲法審会長が就任。事務総長には新藤義孝元総務相を起用。副本部長には野田聖子幹事長代行、稲田朋美元政調会長、小渕優《おぶちゆう》子《こ》元経済産業大臣、山谷《やまたに》えり子元拉致《らち》問題担当大臣、片山《かたやま》さつき元地方創生担当大臣と五人の女性を起用した。

また自民党憲法改正推進本部が設置する「憲法改正原案起草委員会」の委員長も衛藤が兼任。メンバーは憲法改正推進本部の森英介、中川雅治《なかがわまさはる》両本部長代理、中谷元《なかたにげん》副本部長、新藤義孝事務総長の憲法に詳しいベテラン五人を中心に、党が掲げる自衛隊の明記など四項目の改憲イメージ案を条文案にする作業をおこなっていった。

衛藤らは、年末までの三カ月間で改憲原案の策定を急ぐ予定だった。が、十二月十八日にこれを断念。国会で継続審議となっている国民投票法改正案を優先させたい党幹部らの意向に衛藤が押し切られたかたちとなった。

確かに国民投票法改正案は遅々として進まず、平成三十年六月の提出以来、八国会にわたって継続審議となってしまった。

約三年の月日を経た令和三年（二〇二一年）春、与党自民党の二階俊博幹事長と森山裕国対委員長、野党第一党である立憲民主党の福山哲郎《ふくやまてつろう》幹事長と安住淳《あずみじゅん》国対委員長の会合、いわゆる二幹二国がおこなわれ、「国民投票法改正案については今国会で処理する」ということで合意がなされた。

自民党の衛藤征士郎憲法改正推進本部長は、胸をなで下ろした。

〈ようやくここまできた。大きな進歩だ。八国会にわたって国民投票法改正案を店晒《たなざら》しにしてきた野党も、

さすがに国会議員としての責任を痛感したのだろう〉

これまで改正案に難色を示してきたのは、憲法改正に反対する共産党、社民党、そして立憲民主党である。

が、野党もいろいろだった。玉木《たまき》雄一郎《ゆういちろう》率いる国民民主党は憲法改正に賛成しているだけでなく、原案もしっかり整えていた。

日本維新の党も、馬場伸幸幹事長が詳細な憲法改正議案を持ってきてくれた。

各党が原案を出す中、当然自民党もイメージ案を公表している。もう少し手を加えれば原案になる。このような動きの中で、さすがの立憲民主党も共産党も「ここまできてしまったら、今さら抵抗しても無駄だ」と半ば観念した格好になった。

国民民主や維新だけでなく、すでに国民の七割は賛成で、憲法改正の大きな流れはできあがっている。しかも憲法審査会は常設委員会であり、野党が議論を拒否するにも限界があった。

国会では長期間、憲法を議論する専門機関がなく、平成十二年にようやく衆参両院に「憲法調査会」が設置され、平成十九年（二〇〇七年）に調査会を引き継ぐ形で「憲法審査会」が設置された。

が、重要度を勘案すれば「憲法常任委員会」がふさわしい。衛藤は、ここまで遅れを取ってしまったのは憲法審査会委員だけの責任ではなく、国会全体の連帯責任だと痛感していた。

四月十五日から正式に憲法審査会が開会され、国民投票法改正案が審議されることが決まった。衛藤征士郎憲法改正推進本部長は思った。

〈国民投票法改正案が成立したら、ようやく憲法改正案の審議が始まる……〉

が、それも各党が憲法改正の原案を憲法審査会に持ち寄ることが前提である。

ここまで話が進まなかったのは、憲法改正のためには衆参ともに三分の二以上の賛成を得ねばならないことが大きな壁になっていた。これに現行の国民投票法が加わると、世界のなかで最も憲法改正がしにくい憲法であり、改憲はほぼ不可能となる。野党は「安倍政権下での憲法改正は断固拒否」としていたので、ついに安倍総理の悲願は叶わなかった。

が、菅政権に代わり、衆議院では三分の二以上の賛成が得られるめどが立った。参議院は少し足りない状況である。これを憲法審査会で議論を進める中で、いかに参議院でも三分の二を確保するかにかかっていた。衛藤は思う。

〈しかし、ここで国民投票法改正案が整えば、参議院のほうも踏み込めるようになる。維新や他の政党、無所属議員が協力してくれれば実現可能だ〉

いよいよ憲法改正が実現に向かっている。衆議院の任期満了は令和三年十月二十一日である。できればそれまでに憲法改正案の原案発議まで持っていきたい。が、どれだけ頑張っても今国会で必ず実現できるとは言い難い。やはり、国民投票法改正案を衆参で成立するまでは、なんとしても今国会で実現したい。その後、そのあと憲法改正原案の審議をスタートさせる。できるなら各党持ち寄った憲法改正原案のなかから、とりまとめて、憲法改正原案がそこで決まっていく。その後ようやく審議が始まる。まだまだ道程は長い。

自民党憲法改正四つのイメージ案は、一、安全保障にかかわる「自衛隊」の明記と「自営の措置」の言及、二、大地震が発生したときなどの緊急事態対応を強化、三、参議院の合区解消、各都道府県から必ず一人以上選出へ、四、教育環境の充実、の四項目改正、追加であり、内容は以前と変えていない。

もちろん、理想は九条二項の削除である。が、自衛隊が違憲状態をこのまま放置しておくのは、国民を守る自衛隊に本当に申し訳ない話だった。国の存立の根幹は、外交と国防。それを国家の基本法である憲法に規定するのは当然の話だった。

が、自民党の衛藤征士郎憲法改正推進本部長は、自民党案をすべて押し通すつもりは最初からなかった。各党が議案を出す中でより良いものを選択すればよい。たとえば、ある党は「緊急事態条項が最優先」と言うかもしれない。「自衛隊が最優先」「教育が最優先」という意見が出てもおかしくない。それこそ意見はバラバラになるだろう。その中で、一つでも二つでも憲法改正が実現すれば、事態は大きく前進する。

新型コロナウイルス問題発生後は、日本に非常事態条項が入っていないことが大問題となった。人命を救うため、一時的に国が地方自治体の権限や私権を制限し緊急事態に対応できなければ、憲法で定められた基本的人権や公共の秩序を守れないことが浮き彫りになったのである。非常事態条項さえ入っていれば、予防もできるし混乱も生じない。

が、憲法改正推進本部では、今回の自民党憲法改正の四つのイメージ案から非常事態条項をあえて外した。その狙いの一つ目は、「各党を話し合いに参加しやすくする」ためである。自民党が隙のない完璧なイメージ案を作ってしまうと、各党との話し合いの余地がなくなり、かえって改正そのものに反対する声が出やすくなる。まずは話し合い、意見交換をして憲法改正が一つ二つでも通れば、戦後初の大きな出来事となる。

二つ目の理由として、コロナ禍における緊急事態条項には反対しづらい点が挙げられた。反対する野党はいかにもコロナを政局にしている雰囲気となり、国民から大きな反発を食らう。蟻《あり》の一穴を狙うなら、緊急事態条項である。

衛藤は思う。

〈天の時（天が与えてくれる好機会）だ。これだけでも意味がある。できれば十月までに、少なくとも菅政権の間にぜひ実現したい〉

安倍政権下で実現しなかったのは、改憲が安倍総理の悲願だと周知されていたことも大きかった。野党は憲法改正について拳を振り上げ「安倍政権下では反対」という旗を掲げてきた。が、さすがに「菅政権下では反対」という声はない。だからこそ、菅政権のあいだに実現する可能性は大いにある。

長い間尽力した安倍前総理の功績は大きく、菅総理もその意志を継いでいる。自民党の衛藤征士郎憲法改正推進本部長は思う。

〈実現すれば、安倍、菅二つの内閣が憲法改正を成し遂げたということになる。日本国にとって、明るい話だ〉

第9章　汗をかく人かかない人

〝ハマコー〟の衣鉢《いはつ》を継ぐ石井準一

現在、参院幹事長代理や選対委員長代理を務める石井準一《いしいじゅんいち》は、千葉県選出の三期目の参院議員だ。

石井は、参議院議員になると、平成研究会（津島派〔当時〕）に所属することになる。

平成研究会に入会したのは、参院選のときに支援を受けていたからではなかった。

石井が入会するきっかけは、初当選後に佐賀県選出の岩永浩美《いわながひろみ》と鹿児島県選出の野村哲郎《のむらてつろう》から声を掛けられたことだった。二人とも平成研究会に所属していた。

二人は石井に言った。

「地方議員出身の参院議員は、総務委員会、国土交通委員会、農水委員会のどれかを希望するから、ポストを空けてきた。石井さんはどこがいい？　もし、その三つの委員会の他に入りたい委員会がある場合でも、どこでも入れるから言ってくれ」

石井は「そこまで言ってくれるなら……」と思い、希望を伝えた。

「それなら、厚生労働委員会に入れてください」

当時は、消えた年金問題が大きな問題になっており、石井が初当選した参院選でも、自民党の敗因の一つになっていた。有権者の関心も非常に高かった。

石井がそう言うと、二人は渋い顔で諭すように言った。

「悪いけど、厚生労働委員会は医師会や看護士会などの職域の代表者が希望するから、地方議員出身者は入れないんだ」

石井はとっさに反論した。

「そう言うけれど、今、どこの委員会だって入れてくれるって言ったじゃないですか」

次の日、再びアポがあり、岩永と野村の二人がまた石井に会いに来た。

「青木幹雄先生が調整してくれて、石井さんは厚生労働委員会に所属できるようになったから」

青木は、厚生労働委員会に所属する予定だった他の議員を外してまで、石井にポストを用意してくれた。

こうした経緯もあり、石井は、平成研究会に入会することを決めた。

〈そこまでしてもらったなら、入らないわけにはいかない〉

石井は、平成研究会に所属して以来、青木幹雄元自民党参議院議員会長や、令和元年（二〇一九年）十月二十六日に亡くなった吉田《よしだ》博美《ひろみ》元自民党参院幹事長の薫陶を受けてきた。

石井は、浜田《はまだ》幸一《こういち》の秘書を一一年務めたのち、千葉県議会議員を五期二〇年務めて、平成十九年（二〇〇七年）七月に参院議員になった生粋の党人派だ。

石井準一

浜田幸一の秘書になるきっかけは、石井が大学に入学したばかりの昭和五十一年（一九七六年）四月におこなわれた地元の千葉県茂原《もばら》市の市長選挙だった。

この市長選挙で、石井は、生涯の師となる浜田幸一に出会った。茂原市が含まれる千葉県三区を選挙区にしていた浜田は、茂原市長選に出馬したある新人候補の応援に駆けつけていた。

浜田幸一は、昭和三年九月五日、千葉県君津《きみつ》郡青堀《あおほり》町（現・富津《ふっつ》市）に生まれた。富津町議会議員、千葉県議会議員を経て、二度目の挑戦となった昭和四十四年の衆議院議員選挙に、自民党公認で千葉県三区から初当選を飾った。

昭和四十八年には中川一郎、渡辺美智雄、石原慎太郎らと共に自民党の派閥横断的な政策集団である青《せい》嵐《らん》会を結成し、自らマスコミ対応の事務総長を務めた。

また浜田は、自身がかつて稲川会系のヤクザだった前歴を公言しており、武闘派の議員としても畏《おそ》れられていた。

〝ハマコー〟の愛称で知られ、「国会の暴れん坊」の異名を持つ浜田の演説は、エネルギッシュで迫力があった。またその人物も実に魅力的だった。

若い石井は、浜田の演説に圧倒されつつ思った。

〈ヤクザから国会議員になった人の魅力って、いったいなんなんだろうか……〉

自分の心が突き動かされるのを感じた。

石井は、伝手《つて》を見つけて、浜田幸一の自宅で書生として働かせてもらうことになった。

のちに石井を雇ったことについて、浜田は当時の思惑を語っている。

「はっきり言って下心。茂原市に実家のある石井を預かれば、実家の関係で、二、三〇〇〇票ほど次の選挙でプラスになるんじゃないかと思ったんだ。それに一八歳の青二才だから、二、三日もいれば、音を上げて帰るだろうと思ったんだよ」

浜田は、「一八歳の若造が興味本位で働いてみたいと思っただけだろう」と思ったようだったが、石井の気持ちは生半可なものではなかった。石井は、以降、一一年にわたり、秘書として浜田に仕え、途中、浜田が国会議員の職を失った期間も支え続けることになる。

浜田は、その前歴や強面《こわもて》な風貌《ふうぼう》もあり、荒っぽい乱暴な人間だと思われていた。

だが、石井によると、浜田はとても優しい一面も持っていたという。

「厳しいところもありましたが、優しいところもすごくありました。繊細な面もあって、怒る人と怒らない人を分けて、対応していました。わたしは滅多に怒られることはなく、かわいがってもらいました。

それと浜田先生は用心深いところもあって、何か政治的な判断をするときは、同じことを必ず複数の人に聞いてから、判断していました。

県庁の局長が浜田先生に説明しに来る時なんかも、まず最初に『相談か、報告か』って聞くんです。『相談は白紙で持ってくるもので、報告は決まったことをやりますと伝えるものだ。どっちかをキチッと冒頭で言ってから説明しろ』とよく諭すように言っていました」

石井が浜田の書生になってから五年後の昭和五十五年の三月六日、ある事件が発覚する。

この日おこなわれたロッキード事件の裁判の検察側冒頭陳述で「被告の小佐野賢治がロッキード社のクラッターから受け取ったとされる二〇万ドルは、ラスベガスでK・ハマダが負けた四五〇万ドルの分割払いに充当された」という事実が明らかになる。

この日の『読売新聞』の夕刊が「K・ハマダ」が浜田幸一であることを報じ、浜田が「昭和四十八年十一月にラスベガスのカジノで、当時の為替レートに換算して約四億六〇〇〇万円負けたこと」が明らかになる。

浜田幸一

このことは大きな問題となった。

ロッキード事件渦中の小佐野賢治から大金を用立てされたことや、当時の外国為替管理法に違反し、届け出無しで外国に日本円を持ち出したことなども相次いで報じられた。

また刑法で賭博を禁じている立場の与党の国会議員が、脱法的に海外で賭博をおこなったことについても道義的非難も受けた。

浜田は、報道から一カ月後の四月十日に自民党を離党し、衆議院に議員辞職願を提出した。

さらに辞職から二カ月後の六月におこなわれた総選挙でも自民党の公認が得られなかったこともあり、出馬を見送った。

浜田は、昭和五十八年十二月十八日の第三十七回衆議院議員選挙で返り咲くまで、三年八カ月にわたり、雌伏の時を過ごすことになる。

石井は、この間、ただ一人の秘書として浜田の政治活動を懸命に支えた。

石井が当時について語る。

〈浜田先生が失職したことで、秘書はわたし一人になりました。振り返ってみて、そのことが良い勉強になりました。雑用から後援会のことまで、地元のことはなんでも全部自分で担当するようになりましたから〉

浜田は、昭和五十八年十二月十八日に執行された第三七回衆議院議員選挙で、千葉県三区で八万五三二七票を獲得、見事にトップ当選で国政復帰を果たした。

それから三年後の昭和六十一年七月六日に中曽根康弘総理のもとでおこなわれた衆参同日選挙でも、浜田幸一は一〇万五九〇八票を獲得し、トップ当選を飾った。

石井は、二八歳になり、浜田のもとに来て、一〇年が過ぎようとしていた。

石井は、野党の議員との交流も活発におこなっているが、このことは国会議員になってからの石井の恩師である青木幹雄や、吉田博美の影響が大きいという。

石井が語る。

「参議院議員に初当選してから半年ほど、自民党本部の勉強会などに参加してみると、やはり国の法律を作る国会議員という仕事の大変さを知って、悩んでいた時期があったんです」

そのときに石井に国会議員としての指針を示してくれたのが吉田博美だったという。

石井は、吉田から掛けられた言葉を今でも覚えている。

「準ちゃん。お前とおれは匂《にお》いが一緒だ。お前の動きを見ていると、おれと感性が似ているのを感じる。騙されたつもりでおれについてこい」

吉田と親しくなっていく中で、話をしてみると、吉田と石井には多くの共通点があった。

吉田も、石井と同じ地方議員出身で、長野県会議員を五期十七年務め、議長まで務めていた。

さらに、県議になる前は、金丸信と中島衛の二人の国会議員の秘書を務めていた。

吉田が仕えた金丸信には、石井が仕えた浜田幸一も子分の一人としてかわいがられていた。

吉田は、その生い立ちも苦労していた。

もともとは山口県柳井《やない》市で建設業を経営する親のもとに育ったが、会社が倒産したため、なかば夜逃げするようなかたちで長野県下伊那《しもいな》郡松川《まつかわ》町に移り住み、その地で育った。

吉田博美

石井は、吉田から多くの薫陶を受けた。
石井は、吉田からよく言われた。
「お前、今、自民党には東大を出たり、ハーバードを出ているような議員が衆参関係なくたくさんいる。でも、みんな自分の意見を言うだけで、物事の責任をとることができる政治家はほとんどいない。お前はこれから与党だけでなく、野党の議員とも人間関係を築くんだ。参議院は、各会派の対立があっても、最後は参議院のハウス（家）としての考え方をまとめないといけない。お前は野党に人脈をつくれ。おれが国対や幹事長をやっている間は、野党の議員と酒の席でもなんでも積極的に交流して、人間関係をつくれ」

石井が吉田の教えに従ってつくった人間関係は、現在も、石井にとって大切な財産になっている。

吉田も、物事を進めるときは、野党の議員の立場も考えながら、相手の面子《メンツ》も立てて、交渉していた。

吉田はよく石井に言っていた。

「準ちゃん、榛葉《しんば》（賀津也《かづや》）さんはおれが早稲田に入ったときにおぎゃあと生まれたんだ。年齢は一八歳も違う。でも、与野党の国対委員長会談となれば、五分五分の関係で話すようにしている。相手と話すときは、相手の体面を考えなければいけない。ときには歌舞伎をやったっていい。たとえ自分が相手に土下座をしたって、部屋を出るときにちゃんと話がついていればそれでいいんだ。準ちゃんもプライドがあるだろうけれど、そういうことができるようになれば、党務でお前にかなうものはいない」

石井が実践する「参議院は家《ハウス》としての考え方を」

参議院議員になって以来、石井準一は、さまざまな委員会に所属し、重要法案の成立に携わった。議院運営委員会の理事や、予算委員会の筆頭理事などを歴任し、与野党の協議に汗を流した。

石井が初当選した参院選では、自民党が大敗したため、衆参のねじれが起きていた。

そのため、参議院では自民党は少数派の与党という難しい立場に置かれた。

野党の議員が過半数を制しているため、もし彼らが出ていけば、すぐに委員会は流会してしまう。

石井は、正常に委員会を運営するために、多くの野党議員とパイプをつくることに尽力するようになった。

最初に、いっしょに食事をしたのは、当時、民主党の参議院議員で、現在、立憲民主党の副代表を務める森裕子《もりゆうこ》だという。

平成二十二年八月十一日、自民党の参議院議員会長選挙で、谷川秀善《たにがわしゅうぜん》と中曽根《なかそね》弘文《ひろふみ》が争った。

このとき谷川と中曽根は、お互い四〇票ずつで同票となり、最後はくじ引きで中曽根が会長になることが決まった。

会長に就任した中曽根弘文は、幹事長に慶應幼稚舎からの同窓生で親友の小坂憲次《こさかけんじ》を起用した。

だがもともと衆議院議員だった小坂は、平成二十一年の衆院選に敗れて、この年七月の参院選の比例区に鞍替《くらが》えして当選したばかりだった。参議院議員としてのキャリアは一年どころか一カ月ほどだった。

中曽根会長のこの人事に対して、谷川を推していた清和会や、平成研究会、宏池会の参議院議員たちは反発を覚えた。

それから一年後、三役の人事を提案する時期になると、中曽根はまた同じ役員人事を提案してきた。

参議院議員会長の任期は三年だが、三役と呼ばれる幹事長、政策審議会長、国対委員長の役員任期は一年ごとに承認案件として、会長が提示をすることになっている。

一年後、会長の中曽根が同じ役員人事を提案してきたとき、石井準一はすぐに反論した。

中曽根弘文

パッと手を挙げて、反対意見を訴えた。

「三名の承認人事のうち、小坂さんを承認するわけにはいきません。考え直してもらうか、全議員の投票をもって決めてもらいたい」

結局、中曽根は人事を決めることができず、四〇日以上も三役が決まらないという異例の事態が起こった。

その後、鴻池祥肇《こうのいけよしただ》を幹事長に起用する人事案が出されたが、この案も否決されて、結局、溝手顕正《みぞてけんせい》が参議院の幹事長に就任することになる。

平成二十七年九月に「平和安全法制」が成立したときも、石井準一は、参議院の特別委員会で、鴻池祥肇委員長、佐藤正久《さとうまさひさ》筆頭理事のもとで、次席理事として法案成立に尽力した。

このとき、野党の民進党は、北澤俊美《きたざわとしみ》が筆頭理事で、福山哲郎が次席理事だった。

当時、参議院の国会対策委員長だった吉田博美から石井は言われた。

「準ちゃん、総理がお前に用があるって言うから、ちょっと電話を代わってくれ」

安倍は言った。

「石井さん、平和安全法制の特別委員会の理事になって委員会を動かしてもらいたい」

石井は丁重に断った。

「いや、わたしは安全保障分野を専門としていません」

そう言うと、さらに安倍が言う。

「石井さん、あんた質問しなくてもいいんだよ。委員会をまわしてくれればいいんだ」

「総理、それも失礼でしょう。理事なのに、一回も質問しなくていいっていうのも失礼ですよ」

一度は断ったものの、結局、石井は引き受けることにした。

このとき、石井は次席理事となったが、当初は筆頭理事となることが予定されていた。

だが、自衛隊出身の佐藤正久が「平和安全法制を法制化するために国会議員になった」と公言するほど法案成立に熱心だったこともあって、石井は佐藤に筆頭理事を譲り、次席理事になっていた。

このとき、カウンターパートナーになる民進党の北澤俊美筆頭理事が言ってきた。

「官邸や国対から一任されているのは石井理事だろう。俺は二年三カ月防衛大臣をやったんだから、髭《ひげ》の隊長（佐藤の愛称）は下士官以下みたいなもんだから、髭の隊長とは筆頭間協議はしない。石井さんと俺とで協議をしよう」

石井は北澤の提案を拒んだ。

「いやいや、わたしは次席ですから」

しかし、北澤の提案をむげにするわけにもいかない。結局、委員長の鴻池祥肇の立ち会いのもとで協議することにした。

石井は、法案の審議が進む中であるとき北澤に言われた。

「石井さん、ちょっと二人きりで話がある」

「なんだろう」と思い、二人きりでの話に応じると、北澤はいきなり頭を下げて言った。

佐藤正久

北澤俊美

「おれからのお願いだ。一回しかお願いしないから聞いてくれ。予算委員会での質疑を『往復』ではなく、『片道』で一回やってくれないか」

「片道」とは、政府側の答弁時間を含めないかたちで各会派に質疑時間を割り振る形式で、政府側の答弁時間も質疑時間に組み込む「往復」とは異なって、大臣などの答弁が長くなっても質疑者の持ち時間が減ることはない。質疑者の発言の時間が保障されるため、限られた持ち時間でも多くの質疑をおこなうことができる。野党にとってはメリットのある質疑の形式である。

石井は少し考えて、すぐに応じた。

「わかりました」

北澤が驚いて、問い返す。

「石井さん、今わかりましたと言ったんですから、持ち帰って検討するのはダメだよ。もし、官邸に行って断られたらどうするの？」

石井は言った。

「自分のバッジを外す覚悟で安倍総理に交渉しますから、大丈夫ですよ」

石井は、国対の部屋に戻り、参議院国対委員長の吉田博美に報告した。

「北澤さんから『一度、片道をやってほしい』と言われたので、了解してきました」

吉田の傍らには、政府と党の連絡役を務める官房副長官の世耕弘成がいた。

世耕は、石井の報告を驚いて、受け止めた。

「えっ、おれは安倍総理に片道を受けたなんて、伝えられないぞ」

その様子を見ていた吉田が、すかさず言った。

「準ちゃん、総理に直に電話してみろ。安倍総理が法案の成立のために、お前に特別委員会に行ってくれって言ったんだから、そのお前が受けてきたことくらい、ふたつ返事で『わかった』って言うはずだ」

吉田はそのあたりの政治勘もずば抜けて良かった。

石井は安倍総理に電話した。

「北澤さんと協議して、次の審議の『片道』とテレビ入りを受けてきたんですけれど、いいですか」

吉田の見立て通り、安倍に異論はなかった。

「片道か、妙案だね」

石井が北澤と交わした約束は、無事に実現されることになった。

「平和安全法制」は、石井らの尽力もあり、平成二十五年九月十七日に特別委員会において議決され、二日後の九月十九日に、参議院本会議において可決、成立した。

青木幹雄からの参議院竹下派の流れ

石井準一は、吉田や青木幹雄、輿石東《こしいしあずま》、伊吹文明らと酒席をともにする機会に恵まれた。

かつて民主党の参議院議員会長だった輿石東は、現在も野党の後輩議員から慕われている。

石井は、輿石から立憲民主党の安住淳国対委員長や、国民民主党の榛葉賀津也幹事長などを紹介されたこともあった。

青木や輿石らが三カ月に一度開いている会合の場に、石井はいつも参加させてもらっている。

青木も輿石も、よく口にする言葉がある。

「石井君、誰でも最初は顔を合わせることが肝心だ。その次は、お互いの言い分を探りあい、肚《はら》を合わせる。引退してからも、お互いの信頼関係で良い時間を共有し、心合わせできる人間関係をつくれるかどうかが大事なんだ」


参議院幹事長や参議院国対委員長などを歴任した吉田博美は、令和元年四月二十三日にその年七月の参院選への不出馬を表明し、政界引退を表明した。吉田は、精密検査をおこなった結果、手術を要する脳腫《のうしゅ》瘍《よう》を患っていたことがわかったのだ。

石井は、吉田が入院したのちも、よく連絡を受けた。ときにはメールがくることもあった。

「おれは長野県議会で議長もやったけれど、長野県議会で自分の後継者を作らなかったことを後悔している。だから、参議院でお前に出会えてよかった。お前はおれの後継者だから、おれ以上に活躍することを期待しているからな」

吉田は令和元年十月二十六日に呼吸不全で亡くなるが、その直前まで、石井に目をかけてくれた。

「人間、最後は健康が第一だからな」

石井は、病床の吉田からそう言われて、思った。

〈入院している人に身体の心配までされるなんて、なんてありがたいことなんだろう〉

吉田はよく言っていた。

「現在の自民党の衆参を見てみろ。安倍総理には菅さんという良い女房役がいる、二階さんには林幹雄っていう良い黒子がいる、おれにはお前がいる。おれにもお前がいた。お前が委員会で大事な法案を全部仕上げてくれるから、結果的におれが評価されたんだ」

吉田は、どんなことでも石井の手柄にしてくれた。

石井は、吉田の死去後、自分の政治家としてのやりがいを失ったような気持ちになったという。それだけ石井にとって、吉田という政治家の存在は大きいものであった。

吉田は、亡くなる前に言っていた。

「準ちゃん、派閥を大きくして青木《あおき》一彦《かずひこ》に引き渡せ。おれたちはみんなオヤジ（青木幹雄）に政治家として育ててもらったんだ。一人でも多く、派閥のメンバーを増やして、一彦にやってもらえ。おれの遺言だと思ってくれ」

吉田は、青木幹雄元参議院議員会長の息子で、平成二十二年から参議院議員を務める青木一彦に期待をしているようであった。

吉田からはもう一つの遺言も託されている。

「いいか。青木幹雄先生が砂防会館に事務所を構えている間は、親だと思って最後まで従え。参議院平成研にとって、父親が青木幹雄、母親が尾辻秀久《おつじひでひさ》、この二人を両親だと思って、最後まで支えるんだ」

石井は、亡くなった吉田博美の教えを胸に秘め、今後も、参議院竹下派の伝統を守っていこうと決心している。

石井が参議院議員に初当選したとき、青木幹雄は自民党の参議院議員会長であった。石井は吉田だけでなく、青木からも多くの薫陶を受けた。

今でも石井にとって青木は仰ぎ見る存在だ。参議院竹下派には「青木先生が招集をかけたときは、身内の不幸ごと以外は必ず出席しろ」との教えが徹底されている。

青木は、平成二十二年に引退し、息子の青木一彦に議席を譲ったが、竹下亘とともに砂防会館に事務所を構えて、健在だ。

八七歳と高齢だが健康で、週に三回ほどは事務所に出てきて、元気に活動しているという。

石井は、吉田博美に代わり、毎週水曜日には欠かさず青木のもとに足繁く通っている。

青木のもとには、石井だけでなく、多くの政界関係者が現在もマメに足を運んでいる。

青木の早稲田大学雄弁会での後輩にあたる森喜朗元総理をはじめ、竹下派に所属する加藤勝信官房長官や、青木と同じく砂防会館に事務所を構える二階俊博自民党幹事長や、古賀誠元幹事長も顔を見せる。

現役の官僚では、財務省の前事務次官である太田充《おおたみつる》も、島根県松江市出身という縁もあり、頻繁《ひんぱん》に青木のもとに足を運ぶという。

青木幹雄

青木の日程表を見ると、三〇分おきに会談相手の要人の名前がズラリと並んでいる。

石井は、青木からもさまざまな教えを受けた。青木もよく言っていた。

「とにかく参議院はハウスでやれ。野党の言い分は七割は聞いてやれ。ただし、三割の柱は崩すな。枝葉がついても柱は崩すな。原理原則的にこちらが正しいことでも、相手の言い分をなるべく聞いて、間違っていても飲みこむくらいの気持ちでとことん話し合え」

平成二十八年自民党総裁選での石破善戦の背景

平成二十八年の自民党総裁選では、平成研究会は額賀《ぬかが》福志郎《ふくしろう》や茂木敏充ら衆議院議員のほとんどは現職の安倍晋三の支援にまわった。

そのいっぽうで、参議院議員と竹下亘や小渕優子ら一部の衆議院議員は石破茂の支援にまわった。

吉田博美は、この総裁選で、現職の安倍総理に仁義を切っている。石井も、吉田に同行し、安倍総理のもとに一緒に足を運んだ。

吉田は安倍総理に言った。

「これまで安倍政権を支えてきましたが、オヤジ（青木幹雄）がこっちだって言ったら、そっちをやるしかありません。オヤジを裏切ったら、一生人を裏切る人間と見られますから。心情的には安倍総理を支持したい気持ちはありますが、わたしにはできません。総裁選が終わったら今まで以上に政権を支えますから、理解はできなくてもご承知おきください」

吉田はそう言って安倍に頭を下げていた。

吉田は一度支援すると決めた以上、石破の支援を全力でおこなった。

石井にもよく言っていた。

「応援するからには、みっともない結果にはできない。石破は党員票では善戦するだろう。問題は国会議員票だ。誰を説得したか、いちいち俺に言う必要はないから、一日一人ずつ説得してこい」

石井は、吉田の指示に従い、議員票獲得のために懸命に動いた。

その結果、石破は、党員票で四五％近くの得票をし、さらに議員票でも当初の予想を大きく上回る七三票を獲得した。

石破派と石破支持の竹下派の議員数を合計しても五〇票にも満たないなかで、基礎票を大きく上回る得票となった。

令和二年九月の自民党総裁選では、平成研究会は、衆参ともに菅義偉を推した。

この総裁選には石破も出馬したが、平成研究会は石破の支援には動かなかった。

石破は、前回の総裁選後、支援を受けた参議院竹下派との関係をさらに強化しようとはしなかった。

石井によると、石破は、あれほど総裁選でお世話になっていながら、青木幹雄の元に総裁選後、一度も挨拶に来なかったという。

今回の総裁選では、参議院竹下派からは、石破と地域的に縁のある青木一彦と舞立昇治《まいたちしょうじ》、三浦靖《みうらやすし》の三人が石破支持にまわっただけで、他はみんな菅義偉を支持した。

そもそも青木幹雄自身が、今回の総裁選に石破が出馬することに反対していた。

「今回は、やるべきじゃない。もし出たら、石破の派閥もおかしくなる」

青木は周囲にそう言っていた。

実際、この総裁選で敗北したのち、石破派は石破本人が会長を辞任、さらに伊藤達也《いとうたつや》が退会、山本有二が休会するなど、派閥の雲行きが怪しくなっている。

「国民投票法改正案」参院での可決・成立

令和三年六月十一日、憲法改正の手続きを定める国民投票法改正案が、参院本会議で自民党、公明党、立憲民主党などの賛成多数で可決、成立した。

改正案は、一般選挙の手続きを定める公職選挙法の規定に合わせるもので、駅の構内やショッピングセンターなど大型商業施設に共通投票所を設置できることや、投票所に入場できる子供の対象年齢を広げるなど主に七項目が柱となる。

この改正案は、第二次安倍政権下の平成三十年六月に提出されたが、野党が安倍政権のもとで改憲への環境が整うことを懸念したこともあり、これまで八国会にわたって継続審議となっていた。

石井準一は、参議院憲法審査会で、林芳正会長のもとで筆頭幹事を務めている。

憲法で二院制が定められている以上、憲法改正の法案を発議する場合は、憲法審査会で半数以上の賛成を得たうえで、本会議で三分の二の賛成を得なければいけない。この条件を達成するのは、かなり難しい。

石井自身、筆頭幹事を務めて、その難しさを痛感した。

「衆議院を見ればわかりますが、憲法改正に前のめりな人が取りまとめ役をやると審査会が動かなくなる。先日、ようやく、三年八国会にわたって、継続になった憲法改正国民投票法案が可決できましたが、ホッとしているところです」

石井は、筆頭幹事として国民投票法案の成立に向けて、取りまとめに動いた。

野党の意向を七割ほど受け入れて、自民党が歩み寄ることで成立した。

参考人も四人呼ぶときは、普通は与党と野党で二人ずつだが、与党一、野党三で呼ぶようにした。さらに、質疑時間も野党側に譲るようにした。

石井自身、各会派の関係者のもとをこまめにまわり、調整に汗をかいた。

何か頼みごとがあれば、石井は些細《ささい》なことでも自ら相手のもとに足を運び、直接頼むようにしている。

どんな小さいことでも、そのことが信頼関係を生み、今後につながってくる。

「汗をかかないと成果は出ない」

長年、与党の一員として法案の成立や、円滑な国会審議のために尽力し続けてきた青木幹雄や吉田博美から受け継がれた教えを石井は現在も自ら体現している。


憲法改正の国民投票の利便性を高める国民投票法改正案は、安倍政権下の平成三十年六月に提出されたが、三年八国会にわたって、立憲民主党の妨害でまったく進めることができなかった。

さらに立憲は、国民投票で改憲案への賛否を呼びかける運動でのコマーシャルやインターネットの規制などについて「施行後三年を目途《めど》に必要な法制上の措置その他の措置を講ずる」との修正案を提示した。

令和三年五月六日、日本維新の会の馬場伸幸幹事長は国民投票法改正案に関わる立憲民主党修正案について、二階俊博自由民主党幹事長に「改正案の速やかな成立」「立憲民主党の修正案三年条項に強く反対」「立憲民主党の修正案を可決するならば追加修正をすること」の三項目の申し入れをした。

維新は、教育無償化、統治機構改革、憲法裁判所設置の三項目の憲法改正項目も作成している。

「教育無償化」は、幼児期の教育から高等教育に至るまで無償とし、国民の教育を受ける権利に関し、経済的理由によってその機会を奪われない旨を明確にするものである。

「統治機構改革」は維新にとって一丁目一番地の改革である。地方自治の章の全面改正をし、新たな日本国家をつくりあげる基礎とする考えである。

「憲法裁判所設置」は、法令または処分その他の行為が憲法に適合するかしないかを決定する権限を有する第一審にして終審の裁判所とするものである。憲法裁判所の判決において憲法に適合しないとされた法令または処分その他の行為は、当該判決により定められた日に、効力を失うと定めたものである。

自民党の掲げる四項目とかぶっているのは、「教育無償化」のみであり、あとは維新独自の改正案となっている。

国民投票法改正案は令和三年六月十一日にようやく可決、成立した。が、立憲の妨害により三年を空費したあげく、その修正案によりさらに三年は憲法本体の議論ができない状況に陥ってしまった。

日本維新の会の馬場伸幸幹事長は思った。

〈自民党が受け身になっている間は、憲法改正が進むことはないだろう〉

馬場は思った。

〈安倍総理の進めてきた安保法制は、感情的、気分的なものだろう〉

共産党が憲法審査会の審議自体に反対している理由は、「憲法改正につながるから」である。特に今は立憲民主党と共闘する態勢を強めていることから、共産党は憲法審査会を妨害する明確な立ち位置を示している。

安保法制は大阪都構想と同様、国民が「やるのはいいけど、国民に何の得があるのか」と考えることが問題だった。一番通りやすいのは教育無償化であり、そこから手をつけるのが最上策であろう。が、今度はマスコミも加わって「そんなことをしたら、憲法改正が『お試し改憲』になってしまう」と強く反発する。

が、馬場は思う。

〈国民の権利である国民投票が戦後一度も実施されないのは問題だ。やはりここで国民投票を実施し、その後は二、三年に一度は投票できるレールを敷いていこう〉

令和三年六月、京都市は、新型コロナの感染拡大に伴う税収の落ち込みなどで、このままでは令和六年度にも基金が枯渇し国の管理下で財政再建を目指す「財政再生団体」になるとして、今後五年間に職員を五五〇〇人以上削減し、給与の一部カットを進めるなどとした行財政改革の計画案をまとめた。

日本維新の会の馬場伸幸幹事長からみれば、京都市の対応は遅きに失したとしか言いようがなかった。

〈これは京都市に限った問題ではない。コロナ禍に見舞われている今、現状の行政の仕組みのままでいけば、地方自治体の財政は枯渇してしまう〉

維新は先見の明で一〇年先、二〇年先を見据え、これまでずっと有権者に受け入れ難いこと、耳障りの悪いこともしっかり伝え、危機意識を持ってもらおうと努めてきた。これは政治家としての使命だった。

自民党は抜本的改革をおこなえる立場にいながら、しがらみから脱却できず、抜本的な大改革には手をつけられずにいる。

馬場は確信していた。

〈地方崩壊は、自民党が政権維持のため対症療法と先送りを繰り返したことが原因で起こったのだ〉

本当は、もっと早い段階で根本的な治療をすべきだった。が、自民党は薬を塗ったり、絆創膏《ばんそうこう》を貼ったりするだけで、知らんふりを続けた。そのため治る病気も治らずに、悪化の一途を辿《たど》っていった。

地方の子供たちは成長するとみんな都会に出てしまうが、その流れを政策的に止められなかったツケがいま回ってきている。ツケは少子高齢化などさまざまな分野に波及し、日本を全身癌《がん》のように蝕《むしば》んでいる。

自民党は、権限もノウハウも兼ね備えたオールジャパンの全国政党である。いっぽう日本維新の会が大阪で実行してきたことは、中央から見ればほんの些細なことだろう。それでも馬場伸幸幹事長は、自民党が不可能なこと、菅総理がやりたくてもできないことを代わりにおこなっているという自負があった。

菅総理から見れば、身動き取れないジレンマの中で、日本維新の会のやり方を爽快だと見てくれていると感じる。

「不妊治療に保険適用を」との政策は、馬場が地方議員だったころからずっと取り組んできた課題である。

その結果、保険適用がなければ個人や一自治体で費用を賄いきれないとの結論に行き着いた。

菅もまた代議士秘書と地方議員を経てきているので、問題意識の捉え方は鋭かった。「携帯電話料金はなぜこんなに高いのか」という問題は全国民の不満であるが、これまで真正面から切り込む政治家はいなかった。菅総理も下積み時代に、一つひとつの問題に向き合ってきたからこそ、見て見ぬふりはできなかったのだろう。

秘書や地方議員をしていると、目の前にある問題解決能力はどんどん磨かれていく。ただし「日本をどのような国にしたいか」といった大きな理念、国家観のようなものは弱点となる。菅や馬場のような現場あがりの人間は、日本全体を俯瞰《ふかん》する能力を育てるチャンスが少なかった。が、菅は総理に就いたばかりであり、馬場もまだ若い。これからが勝負である。

日本維新の会vs立憲民主党反目の内実

令和三年四月十六日、馬場は「従軍慰安婦」と「強制連行」の表現に関する質問主意書を提出した。

これに対し、政府は四月二十七日の閣議で、慰安婦問題に関して「従軍慰安婦」との表現は適切でなく、単に「慰安婦」という用語を用いるのが適切だとする答弁書を決定した。先の大戦中におこなわれた朝鮮半島から日本本土への労働者動員について「強制連行」との表現が不適切だとする答弁書も決めた。

馬場は、歴史の方向に変化を与える答弁が返ってきたことに安堵《あんど》した。

〈しかしこれは、本来なら自民党内部でやるべき内容だろう〉

それでも日本維新の会の「国家をよくしたい。明るい未来を切り拓きたい」という願いが通じたように思えた。

菅総理が一生懸命なのは、傍《はた》で見ていてもよくわかった。が、日本維新の会の馬場伸幸幹事長は、「菅総理に菅官房長官なし」と言われているのを聞いて思った。

〈確かに菅総理には、目配り気配りを怠らず、土俵をならすような人材がいない〉

加藤勝信官房長官、坂井学官房副長官、岡田《おかだ》直樹《なおき》官房副長官などをみても、官房長官時代の菅義偉と比べてやはり弱い。

森山裕は歴代最長の国対委員長となったものの、国会対策委員のメンバーは馬場が呆れるほど情報を持っておらず、その穴埋めをする人材もいなかった。

その中で、菅総理の頑張りだけが空回りしているように見える。馬場は、そんな菅総理が気の毒に思えてならなかった。


もし、自民党の中から変な総理が誕生してしまえば、国は一気に悪い方向へ倒れてしまう。菅義偉総理なら、安心して国を任せられる。日本維新の会の馬場伸幸幹事長にとって、菅総理は信頼の置ける存在である。

馬場は、同じ幹事長同士ということもあって、自民党の二階俊博とも付き合いは深かった。加えて、二人にはほかにも共通点があった。

馬場は自民党参議院議員の中山太郎の秘書時代と、堺市議会議員時代は自民党に所属していたが、離党して大阪維新の会の結党に参加した経緯がある。二階もまた一度自民党を離れ、復党したことがある。だから二階は、馬場の気持ちが理解できるのだろう。いろいろと可愛がってもらっている。

実務的なことは、二階の代わりに林幹雄幹事長代理が動いている。林も日本維新の会に対して好意的で、令和元年に開催されたＧ20大阪サミットや、令和七年に大阪で開催予定の日本国際博覧会などにからむ願い事などをいろいろ聞いてもらっている。

日本維新の会にとって、眼下の最大の敵は立憲民主党である。支持層はほとんどかぶっていないのに、維新が立憲を敵認定しているのには理由がある。

維新の支持層は、国や地方の財政、外交・安全保障、教育、少子化から科学技術、エネルギー、環境問題まで、日本のありとあらゆる状況に危機感を抱いていた。その中で、維新に「日本を良い方向へ牽引するため頑張ってほしい」「改革をぜひ実現してほしい」と希望を託してくれている。

いっぽう立憲は、連合など一部の組織や団体に支えられている政党である。失敗した民主党政権時の閣僚たちがいまだに中枢を占めていること、「政府の揚げ足取りだけで対案を出さない政党」との認識が有権者に定着したことから支持率は三％前後で低迷。

ところが当人たちは、のほほんとしていても野党第一党でいられるという怠慢な意識で、好き勝手を繰り返している。

馬場は、国会での長年の活動を通してつくづく思った。

〈立憲民主党ほど、日本に不要な政党はない〉

立憲民主党がいくら自民党を攻めても、有権者は言いがかりや脅しのようなやり方にすっかり嫌気がさしている。

安倍総理が退陣後もモリカケ、サクラを繰り返した。

国民がさほど興味のない日本学術会議の任命問題などをダラダラと繰り返している。

つまり与党を攻めるネタもなく、自分たちのことを棚に上げた攻撃は「ブーメラン」と揶揄《やゆ》されるようになった。

馬場は思った。

〈ほんま、立憲ってセンスないな〉

自民党の支持率が下がるのは、金銭問題など国民も身近に感じられる悪い話が出たときである。立憲があのやり方を変えない限り、一定数以上の支持が集まることはない。それでも組織がついている政党が、選挙に強いのは確かだった。令和三年秋までにおこなわれる衆院選で立憲を潰《つぶ》せればよいが、維新の票が眠っている無党派層や無関心層にアピールするのは容易なことではなかった。

もともと小選挙区制導入の大義は、日本を二大政党にすることだった。が、その結果は、野党がバラバラに割れて弱い政党が乱立し、国民からノーを突きつけられた候補者が比例復活させる悪い面ばかりが浮き彫りとなった。

日本維新の会もまた弱い政党の一つであるが、少なくとも「自民党と対峙《たいじ》できる政党をつくることが日本国民のためになる」という志がある。

馬場は思った。

〈五五年体制のような茶番劇の国会を繰り返すのではなく、政府与党側のA案と、野党が出すB案を議論して戦い合わすような体制にすべきだ〉

国会改革をし、政策案をぶつけ合ってより良い政策を実現する。議論の中で新たなC案が誕生する可能性もある。何事も是々非々で、本当に良い政策であれば野党もいっしょに協力して練り上げる。そのような体制にならなければ、日本維新の会が掲げる大改革は実現しない。

日本維新の会では、東京都議選に一三人の候補者を擁立した。

ただし、今のような厳しい時代は特に、維新側が「ぜひ出てほしい」と思う人は集まりにくい。もちろん、維新の志に惚れ込んで名乗りを上げてくれる人もいる。が、喜んで手を挙げる人の多くは「なぜこの

枝野幸男

人が？」と首を捻《ひね》りたくなるような人物ばかりだった。

やはり良い素材だと思う人は、真っ先に自民党へ行ってしまう。当選できるか否かを第一に考える人は立憲民主党へ行く。そして立憲からも断られるような人がボチボチ検討するのが維新という、笑えない現実もあった。

日本維新の会は、都議選の公約として二兆円規模の財政出動で経済対策をおこなう「東京版レスキュープラン」を発表した。東京都の現有資産約二八兆円の一割を活用し、持続化給付金と家賃支援給付金の再給付、臨時児童手当と授業料補助、買い物で得られるキャッシュレスポイント還元の実施などをおこなう。意外なほど評判がよく、マスコミも取り上げてくれた。維新に対抗するつもりなのか、その後、自民党も「個人都民税の二〇％減税」などと言い始めた。

都民ファーストは、小池百合子が特別顧問となり距離を置いたときから存在感を失った。小池は「午後八時以降消灯」要請などコロナ対策でも迷走し、都民ファーストに「オリンピックは延期か中止」と言わせるなど、評判を落とすことを繰り返した。それでも選挙には強く、キャッチフレーズを考えたりタイミングを見計らうことに長《た》けている。

立憲民主党は「五輪中止」とキッパリ言い切った。が、オリンピックが近づくにつれ、その意見はぐらついてきた。

立憲民主党の枝野《えだの》幸男《ゆきお》代表は、六月五日の日本テレビ系「ウェークアップ」にリモート出演した。その中で出演者の一人が枝野に尋ねた。

「立憲民主党は、オリンピック開催には、一切協力しないということですか？」

枝野が答えた。

「いえ、そんなことはありません。わたしは開催できればしたい、と繰り返し申し上げています。現状でもまだ、できる可能性はあるんじゃないかと期待はしていています」

共産党もまた五輪開催に反対である。が、実際のところ本気で開催反対と思っている人はあまりいなかった。特に都民は利害関係者も多く、地元開催の誇りもあり、中止よりは開催の喜びを味わいたいと思っている。そのため、「条件付き賛成」とした日本維新の会は、有利に都議選を戦える材料を手にした。

ただし、都議選の結果は、日本維新の会は一議席であった。

自民党は第一党になったものの、三三議席にとどまり、選挙前は苦戦が予想されていた都民ファーストの会は、三一議席を獲得し、健闘した。

小池都知事のしたたかさが光った。

日本維新の会のベーシックインカム導入プラン

サラリーマンの収入がほとんど伸びない中、社会保険料や消費税、所得税などさまざまな税金が上がり国民負担率は高まっている。国民負担率が上がれば手元に残る可処分所得が減るため、給料は変わらなくても減収となってしまう。このような状態が二〇年以上続く中、国民は気力を失い、つつましい生活を余儀なくされている。

日本維新の会の馬場伸幸幹事長は改めて思った。

〈政治とは、国民の皆さんに夢や希望を持っていただくことだ〉

日本維新の会では、党内の社会保障プロジェクトチームがベーシックインカムを含めた「税と社会保障と労働市場の三位一体改革」について議論を重ねてきた。政策パッケージのタイトルは、昭和三十五年に池田勇人内閣が策定した「所得倍増計画」にちなんで「新所得倍増計画〜可処分所得の倍増に向けて」とした。池田が所得倍増計画を発表した時、周囲の反応は冷たく「馬鹿じゃないか」と言われた。斬新な改革が出たときの反応は、そんなものである。

　これをさらに練り上げたのが、令和三年五月十七日に発表した税制改革、社会保障改革、成長戦略の三つの柱から成る「日本大改革プラン〜経済成長と格差解消を実現するグレートリセット」である。

　三つの柱は、アベノミクス三本の矢とまったく同じである。ところが今振り返ってみると、アベノミクスが掲げた「税と社会保障の一体改革」は、消費税を上げるためだけの方便でしかなかった。その方便を信じた国民は、自分たちの社会保障や年金・医療・介護制度などが未来永劫守られると信じたからこそ、自民党に投票した。

　ところが令和三年六月四日の参院本会議で、一定の所得がある七五歳以上の後期高齢者の医療費窓口負担を一割から二割に引き上げる医療制度改革関連法が自民・公明両党などの賛成多数で可決、成立した。高齢者に収入に応じた支払いを求めて現役世代の負担を抑制する狙いだが、計算してみると現役世代が軽減される金額は月額六〇円、年間わずか七〇〇円である。これで喜ぶ若者はおらず、年寄りは高い負担率に苦しむことになってしまう。

　馬場は思う。

〈医療保険も国民年金も、人口が右肩上がりに増えて税収が上がる前提の制度だ。現実は人口が減少しているのだから、うまくいくはずがない〉

　そこで日本維新の会の政策は、一階部分の基礎年金を全廃。所得税はフラットタックスに近い形で七〇〇万円までは一律で一〇%、七〇〇万円を超えると二〇%とする。すると現制度よりも手取りが減る計算となるが、ベーシックインカム導入により最低所得保障をして全国民の生活を底上げする考えである。

　金額は年齢や収入にかかわらず、一律一人六万円。四人家族なら毎月二四万円となり、高齢者はさらに一人当たり一万円から二万円が上乗せされる。

ベーシックインカムを導入するには、毎年一〇〇兆円が必要となる。そこで日本維新の会が注目したのが税制の枠組みを根本から変えることだった。現状では消費税、所得税、法人税などフローにばかり課税をしてきた。これを収益の上がる固定資産への適正な課税等ストックへ課税対象を組み変えるのである。

当然、企業や富裕層にもしっかり課税する。日本の所得税は、所得が高くなるほど税率も高くなる累進課税になっている。ところが、さまざまな控除があるため実質税率は下がる。逆に、低収入層には縁のない株式の売却益や配当金などにかかる所得税は、金額にかかわらず一律二〇％。富裕層に優しい税制となっている。

ストックや富裕層に課税することで、フローへの課税を低く抑えても十分に税収が見込める。また将来的には金融資産に税金をかけ、長期間貯めているお金に税金をかける仕組みも考えている。

こうした税制改革により生み出される税収入は年三〇兆円。これに年金や生活保護、児童扶養手当などの撤廃により三十兆円。さらに行財政改革によるスクラップアンドビルド等で生まれる財源が三〇兆円。合わせて九〇兆円になる。残りの一〇兆円は、規制緩和により成長産業を生み出し、国民の可処分所得を増やすことで消費活動を活発化させ、経済成長を図り税収増となった分を充てれば百兆円を超える。こうした政策はむろん、日本維新の会の専門チームによる税制の細かな計算に基づいている。

日本維新の会の馬場伸幸幹事長から見ても、今の与党と、野党第一党である立憲民主党は比ぶべくもなかった。国会活動も政策も与党側に完全に軍配が上がっており、立憲は単なる弱小政党にすぎない。国民の「立憲に政権を任せたら大変なことになる」という危機感が、今後期待に変わる可能性は極めて低かった。

少なくとも日本維新の会には、立憲民主党のような「民主党政権時代の大失敗」のイメージはない。同じ野党でも維新と立憲ではまったく方向性が異なっており、維新は「改革保守」を標榜《ひょうぼう》している。馬場は思う。

〈自民党の中にも、維新と同じ改革保守の精神を持った人がいるはずだ〉

が、自民党が規制緩和を断行する可能性は極めて低く、それが支持者を減らす大きなマイナスポイントとなっている。そこで維新の出番となる。

馬場は、令和三年秋までにおこなわれる衆院選が終わったあと、日本大改革プランを国会で提案して議論を挑む準備を進めている。国民がその政策案を聞いて「維新の言うことは正しい」と思ってもらえるよう、地道に議論を積み重ねていくつもりである。

維新の菅政権への好意の核心

日本維新の会は、将来的に自民党との連立政権も視野に入れている。が、自民党にまだ余力のある時期に連立を組んでも、維新はそのまま吸収されるのは目に見えている。維新の目的は政権与党につくことではなく、あくまでも大改革の推進である。やはり維新は維新で議席を増やしていくしかなかった。

また維新は、「この政策は絶対に実現させてもらう」との要求に自民党が応じなければ、連立政権を組むつもりはなかった。無茶な要求をするつもりは毛頭なく、ワンイシューかツーイシューの確約で構わない。ただし、日本維新の会の成り立ちを考えれば、地方分権と統治機構を変えることが重要なファクターとなる。消費税はすべて地方の財源とし、地方交付税は廃止、地域ブロックごとに財政調整をして権限と財源を地方に渡す。日本維新の会の馬場仲幸幹事長は、いわば全身が癌に侵されている日本には、そのくらいの改革が必要だと思っている。

令和三年秋までにおこなわれる衆院選で、日本維新の会は最終的に全国に七〇人ほどの候補者を擁立する予定である。維新の支持層が期待できるのは都市部のみ。関西だけの維新ではなく全国区になるためには東京にどれだけ食い込めるかが鍵となる。

六月初旬で、東京維新の会の藤川晋之助事務局長の働きにより、東京の選挙区の半分、約一五人が候補者となるめどが立った。

日本維新の会の見立てでは、東京の各選挙区と各関東ブロック合わせて七、八人の当選が期待されている。現状は南関東選出の串田誠一の一人きりなので、確実視されている三議席だけでも関東圏での多大なアピールになるはずである。また近畿でも二五人前後の候補者が決まっており、うまくいけば全国で当選者は一七、八人となる可能性もある。

ただし、二一人いなければ衆院に法案を提出できない。法案を出せるか否かで党の影響力は格段に変わるので、最低目標は二一人とした。

都議選は候補者が多いため票が割れ、衆院選は集約されるという大きな違いがある。それぞれに難しさがあった。

馬場は思う。

〈ここで橋下さんが戻ってこられたら、手を上げる人が二〇〇人は出てくるのだが……〉

橋下徹

平成二十四年十二月の衆院選で、日本維新の会は石原慎太郎前東京都知事をはじめ、五四人の当選者を輩出した。当選者は多かったが、ごった煮状態でいまひとつ足並みが揃うことはなかった。それでも当時と同じくらいの当選者が出れば、政権を狙える体制が整う。

橋下徹は、細かなことに関わるのがあまり好きなタイプではない。ピッチャーにたとえると、豪速球である。カーブやフォークを投げない潔さが人気なのだが、やはり変化球を投げる人間を横に置いておく必要がある。

安倍内閣時代の橋下徹は言っていた。

「安倍さんは頑張っていて合格点を渡せる。今は安倍さんに頑張ってもらえばいい。自分がしゃしゃり出て行く必要はない」

が、安倍総理は大事を取って二度目の辞任をし、菅政権にバトンタッチした。菅総理は頑張っているものの、日本は危機的状況にどんどん追いやられている。

日本維新の会の馬場伸幸幹事長は、テレビのコメンテーターとして政治について語る橋下の表情を見ながら思った。

〈橋下さん、最近は「面白くない」という表情を見せるようになった。さては「現場に戻りたい」と思い始めたのではないか……〉

テレビでいくら政治について語っても、何も変わらない。馬場は橋下のことを「本当のピンチのときに現われるウルトラマン」のようなものと思っている。いよいよ日本が危ないとなれば、もう人任せにはできない。馬場は、いずれ橋下が政界復帰するのではないか、と期待していた。

が、橋下徹が政界に戻ってくるということは、イコール日本のピンチである。馬場は思う。

〈大ピンチのときに、エスタブリッシュメントは役に立たない。われわれ維新のような非エスタブリッシュメントが登場し、大改革の大鉈《おおなた》を振るわなければならない〉

そうした意味で、橋下徹は日本に必要な人材であった。かつて郵政改革の時に小泉フィーバーが起こったように、国民はカリスマ性のある代表が発するワンフレーズに弱い。今はジェンダー平等がクローズアップされているが、石井《いしい》苗子《みつこ》に維新の顔が務まるようになるまでには、まだ時間がかかる。

菅政権のコロナ対応、ワクチン対応について批判的な意見は多かった。が、日本維新の会の馬場幹事長によると、手探りでやっていくしかない以上、あとから文句だけ言うのは卑劣なことである。

実際、エンジンがかかるのは遅かったものの、ワクチンの摂取スピードは驚異的で不可能と言われた「一日一〇〇万人」を六月初旬で達成した。成果が表面に出てきてからは、国民の多くがホッとした雰囲気に変わってきた。さらにオリンピックが成功すれば、菅内閣の支持率は一気に高まるだろう。

コロナ禍での政権運営は困難の連続だったろう。が、いっぽうで「得をしている」という意見もある。安倍前総理が長期政権下で頑張ってくれたおかげで、残っているのは難問題ばかりとなった。それがコロナ対応のみで支持率が上がるのなら、悪い面ばかりではないとの結果になるだろう。

第10章　長年の懸案

北朝鮮との外交にどう向かうか

拉致《らち》問題の解決なくして、北朝鮮との国交正常化はあり得ない。

日本政府は、「対話」「抑止」「制裁」の三枚のカードを持っている。が、これまで日本は制裁カードだけを切っていたため、北朝鮮は反発を続けた。日本側は拉致問題解決に向けた条件すら出さず、ただ制裁カードだけを切っていれば、いずれ北朝鮮も音《ね》を上げるとみていた。

なかなか解決に向かわない中、日本政府は、日本、北朝鮮二国間の問題である拉致問題を、三カ国協議、六カ国協議、国連安全保障理事会などに挙げた。第三国の協力があれば心強いのは確かだが、その思惑や価値観が日本側と同じだとは限らない。

たとえば国連安保理事会では、拉致問題よりも北朝鮮の非核化が最優先であり、長距離ミサイル問題解決が優先である。国連にとって拉致は二の次、三の次だった。

そこで安倍晋三総理は令和元年（二〇一九年）九月二十四日、国連総会における総理大臣一般討論演説で、「何よりも重要な拉致問題の解決に向けて、わたし自身が、条件を付けずに、金正恩《キムジョンウン》委員長と向き合う決意だ」と提案した。が、金正恩総書記からはなんの反応も得られなかった。

金正恩

そして令和二年十月二十六日、菅内閣総理大臣所信表明演説で、菅総理もまた述べた。

「拉致問題は、引き続き、政権の最重要課題です。すべての拉致被害者の一日も早い帰国実現に向け、全力を尽くします。わたし自身、条件を付けずに金正恩委員長と直接向き合う決意です」

さらに令和三年一月十八日の菅義偉総理の施政方針演説で「政権の最重要課題である拉致問題について、わたくし自らが先頭に立ち、全力を尽くす」と決意を新たに述べた。

衛藤征士郎が会長を務める超党派の「日朝国交正常化推進議員連盟」は、菅総理の拉致問題に関する声明を受け、令和三年四月八日に国会内で総会を開いた。

「日朝の諸懸案の解決と日朝国交化を推進する決議」では、拉致問題をめぐって、北朝鮮との外交交渉が困難に直面していると指摘したうえで、「拉致被害者全員の即時帰国を求める議員外交を積極的かつ果敢に展開する」と強調した。

菅義偉総理は、先の国会における所信表明演説ならびに今国会の施政方針演説で「条件をつけずに金正恩委員長（総書記）と向き合って拉致問題解決に全力を尽くす」旨、宣明した。

「われわれは国権の最高機関である国会の議員として、総理の決意を全面的に支援する。拉致問題の解決こそ、日朝国交正常化のさきがけであることを確信している。われわれはここに改めて、日朝間の諸懸案の解決と、拉致被害者全員の即時帰国を求める議員外交を積極的かつ果敢に展開する」などとした。

アメリカにとっては非核化問題が最優先であるが、超党派議連は拉致問題を最優先とし、この解決のために「訪朝の用意がある」と踏み込んだ意義は大きかった。

議連では、朝鮮総連にも連絡を取った。

「われわれは『日朝間の諸懸案の解決と日朝国交化を推進する決議』を出し

た。本国にそう伝えるように」

安倍政権下では「二元外交になる」ということで、議連の活動に待ったがかかっていた。が、政権が変わったことで菅総理と足並みを揃えることができた。

そして令和三年四月十六日、日米首脳会談で、菅政権が拉致問題解決に熱心に取り組んでいることをアメリカ側に伝えた。バイデン政権が重視する人権問題のなかの一つに、拉致問題が位置づけられ、会談に同席したアメリカのブリンケン国務長官らは拉致問題解決を願う「ブルーリボン」バッジを付けてくれた。

日朝国交正常化推進議員連盟の会長は衛藤征士郎、各党代表として自民党幹事長の二階俊博、公明党幹事長の石井啓一《いしいけいいち》、立憲民主党幹事長の福山哲郎、国民民主党代表の玉木雄一郎、日本維新の会幹事長の馬場伸幸、日本共産党常任幹部会委員の笠井亮《かさいあきら》、社会民主党党首の福島《ふくしま》みずほら三四人で構成されている。

与党だけでなく、すべての政党が議連に参加したことは、今まで一度たりともなかった。国を挙げて拉致問題解決に向かう。この体制を整え、各党幹事長クラスを役員にしたことで、真に意味ある議連になった。

昭和四十年（一九六五年）に日本は韓国と日韓基本条約、日韓経済請求権協定を結び、それに基づいて国交を結んだ。が、朝鮮半島の三八度線から北は何も変わっていない。

日朝国交正常化推進議員連盟の衛藤征士郎会長は思う。

〈過去の清算もしなければならない。韓国に対しては五億ドルを融資しました。北も五億ドルは出せるだろう。北は当然、国交正常化したら韓国と同様の要求をする権利を持っているだろう〉

与党のやろうとしていることに今、野党も同意している。だからこそ、こうした決議に至った。菅政権の外政で拉致問題の解決、日朝国交正常化、日米同盟の強化。そして内政では最低賃金一元化を核としてスガノミクス。衛藤征士郎をリーダーとする最低賃金一元化推進議員連盟、日朝国交正常化推進議員連盟の参加議員全員が、真剣に問題解決に向けて日々精進している。

なお、令和三年七月、一年遅れの東京オリンピックが開催された。北朝鮮は不参加であったが、その理由は単純である。「北朝鮮はコロナ罹患《りかん》者など一人もいない」と宣言しているため、日本の検査でもし陽性反応が出たら大変なことになるからだった。


二階派の平沢勝栄復興大臣は、二階の外交についても語る。

「世間では中国と親しいと誤解されているが、今みたいなときだからこそ、日本にも中国とのしっかりしたパイプがないと困る。わたしは二階幹事長が中国とパイプを持っていることは日本にも中国にも非常に良いことだと思う」

世間には、二階ならではの外交を期待する声もある。

そのなかには、北朝鮮との外交のために、二階が訪朝してはどうか、という意見もある。

もし二階が訪朝した場合、二階と関係がある中国も韓国も、表立っては反対しないだろう。

また、二階自身、これまで北朝鮮を刺激するような発言を特にしていない。

二階の訪朝が実現すれば、北朝鮮の金正恩委員長も、拉致被害者の問題についても話に乗ってくる可能性は十分にありえるだろうというのだ。

地方創生の起爆剤になるか「最低賃金一元化」

平成三十一年（二〇一九年）二月七日、自民党内に「最低賃金一元化推進議員連盟」が発足した。会長は衛藤征士郎、幹事長は山本幸三《やまもとこうぞう》である。

最低賃金一元化とは、都道府県別の最低賃金設定を是正し、最低賃金を全国一律にすることを言う。議連の発足式では、英国出身で金融アナリストのデービッド・アトキンソンが基調講演をした。

昭和三十四年に施行された最低賃金法は、福祉政策としてヨーロッパ各国よりも早く賃金の最低額を保障した。が、地域別にしたために、最も賃金の高い東京と地方には最低賃金のランクが四段階に分かれた。衛藤の出身地の大分県では東京の最低賃金と時給二百数十円も異なる。すると一年間同じ時間労働しても四五万円もの収入格差が生じてしまう。

いっぽう、経済政策として最低賃金法を導入したイギリスやドイツなどは、全国一律の金額とした。そのため、日本の若者のように自分の生まれ故郷を離れ都会を目指す必要はなく、地元で安定した収入を確保できる。フランスでも、田舎町で暮らす人々が明るく元気が良いのは、パリの時給と田舎町の時給がすべて同じだからである。

地域別の弊害は、地方に若者がいなくなるだけでは済まなかった。新型コロナウイルスが蔓延《まんえん》したイギリスは、ソーシャルワーカー（社会福祉支援を行う専門職）の最低賃金を今こそ上げるべきとの議論が起きて、六・二％も引き上げた。

ところが、日本はわずか〇・一％とほぼ横並びである。経済政策と福祉政策の違いがこのような結果となって表われた。G７加盟国のうち、最低賃金一元化をしていないのは、カナダと日本くらいである。

中小零細企業経営者の多くは、感覚的に「最低賃金を引き上げると雇用が抑制されるから、勤労者のためにならない」と主張する。が、最低賃金が低い地域での最低賃金引き上げが雇用増に寄与したとの検証結果もすでに出ており、人手不足の中、実際に低賃金職種の時給上昇も進んでいる。

が、地方の最低賃金を少しずつ引き上げるためには、国の支援で補塡《ほてん》するしかない。最低賃金を引き上げた企業に対し、雇用調整助成金や社会保険料の国による支援など、さまざまな方法がある。「最低賃金一元化推進議員連盟」では、政治のイニシアチブで一元化を実現するため、さまざまな具体策が話し合われている。

　衛藤は確信した。

〈日本の地方創生の最も効果的なツールは、最低賃金一元化だ〉

　衛藤は、菅総理にも直接、最低賃金一元化について話をした。すると菅もまた、まったく同じ意見であった。平成二十九年ごろの、菅が官房長官時代から、衛藤と菅は最低賃金一元化について意気投合し、衛藤は「これこそスガノミクスだ」と言っている。

　令和二年十二月十八日、最低賃金一元化推進議員連盟の衛藤征士郎会長は、議連を代表して菅総理に次の通り要請した。

「今日まで、最低賃金引き上げを中小零細企業の自助努力のみに依存しており、大企業の共助の支援は希薄である。外国は最低賃金引き上げに国等の公的支援、公助の下、国の助成金が支給されている。日本も同等にすべきである」

　大企業の内部留保金は、四七〇兆円もある。が、衛藤らがいくら大企業に「その一％相当の四兆七〇〇〇億でもいい。下請けの人件費にまわしてほしい」と要請しても耳を貸さない。だから最低賃金引き上げが、中小零細の自助努力だけでおこなえるはずがないのである。

　在日イギリス人で小西美術工藝社社長のデービッド・アトキンソンの主張する通り、全国一律の最低賃金導入は、衰退するいっぽうの地方経済の悪循環を断ち切り、地方創生を推進する挑戦的な試みである。が、この二〇年間、日本は実質賃金、名目賃金がほとんど上がっていない。地域別最低賃金制こそが、その原因だった。

　一元化が実現しないのは、中小企業を抱える商工会議所や全国商工会連合会が反対しているからである。その上部組織の経団連は、とりあえず最低賃金の引き上げには賛成してくれている。

が、衛藤は思っている。

〈アトキンソンの言うことは正しい。時間はかかるが、反対派もいつか理解してくれるだろう。日本を元気にするには、一元化が重要なのだ。菅総理も賛成している。一元化こそ、スガノミクスの一丁目一番地だ〉

衛藤征士郎が菅政権を支えているのは、菅総理が一元化を支持しているからこそである。

なお、中央最低賃金審議会の小委員会は、令和三年七月十四日、令和三年度の最低賃金を全国平均で二八円を目安に引き上げ、時給九三〇円とすると決めた。二八円の引き上げ額は、平成十四年に時給で示す現在の方式となってからは過去最大の上昇率で、三・一％だった。

受信料値下げを引き出した各種のNHK改革

武田良太は、総務大臣として所管するNHKの改革にも取り組んでいる。

武田はその改革についても思う。

〈NHKは、かけがえのない公共放送だが、「国民のために何をしなければいけないか」という視点を持ってほしい。ただ単にいい番組を作って、事実を報道するだけでいいのだろうか〉

武田は大臣就任後、NHKの前田晃伸《まえだてるのぶ》会長や、NHK経営委員会の森下俊三《もりしたしゅんぞう》委員長に受信料の値下げについて考えを問いただしている。

武田には「新型コロナウイルス禍の家計の負担を考えたときに料金を少しでも抑えられるよう、NHK自らの経営努力で国民の期待に応えるべきではないか」との強い思いがあった。

じつは、NHKの受信料をめぐっては、武田の前任者の高市早苗《たかいちさなえ》前総務大臣も繰り返し値下げを求めていた。

二〇二〇年八月に公表したＮＨＫの次期経営計画案（令和三〜五年度）には、十月におこなわれた月数十円程度の値下げに続く新たな措置の明記は見送られている。ＮＨＫには剰余金が一四五〇億円もあり、さらに渋谷の放送センターの建て替え費用として一七〇〇億円もの予算が組まれている。

武田には、「その資金をなぜ受信料の値下げに使えないのか」との強い思いがあった。

ＮＨＫは、国営放送ではなく、国民との契約義務によって成り立つ公共放送だ。料金の支払いはあくまで両者の合意に基づくものになっている。現在、国民の約八割がその合意のもとにＮＨＫの料金を支払っているが、いっぽうで約二割の人はＮＨＫの料金を払わずにタダ乗りしている状態が放置されている。また、未契約者、未支払者への督促には、莫大《ばくだい》な経費がかかっており、これも約八割の国民が負担している。二重の不公平というわけだ。

令和三年一月、ＮＨＫは、令和三年〜令和五年度の中期経営計画を決定した。

受信料は、令和五年度の値下げに踏みこんだ。さらにＡＭラジオの「第一」「第二」を令和五年度に統合することや、三年間で計五五〇億円程度の事業支出削減などの改革も盛り込んだ。

前田晃伸会長は、記者会見で、地上波を含む衛星契約受信料（月額一二七〇円）で値下げした場合に、「月三〇〇円を一年間下げることができるくらいの還元金額だ」と説明した。いっぽうで、具体的な値下げ幅や方法は今後検討する意向を示した。

値下げの原資としては、令和二年度末見込みで一四五〇億円に上る剰余金を四〇〇億円程度取り崩すほかに、一七〇〇億円での建設を予定していた東京都渋谷区の放送センターの建て替え計画の縮小で二〇〇億円程度を捻出。令和五年度に見込む約一〇〇億円の黒字も充当する。

今回の経営計画には、受信料値下げやＡＭラジオと衛星放送のチャンネル削減以外にも、さまざまな改革が盛り込まれた。

番組制作では、地上波や衛星波、ラジオの計九チャンネルごとにおこなっていた制作や編成を、報道やドラマなどジャンル別に管理し、重複をなくしてコストを合理化し、制作の総量も減らすなどして、三カ年で三〇〇億円超を削減する。

グループ改革では、子会社などの全体規模を縮小し、団体の数を削減。子会社の統合や合理化を加速させるための中間持ち株会社制度の導入も図り、関連財団の令和五年度の統合を検討する。

武田は、この日、NHKの経営計画の発表を受けて、総務省で語った。

「改革に大いなる一歩を踏み出した」

そのいっぽうで、武田は、NHKへのさらなる提言もおこなった。

「値下げに踏み切ってもらったが、コロナ禍において一日でも早く国民が安くなることを実感できるように尽力してほしい」

さらにもう一つの取り組みがNHKのインターネット配信だ。

インターネットや5Gの活用の促進の旗を振る武田の視線は五年先、一〇年先のメディア環境に向いている。

ネットフリックスやHulu《フールー》といったインターネット配信サービスが勃興《ぼっこう》する中、放送メディアは、公共放送は、どう対応すべきなのか。

今般、武田は、NHKがインターネット配信事業に使う経費の上限を引き上げることにしたが、放送メディアの将来を見据え、武田の悩みは尽きない。

菅義偉総理も、総務大臣時代タブーだったNHKの受信料値下げに動いている。

NHK受信料は年間一万六一四〇円。衛星受信料も含めると年間二万七四八〇円かかる。衛星放送がスタートした一九八九年と比較してみると、地上派、衛星ともに年間四〇〇〇円以上値上がりしていた。庶民の金銭感覚としては、ずいぶん割高感があった。

また、ＮＨＫの受信料を実際に支払っていたのは三二〇〇万人にとどまり、約一〇〇〇万人が支払っていなかった。これでは受信料を払っている人が、払わない人の分まで負担していることになる。菅は、この不公平を是正するため、受信料の支払い義務化と同時に、受信料の二割値下げを提案した。

タブーに近かった受信料の値下げを口にした政治家は、菅が初めてであった。

ＮＨＫの橋本元一《はしもとげんいち》会長（当時）がこれに難色を示し、放送法改正案の国会提出が行き詰まった平成十九年二月二十八日、菅は、ＮＨＫ改革に絡んで課長を更迭した。きっかけは、総務省でおこなわれている新聞社の論説委員と官僚が法案の内容や政策の方針について意見交換する「論説懇」であった。

その論説懇の席で、ＮＨＫを担当している課長がこう発言していた。

「菅大臣はそういうことをおっしゃっていますが、自民党内にはいろんな考え方の人もいますし、そう簡単ではない。どうなるかわかりません」

この発言を聞いた菅の知人の論説委員から、菅のもとに連絡がきた。

「菅さん、大丈夫？」

菅は、すぐに懇談の議事録を確認した。すると、はっきりとその課長の発言が残されていた。

しかも、ＮＨＫ改革が簡単か難しいかどうか訊かれてもいないのに、わざわざ自分から見解を述べた発言であった。

課長の発言は、官僚の域を超えていた。

菅は、すぐに動いた。

「論説委員の質問に答えるならいいが、質問もされていないのに一課長が勝手に自分の思いで発言するのは許せない。担当課長を替える」

菅の決意は揺るがなかった。

菅は、ただちに担当課長を替えることにした。だが、総務省の幹部は抵抗した。

「任期の途中で交代させると、マスコミに書かれて、大問題になりますよ」

「構わない。おれの決意を示すためにやるんだ。本気でＮＨＫ改革をやる、ということを示すためだ」

「課長職はそのままにして、ＮＨＫ改革の担当者を上司に替えることで了解してもらえないでしょうか」

「ダメだ」

「大騒ぎになり、結果的に大臣にご迷惑をおかけしてしまいますが……」

「いいから、替えるんだ。ＮＨＫ改革に対するわたしの意志だ」

菅は押し切った。

実際に、マスコミからはバッシングを浴びた。ナチスドイツでプロパガンダを一手に担った人物を引き合いに出して、「安倍政権のゲッベルス」などと書きたてられた。

だが、この人事によって省内には緊張感が生まれ、一丸となってＮＨＫ改革に取り組むことができた。

その後、菅は総務大臣を退任する際、更迭《こうてつ》した課長を本省に戻した。

このようなことはよくあることだが、ＮＨＫを応援する片山虎之助《かたやまとらのすけ》元総務大臣は課長交代をなぜ止めなかったのか、と事務次官の松田隆利《まつだたかとし》を叱責した。

ＮＨＫでは橋本元一会長（当時）以下、改革に対して反対の声が大きく、組合も強かった。また、報道機関であることも手伝って早期実現は困難と判断された。

平成十九年三月十九日、政府与党は平成二十年実施を目指していたＮＨＫ受信料の支払い義務化を先送りする方針を固めた。

とはいえ、菅が最初の方向性をつけたという点で意味はあった。

平成二十三年十月末、ＮＨＫは平成二十四年〜二十六年の経営計画の中で、受信料の値下げを発表。口座・クレジット払いで受信料の約九％となる年間一四四〇円、継続振込支払いで年間八四〇円の値下げが実現した。

受信料の値下げはＮＨＫの歴史で初めてのことであった。

コスト面に目を移してみると、効率化が可能なのではないかと考えさせられる支出も多い。

特に、ＮＨＫは、受信料を徴収するために徴収料としての費用を計上している。七〇〇〇億円の受信料を集めるために、徴収金としてその一割の七〇〇億円をかけている。これは莫大なコストだ。具体的には、下請けの会社が受信料を払っていない家を一軒一軒訪問し、マンパワーでおこなっている。なお、一人暮らしの女性などでこの訪問を嫌がる人も多く、苦情も多い。

武田は、この受信料の徴収方法をもっと効率的な、別のかたちを模索するべきだという。

たとえば、郵便局が持っているデータと連携し、ＮＨＫの受信料の徴収に生かす。ＮＨＫが戸別訪問にこだわるのは、誰がどこに住んでいるかがわからないからだ。だが、郵便局にはそれがわかる。新設された宛名なし郵便制度を活用すれば、誰がどこに住んでいるかという居住実態を把握することができる。徴収コストを減額することができれば、さらなる受信料の値下げの原資とすることができるというわけだ。

紆余曲折《うよきょくせつ》の末、ＮＨＫは、令和三年一月に提出された「経営計画」の中で、令和三年〜四年度に受信料の値下げをおこなう方針を明記した。

武田は、ＮＨＫ改革にも大きなマイルストーンを打ち込んだ。

マイナンバーカードをデジタル化・スリム化の要に

武田は、デジタル化やスリム化の要として、マイナンバーカードの活用が鍵になるという。

「デジタル化の遅れが日本の経済成長や豊かな生活の妨げになっている。総務省で行政のデジタル化の鍵となるのは、マイナンバーカードの普及や利便性の向上だ」

令和二年九月からは、買い物などで使える最大五〇〇〇円分のポイントを付与する「マイナポイント」事業が始まっている（令和三年四月末までの申請分で終了——ポイント対象期間は十二月まで延長）。三年三月からは、健康保険証としてのマイナンバーカードの利用が開始された。

武田は、総務省広報を強化し、国・地方を通じた電子政府の推進や情報通信基盤の強化などによって、社会全体のＩＣＴ（情報通信技術）化に取り組んでいくという。

「将来的にはマイナンバーカード一枚あれば、病院に行く際に持参する『お薬手帳』もいらなくなる。これがあれば、どの病院でどんな治療を受けて、どういう薬を何グラム処方されているかがわかるようになる」

これまではマイナンバーカードに対して、「個人情報をすべて公権力に把握され、何か利用されるのではないか」という疑念の声もあり、あまり浸透していなかった。

だが、武田はその疑念は誤解だと語る。

「マイナンバーカード自体は、その中に住所・生年月日・性別・氏名など、所有者本人であることを確認する情報しか入っていない。他者が悪用することができないようなセキュリティも充実させている。対面やオンラインで使用する際には、券面の顔写真や暗証番号で本人確認をおこなうため、仮にマイナンバーカードが盗まれたとしても、それ以上の情報を得ることはできない」

現在は、五〇〇〇万枚以上のカード申請があり、人口の約四割となっているという（令和三年六月末時点）。武田は総務省に「営業部」を設けて、マイナンバーカードの普及のために、それぞれの副大臣、政務官に市町村、企業、一般団体などを割り当てている。大臣である武田自身も、マイナンバーカードの普及のために、トップセールスを展開し、日本相撲協会や、航空会社、警備会社、日本最大の労働組合であるナショナルセンターの「連合」などにも自ら宣伝のために足を運んでいる。

令和三年二月以降、「文春砲」によって官僚と民間企業との接待問題が、暴かれた。

国家公務員倫理規程では、利害関係者が費用を負担する接待を禁じ、さらに、割り勘でも一万円を超える場合には事前の届け出が必要となっている。

東北新社による総務省幹部への接待問題では、その届け出を怠り、「衛星放送についての話はなかった」との接待を受けた官僚の答弁などにより混迷した。

コロナ禍という時期もあって、批判は増幅した。ただ、武田は総務大臣として、さまざまな批判にひるむことなく、言わなくてはいけないことは、はっきりと明言した。

「（ポストコロナの経済社会を考えたとき）これから官民一体となって世界と競争していかなくてはいけない時代に、あらゆる機会をとらえて情報交換をしないといけない」

これから世界が急激に変化していく時代にはさらに、官と民とのつながり、情報交換は必要だ。だから、官と民との会食が必要かどうかと問われれば必要だ、だからこそ倫理・法令を遵守することが大事だと答えたのだったという。

森喜朗元総理は早稲田大学の後輩の武田良太について思った。

〈菅内閣の中核になっているのは、武田総務大臣だ。あれだけ菅総理が非難されても、まったく影響を受けず堂々としている。腹が据わっているし、安定感もある〉

武田良太は平成五年七月に二五歳で初出馬し、三度の落選を繰り返した。その際、自民党公認を取り付けるなど面倒な立ち回りをしたのは、当時幹事長だった森喜朗だった。その際にずっとライバルとして立ちはだかっていたのが、山本幸三である。

武田は亀井《かめい》静香《しずか》から薫陶を受け、いわゆる川筋者が多い福岡一一区で鍛えられた。森喜朗は思う。

〈二階さんのあとを引き受けるだけの肝の据わった政治家は、武田君しかいない〉

総務大臣の所掌《しょしょう》は幅広い。民営化された郵政事業のあり方も、武田が考えなければならない領域だ。

小泉純一郎総理による「郵政民営化」によって、郵政事業は、郵便事業と保険事業と貯金事業に三分割された。その後、郵便事業は、ネット時代が本格的に到来し、電子メールが普及するとともに、利用者減が進んでいる。

しかし、ネット時代が到来しようとも、物理的な伝達手段や窓口の必要性は依然残っている。

特に、過疎化と高齢化が同時に進行する地方ではその必要性は高い。郵便事業を、ユニバーサルサービスとしてどう維持するか、全国に二万四〇〇〇ある郵便局をユニバーサルサービスとしてどう維持し、国民生活にどう生かしていくか。それがまさに武田が考えていることだ。

郵便局は、村役場が支所を閉鎖する際に窓口業務を受託したり、地方銀行が支店を閉鎖する際に通帳名義の書き換えなどの窓口業務を受託したりするなどの取り組みを始めている。過疎化の進む地方では必要な取り組みだ。武田は、この取り組みをさらに一歩前に進め、郵便局で取り扱える事務を拡充することを考え、郵便局事務取扱法の改正案を通常国会に提出し、通常国会において可決成立した。

ネット時代という時代の趨勢《すうせい》にさらされている郵政事業だが、それを逆手にとる発想もあると武田は言う。郵便局には、ビッグデータという宝物がある。ビッグデータとは、巨大で複雑なデータの集合のことであり、このビッグデータを最大限に活用してネット時代の主役に躍り出たのが、グーグルに代表されるネット企業である。そうしたネット企業が喉から手が出るほど欲しいビッグデータが郵便局にはあるという。

ビッグデータの活用のキーとなるのが、ネット企業との協業である。この協業の動きは早い。令和二年十二月二十四日、日本郵政は、楽天と物流領域における戦略提携の基本合意を締結し、翌三年三月十二日には、これをさらに深化させ、日本郵政、日本郵便、楽天の三社間で日本郵政グループと楽天グループの業務提携合意を締結している。業務提携に合意したこの日、両者は、日本郵政から楽天への出資を内容とする株式引受契約を締結した。その後、日本郵政は楽天グループに一五〇〇億円を出資している。

また、令和三年七月、日本郵便が五〇・一%、楽天が四九・九%を出資した「JP楽天ロジスティクス株式会社」を設立した。今後、物流DXプラットフォームの共同事業化を推進するという。今後、物流の分野では、共同の物流拠点の構築、共同の配送システム・受取サービス、楽天フルフィルメントセンターの利用拡大、ゆうパックの利用拡大を進めていくようだ。

このほか、金融の分野では、ゆうちょ銀行デザインの楽天カードの発行を年内に開始、さらにゆうちょ銀行を発行主体とするクレジットカードの検討、キャッシュレス分野の協業、保険分野の協業を推進するという。

さらに、モバイル部門の提携も深め、郵便局内に楽天モバイルの申込カウンターの設置や、配達網や郵便局ネットワークを活用したマーケティング、郵便局への5G基地局の設置なども進めていくという。こうした楽天との協業を支えるため、人材部門の交流として、楽天の飯田《いいだ》恭久《やすひさ》執行役が日本郵政のＤＸ推進室担当として、令和三年四月から転籍している。

ネット時代というパラダイムシフトの時代に、国民生活をどう守るか。そのために、郵政事業をどう維持し、活用していくか。武田の悩みは尽きない。

菅内閣発足後初の国政選挙で三連敗

自民党の選対委員長の山口泰明は、菅政権発足当初から、議員会館の菅の部屋を毎朝訪れている。山口の議員会館の部屋は菅の部屋と同じフロアにある。菅内閣発足当初は、菅は、朝は議員会館にいることが多かった。そのうち、公務が忙しくなったためだろう、議員会館にいることは少なくなった。それでも、山口は、菅の部屋を訪ねた。自分の知る限りの重要な情報を菅に伝えるためだ。菅がいなくても、秘書たちに伝えた。山口が見たり聞いたりした状況を伝え、ポイントはどこかを話す。そうしておくと、菅の耳に必ず届く。

補欠選挙がおこなわれる広島入りしたときも、関係者や有権者から聞いた生の声を伝えた。山口が気にかけているのは、菅にとって耳触りのいい情報よりも、菅にとってはできれば聞きたくない、政権にとっては悪い情報を正確に伝える。取り巻きの多くは、菅を持ち上げる情報を伝えがちだ。いい子になりたい人たちからの情報ばかりでは菅を裸の王様にする。必ず判断を間違える。そう思ってのことだった。

ところが、新型コロナウイルスの蔓延は収束に向かうどころか、二回目、三回目の緊急事態宣言状態に入らざるを得ないなどとどまるところを知らない。菅総理は新型コロナウイルス対策を最優先に進めるいっぽうで、経済政策も地道に進めているものの、国民には成果が見えないだけに不満や不安は募る。しかも、新型コロナウイルス対策も、初めて直面する問題だけに右往左往せざるを得ない。安定感を求める国民の気持ちは、どうしても菅総理から離れてしまっている。そこに向けて、河合《かわい》克行《かつゆき》・案里《あんり》夫妻による選挙買収、山口が選対委員長代行に据えた吉川貴盛の収賄などの不祥事も重なり、就任時、史上三番目と言われた高い支持率も急激に落ちこんだ。

河合克行

河合案里

吉川貴盛

令和三年四月二十五日、菅内閣発足後初の国政選挙が三つの選挙区でおこなわれることになった。林幹雄と話し合って選対委員長代行に就いた吉川貴盛が、収賄容疑で議員辞職したのを受けた衆院北海道二区補欠選挙。羽田《はた》雄一郎《ゆういちろう》の死去により空席となった参院長野選挙区の補欠選挙。そして、河合案里の当選無効による参院広島選挙区での再選挙である。

菅内閣への批判が高まっているうえに、北海道二区、広島県選挙区は、自民党が批判を受けざるを得ないことがはっきりとしている。厳しい選挙となることは目に見えていた。

自民党は、北海道二区については早々と候補者擁立の見送りを決めた。マスコミは、勝つ見込みがないからそのようにしたのだと報じたが、実のところは擁立する候補者は早々と決めていた。その候補者がもしも負けたとしても、秋までにおこなわれる総選挙で再び戦えるまでの根回しもすませていた。覆したのは、選対委員長の山口だった。今回の吉川をめぐる不正に対しては、謙虚に受け止めなければならないと考えたからだった。その決断を、菅総理も「それでいい」と容認した。

長野選挙区には小松裕《こまつゆたか》を、広島選挙区には西田《にしだ》英範《ひでのり》を立てた。

自民党選挙対策委員長の山口泰明は、組織運動本部長の小野寺五典《おのでらいつのり》とともに先陣を切って広島選挙区に入った。長野選挙区はほかの議員にまかせ、広島選挙区を主にまわった。

広島選挙区再選挙に立った西田は、広島市出身の元経済産業省官僚。広島県知事・湯崎英彦《ゆざきひでひこ》の高校の後輩にあたり、年齢も三九歳と若く期待感も大きかった。

事前調査では、激戦の様相を見せていた。やや与党が優勢という結果が出ていた。それをもとに楽観的な見方をする議員もいる。しかし、河合克行・案里夫婦から金銭を受け取った地元関係者は一〇〇人近い。いくら保守王国と呼ばれる広島であろうとも、有権者は許すはずがない。

〈それほど甘くはないはずだ〉

山口はそう思っていた。

ただ、山口の見る限り、広島での自民党支持層の批判行動は、野党への投票ということではなく、おそらく「投票に行かない」という形で表われる。この選挙で勝利をつかめるかどうかは、その層にいかに訴えかけられるかにかかっている。つまりそれは、選挙での最も基礎的な、足で稼ぐ選挙がどれくらいできるかということであった。県連会長に返り咲いた岸田文雄をはじめ県内の国会議員、県議会議員らが地道にやることをきちんきちんとやれば勝てる。その感触があった。

野党が推す宮口治子《みやぐちはるこ》は、フリーアナウンサーだけに訴えかける力に長けている。追い風に乗っているうえに、シングルマザーで頑張っていることを強調して有権者に訴えかけているが、実は、そうではないという疑惑が持ち上がっているのである。結婚式を挙げている彼女の写真が出回っている。

しかし、相手側の敵失を願うよりも、自分たちの手で勝利を引き寄せなくてはならない。

長野全県区については、羽田孜元総理大臣以来、羽田王国と呼ばれるだけの羽田陣営にとっては強固な地盤がある。そこでの弔い合戦だ。与党が切り崩すのはかなり困難だ。

しかし、国民民主党が一度推薦を取り消すなど、野党の足並みがそろっていないところがある。候補の羽田次郎《じろう》も、政治家としての資質を疑問視する声もある。それだから、自分たちのやることを地道におこない、有権者に、自民党が推す小松裕を認識してもらえば逆転する余地は十分にある。調査結果でも、小松は羽田を追い上げている。

だが、四月二十五日に投・開票がおこなわれた選挙で、自民党は、参院長野選挙区、参院広島選挙区の再選挙を落とした。擁立を見送った衆院北海道二区を含めて、事実上の三連敗で、厳しい結果だった。

第11章　手強い政敵

コロナ禍でのオリンピック開催是非の狂騒

新型コロナウイルスの感染が拡大した令和二年（二〇二〇年）三月、関係者の間で東京五輪の開催時期をめぐる話し合いがおこなわれた。

東京五輪・パラリンピック組織委員会の森喜朗会長は、安倍総理に「二年延期」を申し出た。

「二年延期すると、二〇二二年北京冬季五輪とぶつかるが、北京は冬季だから同じ年に開催できないこともない。コロナの問題もうまくいっていないようだし、延ばすなら二年にしておきませんか」

が、安倍は「うーん」と言って同調しなかった。森は思った。

〈安倍さんは真面目な人だから、二年延期を「安倍政権の延命のためだ」と勘ぐられたくないのだな〉

第四次安倍内閣が発足したのは平成二十九年（二〇一七年）十一月一日。任期は最長四年であるから、オリンピックを二年延期すれば令和三年は選挙に集中できる。が、森の見たかぎり、安倍総理はそんなソロバンをはじいていると思われたくなかったらしい。

国際オリンピック委員会（ＩＯＣ）のトーマス・バッハ会長と、ジョン・コーツ調整委員長は「日本がグラグラしていると、われわれもやりにくくなる」と苦言を呈した。東京五輪・パラリンピック組織委員会の森喜朗会長は「開催日よりもどのように運営するか」に集中し、一年延期して開催する前向きな姿勢を示した。これでバッハ会長は「日本政府の腹は決まった」と見てとり、バッハ会長もまた腹を決めた。安倍総理の「一年」は、しっかりIOC側との合意、協力体制を取ったうえでの発言であった。また、「日本の科学技術を信頼しよう」との期待感と信頼感もあった。

ところが、厚労省から想定外の答えが返ってきた。「ワクチンが作れない」と言うのだ。そんな返答があるとは夢にも思わなかった森は、心底情けなく思った。

〈厚労省がワクチンを作らせなかったのだ。厚労省は本当に問題が多い〉

医師会も問題だった。ワクチンがようやく手に入り、注射の打ち手が不足しているという話になったとき、歯科医師への協力要請に反対したのが医師会だった。医師会はコロナ対策よりも自分たちの利権とカネのために動いているようだ。

令和二年六月二十七日におこなわれた医師会会長選で、五期目を目指した現職の横倉義武《よこくらよしたけ》を破り、副会長の中川俊男《なかがわとしお》が新会長に就任した。

森喜朗元総理は、そのニュースを聞いて思った。

〈これはある種のクーデターだ〉

今回の会長選について、あちこちで「クーデターを仕掛けたのは東京医師会だ」と囁《ささや》かれた。中川新会長はコロナ禍で国民に自粛を呼びかけるいっぽう、自身は政治資金パーティーや寿司デートをしていたと報じられ、国民からの顰蹙《ひんしゅく》をかった。

また「八割おじさん」こと京都大学の西浦博《にしうらひろし》教授の度重《たびかさ》なる「五輪リスク」発言や、メディアで大きく取り扱われることに気を良くした東京都医師会の尾﨑治夫《おざきはるお》会長による「政府は何もしていない」「国に頼ることは諦めようと思う」などの政府批判なども展開された。

すると、政府の新型コロナウイルス感染症対策分科会の尾身茂理事長も、コロナ禍を煽《あお》る発言に引きずられるようになっていく。

こうして東京オリンピックそのものが歪《ゆが》められていった。東京五輪・パラリンピック組織委員会の会長を務めてきた森喜朗は、オリンピックをネタにした権力闘争や売名行為、コロナで荒稼ぎを狙った報道姿勢などに、強い不快感を抱いた。

なんでも「政府のせい」に持っていこうとするマスコミや小池百合子東京都知事の態度にも大いに問題があった。オリンピックの主催は東京都である。開催する、しないは東京都知事が判断することであり、小池が「もうやめましょう」と言えば済む話だった。

小池都知事は毎日毎日、コロナのことばかりを懸命にテレビの前で話し、オリンピックについては投げやりで極力その話題に触れないようにしていた。その心境の変化はいろいろあるだろうが、小池がハッキリ語れなかったのは、都議選に配慮したせいでもあった。

この年の都議選については、いち早く自民党と公明党が提携していた。平成二十九年の都議選で小池百合子率いる都民ファーストと組んだ公明党も、今回は都民ファーストに見切りをつけて自民党に戻ってきた。

都議会第一党の都民ファーストの惨敗は確定的と予想され、「一五議席しか獲得できない」という説まで出た。公明党と組んだ自民党は、必然的に過半数を獲得する結果となる。すると小池にとっては都議会が敵に回る。

結局、小池は「オリンピックをまずやってしまわないと、どうにもならない」との結論に達したのだろう。オリンピックが成功すれば「小池さんはしっかりやった」ということになる。逆に小池が「オリンピックを中止する」と言っても、一般大衆は好感をもって受け入れるだろう。それほどにみんなコロナを恐れているのだ。が、マスコミが「政府のせい」だと主張し小池都知事の責任を追及していない以上、余計な口を挟まないのが小池にとって一番有利ということになる。

森喜朗は思った。

〈コロナに対する不安を払拭《ふっしょく》すれば、こんな馬鹿げた世論調査結果にはならない〉

コロナのことで不安や不満を抱いている国民が、「オリンピックどころではないだろう」と反対するのは当然の話だった。が、森は思っていた。

〈国民の理解を得にくいからといって、言うなりになっていたら何も進まない。何があってもオリンピックは開催する、動かないでおこう〉

令和三年三月十日から三日間にわたってオンラインで開催されたＩＯＣ総会で、トーマス・バッハ会長の再選が決まった。オリンピック開催についてはさまざまな声が上がっていたため、バッハ会長は非常に慎重だった。が、森喜朗とバッハとの間には信頼関係があり、双方の開催の意思に変わりはなかった。

森喜朗

テレビのニュースショーやワイドショーでは、連日オリンピック反対論ばかりが叫ばれていた。特にひどいのはＴＢＳ系とテレ朝系である。

が、毎年五月に開催されＴＢＳが生中継する「ＳＥＩＫＯゴールデングランプリ陸上」は、令和二年も三カ月延期の八月に開催された。朝日新聞社が主催する夏の甲子園は令和二年は中止になったものの、令和三年の開催は決まっていた。マスコミの対応は矛盾だらけであった。

森喜朗は思った。

〈これだけ反対しておいて、いざオリンピックが始まったら「選手が素晴ら

しい活躍！」などと放送するのだろうか？　今のマスコミは、いったい何を考えているんだ〉

しかも朝日、読売、日経、産経、毎日に至るまで全新聞社がオリンピック組織委員会のスポンサーになっている。つまり、新聞社が「お金を出して協賛するので、オリンピックをやってください」と言っているのだ。あれだけ開催に反対しておきながら、協賛を取りやめる新聞社は一社も出てこない。

テレビだけでなく、週刊誌も最近は特にひどくなった。悪いネタばかり集めてきて、良い話は一切無視である。

が、オリンピックが近づくにつれ、各競技の選手たちに注目が集まるようになった。白血病を克服して出場する競泳女子の池江璃花子《いけえりかこ》、柔道の阿部一二三《あべひふみ》・詩《うた》兄妹、バスケットボールの八村塁《はちむらるい》などが話題の中心となっていった。

安倍前総理が東京オリンピック開催の基礎固めをし、それをきちんと引き継いだ菅総理が頑張って実現にまで持っていった。

外交上の中国と台湾の問題についても、菅は安倍の意向を汲《く》んだ。五〇音順で入場した開会式で、台湾はＩＯＣの表記「チャイニーズ・タイペイ」の「チ」ではなく「タ」の順で行進。ＮＨＫのアナウンサーが中継で「台湾です」と紹介したことが台湾で好意的に受け入れられた。

東京オリ・パラ組織委員会めぐる混乱劇の裏側

令和二年二月三日の日本オリンピック委員会（ＪＯＣ）臨時評議員会で、東京オリンピック・パラリンピック組織委員会の森喜朗会長は「女性がたくさん入っている理事会の会議は時間がかかります」などと発言した。

これが国内外で厳しく批判されたため、森会長は四日の記者会見で謝罪し、発言を撤回した。

森は、群がる取材陣の顔ぶれを見て思った。

〈運動部の記者たちは、みんな若いな〉

つまり運動部は新米記者ばかりで、「Aチームが優勝した」「B選手がホームランを打った」といった事実をそのまま書く訓練しか受けていない。ところがオリンピックは桁違いに規模が大きく、政治的、社会的な課題が深くからみ、新聞社としてのアイデンティティーも問われる。それなのに、新米だらけの運動部には社内での発言権がないのだろう。そこに定年を間近の社会部や政治部の古い記者たちが口出しをし、むりやり事実をねじ曲げて、自分たちの思うままに捏造《ねつぞう》していった。

森喜朗の女性蔑視《じょせいべっし》発言問題について、週刊誌は『週刊文春』が特にひどく、対照的に『週刊新潮』は慎重だった。

森は、文春の記事を読んで思った。

〈ああ、これは森叩きだな〉

オリンピックを成功に導いている森喜朗を潰《つぶ》してしまえ、と考えている連中が仕掛けていることだった。

『朝日新聞』は、英文記事で「東京オリンピック組織委員会の会長は、女性蔑視の思想の持ち主」と、具体的な内容も示さずに世界に向けて発信した。ＩＯＣのトーマス・バッハ会長も当初は「問題ない」としていたが、大騒ぎするマスコミの論調に乗せられてしまい、何も知らないまま「森は良くない」というコメントを発してしまった。

森の自宅マンション前には常に記者が張るようになり、森は一週間もマスコミに追いかけられた。近所に住む娘や孫までマイクを突きつけられた。

特にひどかったのはやはり『週刊文春』で、もはや犯罪行為と言ってもよかった。森は嘆息した。

〈昔の週刊誌記者は、家族にまで手を出すことはしなかった。わたしが去らないと、みんなに迷惑がかかる〉

こんなことで揉《も》めている時間はなかった。森は決断して辞任した。

後任は日本サッカー協会元会長の川淵三郎《かわぶちさぶろう》に白羽の矢を立てた。菅総理が森喜朗に言った。

川淵三郎

「内々に本人の了解を得ないといけないから、連絡を取って今日中に結論を出そう」

森はさっそく川淵を呼び出して「後任を引き受けてくれないか」と依頼し、了承を得た。

川淵は、昭和三十九年（一九六四年）の東京オリンピックにサッカーのフォワードとして出場し、現役引退後はサッカーJリーグを立ち上げ、ワールドカップ招致に尽力してきた。サッカーだけでなくバスケットボールの改革にも努めた、スポーツ界にもっとも強い人物である。選手村の村長にもなってもらっており、川淵自身も緊張感と喜びをもって引き受けてくれた。

ところが、これから正式に発表しようという少し前に、川淵は新聞記者にサービスでどんどんしゃべってしまったのだ。

公式発表前に取材陣がワーッと一斉に押し寄せてしまい、そのせいで台無しとなった。川淵がしゃべらずに、きちんと根回しして、しかるべき手順さえ踏んでいれば、問題はなかったのだ。菅総理と安倍前総理の二人に了承をもらえれば、東京都議会も全面的に任せてくれた。

川淵に取材陣が殺到した直後、菅総理が森喜朗に言った。

「やっぱり、代わり映えがしませんね。もうちょっと思い切って若い人か、女性がいい」

「今日明日に決めなきゃならない話だから、具体的に誰がいいですか？」

「橋本聖子はどうだろう」

橋本聖子は前回の東京五輪が開催された昭和三十九年生まれで、父親の善吉から「聖火」にちなんで聖子と名づけられた。夏冬合わせて七度五輪に出場した〝五輪の申し子〟であり、まさに東京五輪・パラリンピック組織委員会の会長にふさわしい経歴の持ち主だった。

森は頷いた。

「わかりました。わたしが、責任もってやります」

森はさっそく、安倍に報告した。安倍は橋本の名前を聞いて「どうかな……」と首をかしげた。森は言った。

「任せてください。橋本さんは、国会に出馬するときからずっとわたしが指導してきましたから」

ところが森が話をしても、橋本は固辞した。理由は七年前の「キス騒動」である。

選手団団長を務めた二〇一四年ソチ冬季五輪閉会式後のパーティーで、橋本はフィギュアスケート男子の高橋大輔《たかはしだいすけ》と公衆の面前でキスを交わした。当時、その写真が一部週刊誌で報じられたのだが、再びこのキス騒動が週刊誌ネタになることは目に見えていた。

当時、まだ中学生だった橋本の長女は、母親のこの写真を見て傷つき、学校でもからかわれて登校拒否になったという。今は大学生になったのでさほど問題はなかったが、やはり政治家として、母親として、女性として褒められた行為でないことは確かである。本人も深く反省しており、東京オリ・パラ大臣に任命されたときも当初は断ってきたほどである。

森は、橋本を説得した。

「あんな写真、どうでもいいじゃないか。『あの当時はわたしも下手くそだったから、もっと上手にハグしてあげればよかった』と冗談を言って笑わせておけばいい」

橋本聖子

が、橋本は「それでも、どうしても嫌だ」と言った。森は少し作戦を変えた。

「きみは一九六四年の東京オリンピックの年に生まれて、開会式を見ていたお父さんから聖火の一字をもらって聖子と名づけられたんだろう？　お父さんから『オリンピックに行け』と言われてスケート、自転車と続けて七回も出場したんじゃないか。だから、八回目のオリンピックに出ろよ」

「いや、わたしはもうダメですよ」

「いやいいんだ、組織委員会の会長になればオリンピックに参加することになる。しかも八回目は会長として出るんだ。先日、亡くなられたお父さんへの手向《たむ》けになる。お父さんを喜ばせてやれ」

橋本聖子の父親の善吉は令和二年十月十九日、北海道安平町の自宅で亡くなった。九六歳であった。

森は、北海道まで飛び、その葬儀に参加していた。

すると、頑《かたく》なだった橋本の気持ちが初めて動いた。

「……そうですね」

「きみはオリンピックで頑張り、国会でもスポーツのためにもいろいろ貢献してきて、大臣にもなった。最後に会長を務めれば、きみの人生はほぼ完成じゃないか」

「そうですね。じゃあ、ここはもういっぺんよく考えてみます」

「断っちゃダメだよ」

「わかりました」

森は橋本と別れたあと、すぐに安倍晋三と菅義偉に電話を入れた。

「引き受けてくれると思う」

安倍も菅も「それは良かった」と言ってくれた。

橋本聖子の名前がマスコミに漏れると、案の定「森の子分」と揶揄《やゆ》された。マスコミの「どうせ森の傀《かい》倨《らい》になるんだろう」という決めつけに、橋本が報道陣の前でピシャリと言った。

「森先生は、わたしの父親みたいなものです」

このひと言で、流れが変わった。橋本にはこれ以上付け入る隙はなく、マスコミも文句を言えなくなってきた。森は思った。

〈ああいうところが、橋本くんの良いところだ〉

森は、表には出ずに陰で橋本を支えてやろうと思った。

開催国の責任を果たし無事終了した東京オリンピック

新型コロナの流行により、開催が危ぶまれている東京オリンピック・パラリンピック競技大会だが、平沢勝栄復興担当大臣は、東京大会が被災地の復興のアピールになる機会となることを切に願っているという。

平沢が語る。

「もともと、復興を掲げて開催する東京大会ですから、この機会を通じて、世界に向けて東北をPRする絶好の機会になれば、と思っていました。東日本大震災が起きた当時、ありがたいことに被災地には世界中から支援がありました。今回は、東京大会を通して、被災地が復興した姿を世界中の方に見せて、これまでの支援に対してのお礼をしたい。それと同時に世界中の方に、被災地に注目してもらい、観光に来てもらうきっかけに、と準備していました」

しかし、新型コロナウイルスの世界的な流行によって、海外からの観覧客の来日は中止になった。

平沢はさらに語る。

「できれば被災地に来て農産物や海産物などを食べてもらいたかったので、海外からの観覧客が来日しなくなったことは残念ですが、いずれにしても復興を掲げる大会であることは変わりません。聖火リレーのスタートも、福島県のＪヴィレッジでした。また競技で言えば、日本の活躍が期待される野球とソフトボールが福島での開催が予定されています。復興五輪で日本が大きく変わるんだ、というメッセージを打ち出していきます」

野球は、七月二十八日の一日、ソフトボールは、七月二十一日、二十二日の二日間、福島県福島市の県営あづま球場で開催された。

東京オリンピックの日本選手団は、金メダル二七個を含む計五八個のメダルを獲得した。ともに史上最多。実績のあるお家芸と、東京大会で採用された新競技、種目が数を押し上げた。

令和三年八月八日、ＩＯＣのバッハ会長は、東京都内でＩＯＣ総会に出席し、新型コロナウイルス禍の中で閉幕日を迎えた東京五輪について語った。

「われわれは成功裏な大会を経験した。正しいタイミングに開催されたと自信を持って言える」

バッハ会長はさらに語った。

「実現できるかわからないときもあったが、二週間前の開会式で開催できると思った。無観客開催で魂の抜けた大会になるのではないか、亡霊のような大会だと言う人もいたが、選手が魂を吹き込んだ」

さらにＩＯＣ委員に呼びかけた。

「今日は大会の成功を満喫しましょう」

長崎の平和祈念式典に出席した菅義偉総理は、八月九日、長崎市内で記者会見した。

閉幕した東京五輪について、菅総理は振り返った。

「開催が一年延期され、さまざまな制約のもとでの大会となったが、開催国としての責任を果たして無事に終えることができた。選手の皆さん、大活躍だった。素晴らしい大会になった」

菅はコロナ禍での五輪開催をめぐり、語った。

「感染対策について海外からは『厳しすぎる』という声もあったが、『日本だからできた』と評価する声も聞かれている」

また、国内で新型コロナウイルス感染が若い世代で広がっていることについて訴えた。

「若者でも重症化のリスクが高まっているし、後遺症もある方も出てきている。若いから影響はないということじゃないと認識いただきたい」

ワクチン接種のスピード化に拍車

菅政権では、新型コロナウイルス対策の一環として、ワクチンの迅速な接種を全力で推進している。

令和三年四月二十三日には、菅義偉総理が記者会見し、ワクチン接種に政府として全力で取り組むことを表明した。

菅総理は、会見で七月末を念頭に希望する高齢者の接種を完了することを明言した。

武田良太総務大臣も、会見の二日前の四月二十一日、河野太郎ワクチン担当大臣も同席する中、菅総理からワクチンの接種について、総務省として各地方自治体の支援に取り組むように直接指示された。

武田は、菅総理からの指示を受けて総務省に戻ると、幹部を招集し、発破をかけた。

「ワクチン接種をいかに迅速にやることができるか。国民にとっても日本にとっても危機的状況なのだから、総務省としてできることはなんでもやろう。これはできるできないではない。やるか、やらないかだ。すべての自治体が七月末までに希望する高齢者にワクチン接種ができるように、総務省でもありとあらゆる英知を結集して取り組もう。総務省が普段から持っている各自治体とのネットワークを駆使して、全一七四一自治体に個別に連絡をして、『何か困ったことがないですか』と丁寧に相談に乗って、ワクチン接種の円滑化を徹底的に支援する」

武田は、菅総理が会見で表明した日の晩、ただちに四七都道府県の知事と、一七四一の市区町村長宛てに総務大臣としてメールを送り、総務省として、しっかり支援することを伝え、ワクチン接種への協力をお願いした。

さらに、四月二十七日総務省として新型コロナワクチン接種地方支援本部を立ち上げ、自ら本部長に就任した。

総務省のこうした動きや、各地方自治体の頑張りもあり、七月末までに高齢者のワクチン接種を完了させる動きは、当初の想定以上にハイスピードで進んでいくことになる。

六月十六日時点の調査では、七月末までに希望する高齢者の接種が完了見込みであると、全一七四一自治体が回答した。

武田は、総務大臣という立場にあって何が大事かといえば、部下を本気にさせる力だと思っている。

たとえば、ワクチン接種に関して、菅総理は「七月までに希望する高齢者の接種は終わらせたい」との意向を示しても、現場はなかなか動かない。

菅総理から直々に呼ばれて要請を受けた武田は、ワクチン接種を促進するために動いた。

そのためには、ただ早くワクチン接種を、と単に要請するだけでは進まない。このような緊急事態はどの自治体も初めてのことで戸惑いもあるだろうし、それが進まないのには進まない事情がそれぞれの自治体にある。その事情を取り除くために、総務省の担当者が、一つひとつの自治体の担当者と話し合った。

総務大臣である武田も、地元自治体から「打っていいかどうか判断する医師が足りない」といった声が挙がれば、自ら日本医師会に足を運んで各地域の医師会と自治体のいっそうの連携、調整を要請した。「ワクチンを打つ人がいない」という声が挙がれば、厚生労働省の「打ち手拡大」の検討に対し、消防本部に所属している救急救命士も相当数いることから、しっかり協力した。

その結果、七月一日には神奈川県海老名《えびな》市において、救急救命士によるワクチン接種が始まった。

総務省がサポート体制をきちんととっていれば、自治体も動きやすくなる。菅総理が公表した「七月末までの高齢者接種」に向けた、それぞれの自治体のスキームをつくりあげることができ、「七月末までの高齢者の接種終了」がすべての自治体で見込まれることとなった。

菅政権では、新型コロナウイルス対策の一環として、ワクチンの迅速な接種を全力で推進している。

令和三年四月二十三日には、菅義偉総理大臣が記者会見し、ワクチン接種に政府として全力で取り組むことを表明した。

「ワクチンの接種が始まっています。多くの方々に速やかに受けていただくため、できることはすべてやる覚悟で取り組んでいます。まずは医療従事者への接種を早急に終えます。そして、ゴールデンウイーク明けまでには約七〇〇〇万回分、それ以降は、毎週約一〇〇〇万回分を全国の自治体に配布し、六月末までには合計一億回分を配布できるようにいたします。そのうえで、接種のスケジュールについては、希望する高齢者に、七月末を念頭に各自治体が二回の接種を終えることができるよう、政府を挙げて取り組んでまいります。

自治体の多くで課題とされる人材確保のために、全国の接種会場への看護師の派遣と歯科医師による接種を可能とします。先般の訪米では、ファイザー社のＣＥＯに要請をおこない、令和三年九月までにすべての対象者に確実に供給できる目途が立ちました。高齢者への接種の状況を踏まえ、必要とするすべての方々への速やかな接種が済むよう、取り組んでまいります」

菅総理は、この会見で七月末を念頭に高齢者の接種を完了することを明言した。

前述したように、武田は、菅総理が会見で表明した日の晩、ただちに四七都道府県の知事と、一七四一の市区町村長宛てに総務大臣としてメールを送り、総務省として、しっかり支援することを伝え、ワクチン接種への協力をお願いした。

武田が送った「第四号　新型コロナワクチンの速やかな接種について」と題した総務大臣メールでは、各自治体に迅速な接種についての協力も呼びかけている。

《惜春の候、都道府県知事・市区町村長の皆様方におかれましては、ご多用の毎日をお過ごしのことと存じます。

さて、新型コロナウイルスのワクチン接種につきましては、これまでも皆様方に、多大なるご尽力をいただいているところであり、深く感謝いたします。

新型コロナウイルスへの対応は我が国の危機管理上緊要な課題である中、ワクチンは、感染症対策の決め手になるものであり、短期間のうちにすべての国民に対して接種できる体制を構築していく必要があります。そのためには、国と地方の十分な連携・協力のもと、接種体制の構築をしっかり進めていくことが重要であります。

本日、菅総理から、来週、ゴールデンウィーク明けには、約七〇〇万回分、それ以降は、毎週約一〇〇〇万回分のワクチンを全国の自治体に配布し、希望する高齢者には、七月末を念頭に各自治体が二回の接種を終えることができるよう、政府を挙げて取り組んでいく考えが示されました。

これから高齢者向けのワクチン接種が進むにあたり、一昨日、菅総理から円滑なワクチン接種に向けて、自治体の支援に万全を期すよう指示を受けました。これを踏まえ、総務省としては、厚生労働省との連携体制を一層充実させるとともに、総務省職員が自治体現場の抱える課題等を丁寧にお伺いしながら、課題や要望については関係省庁にフィードバックを行い、個別自治体の課題解決を促進することにより、ワクチン接種が円滑に進むようしっかり支援していきます。七月末を念頭に、高齢者への速やかなワクチン接種に向けて、皆様方、お一人お一人の一層のご尽力・ご協力をお願い申し上げます。

災害や感染症への対応など、ご心労の多い日々かと存じます。くれぐれも、ご自愛下さいませ。

令和三年四月二三日

総務大臣武田良太》

武田は、それだけでなく、総務省として四月二七日に「新型コロナワクチン接種地方支援本部」を発足させ、自ら本部長に就任した。

自治体協力など広がる総務省のワクチン接種体制

新型コロナワクチン接種地方支援本部は、地域政策課に事務局を置き、本部長には、総務大臣の武田が、本部長代理には、総務副大臣の熊田《くまだ》裕通《ひろみち》、総務大臣政務官の宮路《みやじ》拓馬《たくま》が就任した。

副本部長には、黒田《くろだ》武《ぶ》一郎《いちろう》総務事務次官、内藤《ないとう》尚志《ひさし》自治財政局長（現・消防庁長官）、大村《おおむら》慎一《しんいち》地域力創造審議官（現・総務省新型コロナウイルス感染症対策等地方連携総括官）が就任した。

新型コロナワクチン接種地方支援本部では、厚生労働省の自治体サポートチームと連携し、ワクチン接種進捗促進・課題抽出のための調査結果を共有し、個別自治体の取組状況や課題をフィードバックした。

また、四七都道府県の副知事、二〇政令指定都市の副市長と連携するネットワークを構築し、一七四一の市区町村ともあらゆる機会を通じて七月末までに高齢者のワクチン接種を完了させるには、どのような課題があるのか、ヒアリングをおこなうようにした。

さらに武田は、自ら積極的に動いた。四月三十日には、武田は、日本医師会に赴き、中川俊男会長、今《いま》村聡《むらさとし》副会長、釜萢敏《かまやちさとし》常任理事と面会した。

武田は、中川会長たちに対して、新型コロナワクチンの接種について、自治体と各地の医師会がいっそう連携を深めて取り組むことができるように協力を要請した。

「迅速な接種を進めるためには、各地域の医師会の協力が不可欠です。日本医師会からも働きかけをお願いします」

中川会長は言った。

「医師会としても、しっかりやっていきます」

医療行政は総務省ではなく、厚生労働省が所管するため、日ごろからの付き合いはなかったが、武田は、自身の政治判断で日本医師会に協力を要請する必要性を感じて、動いた。

武田は会談後、記者団に語った。

「自治体に協力して、接種体制を整えることで合意できた」

さらに五月十八日には、武田総務大臣は、田村憲久厚生労働大臣との連名で、各都道府県知事と各市区町村長に対して、「ワクチン接種体制の構築にあたって医師会への協力要請について」と題した通知を送った。

通知では、政府として日本医師会に協力の要請をおこない、合意したことや、日本医師会からも各都道府県の医師会長や郡市区の医師会長に対して、ワクチン接種への協力を推進する「新型コロナウイルスワクチン接種事業へのさらなるご協力について」と題する通知が送られたことを伝えている。

総務省のこうした動きや、各地方自治体の頑張りもあり、七月末までに高齢者のワクチン接種を完了させる動きは、当初の想定以上にハイスピードで進んでいくことになる。

令和三年五月四日には、『読売新聞』の朝刊が七月末までに高齢者の接種の完了を終える予定の自治体が全国一七四一市区町村のうち、約六五〇ほどだったのが、四月二十八日時点で、全体の約六割にあたる一〇〇〇自治体を超えたことを報じた。

『読売新聞』によるこの報道がされた時点では、政府としては正式な数字の集計はおこなっていなかった。が、この報道後、総務省として正式な調査をおこない、連休明けの五月十二日に公表した。

この段階では、「七月末まで」と回答した自治体は、全体の八五・六%となる一四九〇。「八月中」と回答した自治体が、全体の一〇・六%の一八五。「九月以降」と回答した自治体が全体の三・八%の六六であった。

その後、五月二十一日に公表された調査では、「七月末まで」と回答した自治体が、前回の調査よりも一二六増えて、一六一六となり、全体の九二・八%となった。

また、「八月中」が、全体の五・四%の九三。「九月以降」が全体の一・八%の三二であった。

六月二日に公表された六月一日時点での調査では、「七月末まで」と回答した自治体が前回の調査よりも一〇二増えて、一七一八自治体となり、全体の九八・七%になり、「八月中」と回答した自治体が、二一で、全体の一・二%に、「九月以降」と回答した自治体は、わずか二自治体で、全体の〇・一%であった。

さらに六月十七日に公表された六月十六日時点での調査では、七月末までに希望する高齢者の接種が完了見込みであると、全一七四一自治体が回答した。

武田良太総務大臣は、この日、菅義偉総理大臣に報告した。

接種体制が整った背景には、総務省による自治体の支援があった。

武田が菅総理の指示を受けて設置した「新型コロナワクチン接種地方支援本部」では、自治体に出向した経験のある職員がかつての出向先に電話などをして、自治体が抱える問題を聞き取るパイプ役となり、各自治体のワクチン接種環境の改善をうながした。

国会では、総務省の動きについて「国が自治体に圧力をかけている」と批判する野党の議員もいた。だが、武田は冷静に説明し、理解を求めることをこころがけた。

「われわれはそれぞれの自治体で、どういう問題がどういう状況で起こったかを検証し、解決するためにどうすればよいか、謙虚に伺っているんです。その実態をどうかご理解いただきたいと思います」

四月末から六月半ばにかけて、高齢者のワクチン接種が進むと、ワクチン接種をめぐる世論も変化してきた。

四月のころには、「政治家から打つべきだ」「閣僚から試したほうがいい」などという声もあった。が、今では、自治体の首長が先に打つと批判されるほど、ワクチン接種への関心が高まっている。

武田自身、ワクチン接種が非常に重要だと思っていた。

また、菅総理の並々ならぬ決意も感じた。それにより、武田自身、まさに川筋気質に火がついたのである。

武田は振り返って思う。

〈菅総理が四月末に会見した際には、多くのメディアは七月末にできるわけがないと散々批判していた。だが、総理自身が強く決断し、明確な目標時期を示したからこそ、迅速な接種が進んだんだ。菅総理の覚悟が現実をよい方向に変えたのだろう〉

武田は、またこの間の総務省の役人たちの頑張りを見てきて、思う。

〈総務省に何ができるか、を考えて、日々深夜までみんなが必死になって、自治体と連携をとり動いてくれた。総務省が国民のために頑張れることができてよかった。ここまで心一つに目標達成に向け、ひたむきに取り組んでくれた部下に心から感謝したい〉

総務省では、各自治体と日々連携をとって、詳細なデータをあげてもらい、連携を深めていった。自治体によっては、新型コロナについての危機感の濃淡があった。

やはり感染者が多い自治体は、危機感から早く動いていたが、あまり感染者の多くない自治体は出足が鈍いこともあった。

武田は振り返って思う。

〈この二カ月での総務省が取り組みによって、普段はわからない地方の自治体の実態が見えてくる部分もあった。瓢簞《ひょうたん》から駒ではないが、さまざまな問題が浮き彫りになり、各地の医療体制の状況も把握できた。その部分はこれからの総務省にとって、役に立つ面もあるだろう〉

地域によっては、特定の疾患《しっかん》に罹《かか》った場合、すぐに適切な治療を受けることが難しいときもある。そういう地域を今後、どのように改善し、国としてバックアップしていくのか。

武田は、今回の件を受けて、新たに総務省としての役割を感じた。

〈狭い日本列島の中で、住むところにより、命が助かったり、助からなかったりするという事実があることは、総務省としても、今後取り組まないといけない問題になっていく〉

武田は、ワクチン接種の推進のため、今回、たびたび菅総理と意見交換をする機会を持った。

そのたびに、菅総理のひたむきな姿勢に心を打たれた。

また、なかなかワクチン接種が浸透しない状況で、トップリーダーとして明確な目標を自らの責任で示した度胸と決断力に、改めて菅の凄さを感じたという。

菅は、さまざまな批判を浴びていたが、愚痴をこぼすようなことは一度もなかった。ワクチン接種推進のために、腹を括《くく》り、取り組んでいるのが伝わってきたという。

総裁選の〝次〟を狙って動き出す人びと

令和二年十月五日夜、宏池会（岸田派）は、東京都内のホテルで政治資金パーティーを開催した。会長の岸田文雄は、菅義偉総理に敗れた総裁選に触れて、語った。

「次は勝利できるよう政策を磨く。力を蓄え、精進したい」

さらに、岸田は、池田勇人元総理が創設した宏池会の流れを共に汲《く》む志公会（麻生派）や有隣会（谷垣グループ）との再結集を目指す「大宏池会」構想を念頭にして強調した。

「宏池会の大きな塊《かたまり》を実現できるよう、先頭に立って汗をかきたい」

このパーティーに先立ち、古賀誠は、宏池会の名誉会長職の辞意を岸田に伝え、パーティーも欠席した。古賀が名誉会長を退任したのは、岸田が麻生派との連携を深めていくためだと言われている。

古賀が名誉会長を退任したことについて打ち明ける。

「政権をとるために、わが身をどこに置くかを考えるのは当然のこと。宏池会の会長が総裁候補として戦ううえで、困るようなことはあってはいけない。だから、わたしは涙を呑んで派閥を辞めたわけです」

岸田文雄は、今後どのような政策を打ち出し、政権獲りを目指すのか。

最近の岸田の動きを見ると、保守色を強めているように感じられる。

令和三年三月二十六日、岸田は、自身のツイッターで、中国や北朝鮮のミサイルについて「直接的かつ喫緊の脅威」と指摘し、日本のミサイル抑止策が「不十分」とし、「敵のミサイル発射能力そのものを直接打撃し、減衰させることができる能力を保有することが必要」との考えを投稿した。

総裁選時の記者会見では「議論をすることは当然あってもいい」と述べるだけだったが、さらに敵基地攻撃能力の整備にまで踏み込んでいる。

岸田は、さらに四月六日にも、ＢＳフジの番組で、相手領域内での敵基地攻撃能力の保有について「日本としてやるべきことはやらなければいけない」と述べ、必要との考えを重ねて示した。

岸田の言動の変化は、次の自民党総裁選に向けて自民党内の保守層の支持を取り込むためのものと受け止められた。

古賀は、こうした岸田の言動の変化に警鐘を鳴らしている。

「岸田さんも麻生元総理とどういう連携をするのか、宏池会の理念を生かす勢力づくりをしていくのか。命がけでやってくれないと、わたしが身を引いたことが無駄死にになってしまう。色気を出して、本来の政策や理念から外れたら、そもそも意味がない。敵基地攻撃能力を保有するという主張を訴えるなら、宏池会の従来の理念とすり合わせるべきだし、会の伝統と歴史を生かすためのものでなければ意味がない〉

古賀は、戦後、長い間自民党が政権を担うことができたのは、自民党の中に、安全保障を優先するタカ派の考え方と、軽装備、経済重視のハト派の考え方の二本の柱があったからだと考えている。

〈国民が自民党に一貫して政権を与えてきたのは、保守とリベラルの両面があったから。もし保守だけだったら、国民が自民党を選択し続けてきたかはわからない〉

そのいっぽうで、古賀は、宏池会政権誕生への思いを人一倍強く持っている。

〈わたしは宏池会政権をつくりたいという思いは誰にも負けない。自民党は保守色だけが強いわけではなく、岸信介総理の次に池田勇人総理が所得倍増を掲げて成功したように、保守色だけでなく、経済を重視した国民の生活を重んじる政党であることも示すべき。そして、それを国民に示すことができるのが宏池会だ〉

かつて宏池会とともに保守本流を標榜《ひょうぼう》した田中派の流れを引き継ぐ平成研究会（竹下派）も小渕恵三総

理以来、二〇年以上にわたって、総理・総裁を出していない。それだけでなく近年は総裁選の候補者擁立すら、おこなわれていない。

古賀が語る。

〈竹下（亘）さんも病気との闘いがあるけれど、平成研究会にはもう少し頑張ってもらいたいという気持ちがあります。わたしは、岸田会長には、政策や理念を変えて保守にすり寄るのではなく、理念的に近い竹下派との連携を考えてほしい。そうでないと政権はなかなか取れないと思っています〉

現在は第一派閥の清和政策研究会（細田派）も長い間、総理総裁を出していない時期があった。だが、その時期に耐えて、保守の旗を変えずにいたから、今の時代がある。

古賀は語る。

〈岸田さんも、保守にすり寄るのではなく、宏池会の理念や哲学を広げていくかたちで、総理総裁を目指してほしい。宏池会はあくまでも軽武装、経済重視路線。そこは堅持してほしい。信念と哲学がぶれてしまったら、人もついてきません〉

菅総理の次の総理総裁候補は複数いる。石破茂元防衛大臣は、どんどん自爆して自ら総理への道を遠ざけていた。本命は、宏池会の岸田文雄会長であり、これまで安倍総理も自然と「岸田」の名を口にしてきた。人からの引き立てを受けやすいのは、岸田本人の持つ才能でもあるのだろうが、それ以上伸びることはない。

森喜朗元総理は思う。

〈岸田さんは人柄が良すぎる。が、もう少し戦わないといけない〉

令和三年初夏、岸田文雄が森喜朗を訪ねた。このときも、森は岸田を諭した。

「もうちょっと、存在感を見せなきゃだめだ。外務大臣を五年、その後政調会長も務めたのに、まったく発言も発信もしてこなかったじゃないか。変な意味でなくて、目立たなければダメだ」

岸田が質問してきた。

「たとえば、どんなふうに目立てばいいんでしょうか」

森は答えた。

「簡単だよ。たとえばおれはこの間、女性蔑視問題でやられただろう。ああいうときに、あんたが総務会か何かで『あれはおかしい。森さんは何も悪いこと言ってない。われわれがしっかり森さんを守らないと、オリンピックが開催できなくなる』そう言えば、マスコミがあんたのところに殺到したよ。そう思ってくれていた若い議員だってたくさんいたんだから。あんたが発言すれば『そうだそうだ』と同調してくれたはずだ。そんなことも言わないで、ただ黙っていただろう」

岸田は、無邪気に答えた。

「そうですか。それは気づきませんでした」

森は嘆息した。

「このままいったら、岸田さん、あんた絶対勝てないよ」

宏池会の伝統なのかわからないが、〝お公家さん〟である岸田の周囲には政局向けの人材がいなかった。二階派では、林幹雄が懸命に二階を支え続け、平成研究会も山口泰明が頑張っている。そうした人材が、岸田の周囲には見当たらない。

いっぽう、古賀誠から宏池会の派閥の長の座をもらい受けた岸田を面白く思っていないのが、谷垣グループである。このときに谷垣グループが「古賀さんがそう決めたなら応援しよう」とならず、「どうして岸田が」と反発しか起きなかったのは、全員が岸田を子分程度にしか思っていなかったからだ。森は思った。

〈町村さんとそっくりだ。あの人も、安倍さんを子分だと思って、下につくのを嫌がっていた〉

岸田派には、参議院から衆議院への鞍替《くらが》えを狙う林芳正、宮沢洋一《みやざわよういち》元経産大臣、派閥の最高顧問にもかかわらず令和元年の参院選で落選した溝手顕正の三人の実力者がいた。

ところが、この三人がまとまらない。それどころか、「もし岸田総理が誕生したら、おれは官房長官だ」「おれは財務大臣だ」と自分のほしいポストを狙うことばかり考えている。

そんな中、森喜朗が見る限り、本当に岸田文雄のことを思って行動していたのは、岸田派の事務総長を務めた望月義夫《もちづきよしお》元環境大臣くらいであった。が、惜しくも令和元年十二月に亡くなっている。

ただし、岸田文雄の総理への道が完全に閉ざされたわけではない。森喜朗は思う。

〈おそらく菅総理は長くて二期で終わりだから、六年だ。岸田さんはその間に力をつけていけばいい〉

岸田派から閣僚を出して派閥を強くすることも必要だ。岸田が〝お公家さん〟から脱皮できないのであれば、辣腕《らつわん》家を側近にすればいい。岸田にこそ、亀井静香のような力技が得意な人材が必要なのだ。

「3A」は二階牽制か？　焦点は「1K」岸田の動き!?

令和三年六月十一日、岸田文雄は、格差是正などの経済政策を考える「新たな資本主義を創る議員連盟」の設立総会を開いた。

この議員連盟の設立趣旨は、次のように掲げられた。

《近年、国内外において、成長の鈍化、格差拡大、一国主義・排他主義の台頭、国家独占経済の隆盛など、「資本主義」の価値が揺らいでいる。

要因の一つが「株主」資本最優先にある。

資本主義の根幹である「資本」は、本来、「固定」資本、「事業」資本、「人的」資本など、多種多様であるにもかかわらず、近年、苛烈な競争や利益第一主義の下で、「金融」資本とりわけ「株主」資本に焦点があたっている。

その結果、適切な「分配」政策の欠如が起こっている。

従業員、顧客、取引先、地域社会といった多様な主体へ適切な分配がなされず、「人」や「社会」を豊かにする資本主義の役割と寛容性が失われている。供給サイドにおけるイノベーションの重要性は論を俟《ま》たないが、同時に、イノベーションによってもたらせた利益が適切に分配され、消費力・購買力という需要サイドの強化が実現しなければ、持続的な経済成長は実現できない。

さらに、資本主義の対象が二〇世紀型の「モノ」から「コト」へ、情報・データ等にシフトすることで、資本主義は一層近視眼化するとともに集中・独占が起こりやすくなっている。

そして、利益や効率・合理性一辺倒の資本主義は、少数意見の尊重やプロセス・説明責任の重視といった民主主義の重要な側面の希薄化にも間接的に繋がっている。

こうした現状を打破するため、我々は、新たな資本主義の形として、「人的」資本を大切にする「人財資本主義」、さらに多種多様な主体に寛容な「全員参加資本主義」を実現しなければならない。

何よりも、分配政策の強化が不可欠である。企業利益のより適切な分配、大企業と中小企業との間の分配の適正化、企業内での人的資本投資の促進、教育費や住宅費負担軽減のための支援、子育て・家庭支援の強化などを図らねばならない。また、非正規雇用の増加と賃金の伸び悩みが起こる中で、働き方改革やセーフィテネットの見直しが必要である。

同時に長期的視点に立った経営が必要である。いざというときに従業員や家族、地域社会を守ることができる資本主義でなければならない。

また、資本主義本来の多様性や寛容性を確保するため、女性活躍政策などをよりいっそう推進するとともに、情報やデータの独占に対する適切な競争政策の実現が求められる。

本議員連盟は、こうした大局的問題意識に立ち、新たな資本主義の構築を目指す》

参加したのは、岸田が次期総裁選での支援を期待する安倍晋三前総理や麻生太郎副総理兼財務相、甘利明税調会長ら一四五人。

岸田は、自ら安倍と麻生のもとに何度も足を運び、議連への参加とともに最高顧問への就任を要請した。

国会内の会議室で開かれた設立総会で、安倍、麻生、甘利の三氏に挟まれた岸田は興奮気味に語った。

「いわゆる3Aがそろい踏みで（取材の）マスコミのみなさんはさぞ喜んでおられるだろう。最近は議連が大変注目を集め、今日も3Aそろい踏みだ。私、1K（岸田）から議連の趣旨を話したい」

「3A」は三氏の頭文字を指す。この議連の活動を通じて、岸田は党内での支持基盤を拡大したい考えだ。党内で強い権限を持つ二階俊博幹事長への牽制《けんせい》の動きとの見方も広がる。

二階派幹部も、議連への出席者の数に「そんなに集まったのか」と驚きの声を上げたという。

ただ、二階派からも若手の議員が参加していて、発足会では、二階派の、小林鷹之《こばやしたかゆき》衆院議員が進行役を果たした。そのことで、「派閥横断」の議連だということをアピールした。

麻生は発足式の挨拶で、冒頭、「真面目に政策を勉強する顔ばかりとはとても見えない。政局の顔がやたら見える」と冗談めかした。

甘利は、岸田の「3A」に触れた。

「『3Aは（米大リーグより下の）マイナーリーグ』と言う人がいるが、（経済上の）格づけでは日本国債より上。3Aの格づけがついたのは極めて幸先がいい」

二階派を牽制した。

いっぽう、岸田派内の反応は複雑だ。

「コロナ禍の今は菅政権を支える姿勢を示すべきだ」として、議連の設立に慎重な意見もあった。また、安倍、麻生両氏に接近しても「最後は、はしごを外されるのではないか」とか、「他の党内抗争に利用されて終わりかねない」と懸念を口にする幹部もいる。三氏は最近、経済安全保障の議連などで相次いで幹部に就いているからだ。

が、宏池会事務総長の根本匠はむしろ、宏池会を代表する岸田らしいやり方だと思っている。

根本からすれば、「新しい資本主義」という考え方は、いかにも保守本流の流れを汲む宏池会を背負った岸田らしい発想だ。

宏池会というのは伝統的に、同じ資本主義と言っても、温《ぬく》もり、温かみのある資本主義を追い求めてきた。

市場経済中心で、富む者は富み、そうでない人は貧しい。そのような社会は格差が表われて当然と考えられ、それだから社会が分断される。いわゆる、金融資本主義。強欲資本主義と呼ぶ人もいる。このような弱肉強食の資本主義とは、宏池会は一線を画してきた。それを象徴するのが、宏池会三代会長で総理ともなった大平正芳が提唱した「田園都市構想」だ。大平は、経済的な豊かさを求めて高度経済成長を遂げた戦後日本の方向性の見直しを訴えかけ、人間と自然が調和する国づくりを目指した。

大平は、青年期からの思想体験を政治家となってからも自らの理想国家、社会像の中に位置づけ、政権獲得時に学者陣を動員して、国土・地域政策分野について「田園都市構想研究グループ」を立ち上げた。

その成果は『田園都市国家の構想』という報告書となった。開かれつつも、人びとが地方で完結して生活できる都市の構想、伝統文化への深い視点、新しい共同体像にまで目配りされたもので、今後の理想社会像、モデルとなり得る可能性を持っていた。

議連が掲げる「新しい資本主義」は、格差拡大で資本主義の価値が揺らいでいるとして、競争よりも協調を重んじる資本主義社会の確立を目指す。

今の日本の情況を見ると、安倍元総理が提唱していた、アベノミクスの基本である「成長と分配の好循環」のうちの「成長」は望めない。岸田も「分配政策に力を入れるべきだ」と言っている。

アベノミクスは経済再生を背景にして「待機児童ゼロ」「介護離職ゼロ」と政策の幅を広げていった。そのうえで、元気な高齢者、家庭の事情で仕事ができない女性たちが働ける環境づくりをしていった。第二次安倍内閣下では、それらの人たち三八四万人の雇用を創出した。ある意味では、トリクルダウンを達成した。

ところが、コロナによるパンデミックにより、せっかく築き上げたシステムが停止してしまった。飲食業、宿泊業、陸運、小売、生活関連、娯楽、医療福祉の、いわゆる、コロナ七業種は逼迫《ひっぱく》している。そこで働いていたシングルマザーや非正規雇用者は路頭に迷っている。

政権を担っている自民党は、このことに正面から向き合い、雇用の維持、事業継続に向けての対応をしてきた。雇用調整助成金の拡充、コロナの影響で休業を余儀なくされた企業、従業員に対しての補償をおこなった。生活困窮者には新たに三〇万円を支給し、持続化給付金をはじめとした中小企業・小規模事業者政策をおこなった。それら現金給付は、戦後初めてのことだ。

菅義偉総理は、「ワクチンが切り札だ」とワクチン接種を推し進め新型コロナ蔓延を抑えこもうとしている。ワクチン接種が六五歳以上の高齢者約三六〇〇万人、約四八〇〇万人の医療従事者の接種が実現できれば重篤者が減る。それにともなって、集団免疫もつく。ワクチン接種を推し進めることで光が見えてくる。

そのいっぽうで、光が見えたときの新たな事業転換を後押しする。さらに、それぞれの生産性を高めるような努力を後押しする政策も必要になってくるだろう。民間企業の四分の一では、コロナが収束した際の、いわゆる、ポストコロナを見据えた新事業へのチャレンジ、転換の動きも始まっている。一億円を上限として融資をする事業再構築補助金を出すなどの政策を政府は打ち出している。

岸田文雄は、その先の先の未来を睨《にら》んだ政策を打ち出そうとしている。

設備投資などの企業に向けた支援とともに大事なのは、最低賃金の引き上げだ。最低賃金が上がれば格差が拡大している社会で中間層に厚みが増す。「分配」に力点を置いた岸田らしい政策となる。

ただし、どの業種も一律に上げればいいわけではなく、業種の特性を見なくてはならないだろう。業種によって賃金引き上げのあたえる影響が違う。もしも人件費を商品、製品の価格に上乗せできる業種であるのなら最低賃金を上げてもいいかもしれない。

しかし、コロナで最も傷ついている飲食業、宿泊業には大きく響く。そのあたりの業種の特性を配慮したほうがいい。製造業の賃金引き上げにしても、下請けに負担をかけることになってはまったく意味がない。

最低賃金の引き上げのためには、日本の企業の意識も変えていかなくてはならないとも根本は思っている。アメリカでは価格転換がスムーズにおこなわれ、それにともない、賃金も容易に上げられる環境にある。それに対して日本の企業、特に、直接消費者に商品を提供する企業の多くは同業他社と競合した場合、価格競争になってしまう。それも最低賃金の引き上げがうまく進まない要因の一つだ。その意識を変える政策を構築していかないといけない。

岸田の掲げる「新しい資本主義」は、分配の部分において、アベノミクスをよりブラッシュアップし、今の時代に合った新しい資本主義、公益資本主義を打ち出していく。岸田が、ここで「新しい資本主義」

を立ち上げた意味は大きい。

政局が仕掛けられない現状と近づく衆院選

令和二年九月に発足した菅政権について、古賀誠はどう見ているのか。

〈菅総理は、これまで官房長官として安倍さんを七年八カ月も支えてきたが、やはり官房長官と、一億三〇〇〇万人の国民の生命と財産を担う立場となる総理大臣とは責任感や重圧が違う。眠れない夜もあっただろう〉

政権発足直後、高い支持率を誇った菅政権だが、一時期支持率が急降下し、三〇％台にまで下がった。だが、令和三年三月頃からは持ち直し始め、上下を繰り返している。

古賀はあまり心配する必要はないと言う。

〈最初は戸惑いなどもあったろうが、菅さんは勘がいいから、支持率が持ち直してきた中で、これまでのキャリアによって培った実力を示してくれるはずだ〉

菅政権の先行きを案じる声もあるが、古賀はその点ではとても安心している。

〈現在の自民党には政局を仕掛けるような議員もいない。それと菅さんがラッキーなのは、有力なライバルが不在な点。もし前回の総裁選で接戦となる相手がいたら、また違った展開になっていただろう〉

さらに現在の情勢も影響しているという。全世界的なコロナ禍において、むやみに政局を起こすことは国民にも理解されにくいからだ。

〈この状況で、もし『ポスト菅だ』などと騒いだら、それこそ自民党そのものが空中分解して、与野党含めて政治が国民から見捨てられてしまう。こんなときに足の引っ張り合いをすることが期待されないのは岸田さんも石破さんも理解されているはずだ〉

さらに、現在の党は、菅政権の誕生に関わった二階俊博幹事長と森山裕国会対策委員長の二人がしっかり支えている。

この点についても古賀は語る。

〈二階さんの重しと、森山さんの調整力で、国会はうまく運営されている。そういう環境にあることも、菅総理の強運さを示しているのではないか〉

古賀は、令和三年九月に迫る自民党総裁選についても思う。

〈今はコロナ禍に対して自民党全体が一致団結して、菅総理のもとで安定した政治を続ける必要がある。誰がやっても大変な状況なのだから、総裁選どころか、菅総理の無投票再選になってもいいくらいだ〉


山口泰明選挙対策委員長は、いつも選挙については語っている。

「選挙は、王道でいくべきだ」

山口は、選対委員長という立場上、番記者たちからはよく解散の時期について訊かれることがあった。菅内閣が発足したころには、「それは、あくまでも総理の専権事項だ」とありきたりの答えをしてから、年末、国会が開かれる冒頭解散、予算案が通過したあとなど、いくつか解散するタイミングを挙げ、そして煙に巻いた。

「おれに言えるのは、年末解散はないよ。あとは総理が決めることだ」

解散の時期はあくまでも総理が決めること。山口が口を出すことではない。間違いなく言えるのは、菅総理の在任中に、衆院選はおこなわれるということだ。

山口がしなくてはならないのは、解散の時期をいつ総理が決めてもきちんと選挙を戦える態勢を整えておくこと。

たとえば、同じ自民党候補同士が立ちたいと思っている競合区がいくつかある。県連をはじめ地元の人たち、地元の状況をかみ合わせて早めに決めておかないと、その地区から立候補する議員はいいとしても、競合から漏れて別の形で立候補する候補者もいる。その候補者こそゼロから準備をしなくてはならないからだ。党としても、そのような候補者にこそ協力しないと、対抗馬に有利になってしまう。

埼玉県川越市を中心とした埼玉県七区もその一つで、今回は県会議員の中野英幸《なかのひでゆき》が立候補することに決まった。現職の神山佐市《かみやまさいち》は比例区にまわる。実は、川越は保守色の強い地域で、地元で生まれ育った候補者が強い。競合相手の立憲民主党の小宮山泰子《こみやまやすこ》は、父親の重四郎《じゅうしろう》が川越をふくめた旧埼玉二区で活動し、郵政大臣も歴任していた。

小宮山自身も川越で生まれ育ったために自民党支持層の一部に食い込んでいる。それに対して、神山は同じ埼玉でも富士見市の生まれで埼玉七区の縁は薄い。次の選挙は侮れない。勝つには「地元の出身者で」という地元の声を汲み取って決定したのだった。

いっぽう、心配があるとすれば、三回生までの当選回数の少ない議員たちである。彼らの多くは、第二次安倍内閣の高い支持率という追い風に乗って当選してきた。そのため、自分で選挙戦を戦わないといけないという自覚があっても、厳しい状況での戦いが肌感覚としてはわからない。

前回の参院選で、大分県選挙区から立候補した磯崎陽輔《いそざきようすけ》は三回目の当選を果たせなかった。総務省出身で安倍総理の側近とも言われていた磯崎は、山口から見ても、よく仕事ができた。

しかし、地元への働きかけが弱かった。山口も、何度か地元に力を入れるように話したこともあったが、ついに落選してしまった。

山口はいま、坂戸ガスの会長を務めているが、「サービスをしていると自分では思っていても、お客さまがサービスを受けたと思わなければサービスをしているとは言えない」と社員たちに常に話をする。それと同じで、候補者たちは自分で懸命に地元に働きかけたと思っても、地元有権者たちの投票活動につながらなければ地元に働きかけたとは言えない。そのことが、追い風を受けて当選してきた若手にはわかりにくいかもしれない。

しかも、そのなかには、比例復活で当選した議員もいる。その数は二五名にも及ぶ。党では、比例復活での当選は原則二回までと決めている。三回以上続けている議員には、それぞれの状況を見極め、都道府県連の意向も加味し、公認の判断をする。二五名のなかには、この秋までにおこなわれる衆院選ではその党の規則は適用されないと思いこんでいる議員もいる。

選対委員長としては、次回の衆院選で最低限与党で過半数を獲得し、現有議席に近づけるための努力を日々積み重ねていく。いまはあくまでも菅政権を支えることが党としては何よりの優先事項である。それが、山口がいまできる菅総理の支え方である。

総理・総裁の椅子をめぐる有為転変

安倍総理の辞任後、七年八カ月ものあいだ安倍政権を支え続けた菅義偉がその座を譲り受けた。

森喜朗元総理によると、菅総理はコロナ対策やオリンピックの準備を粘り強く進め、令和三年（二〇二一年）六月におこなわれたG7首脳会議（サミット）でも、その存在感をしっかり示した。アメリカのバイデン大統領の力添えがあったにせよ、オリンピック開催について全首脳から支持をもらい、G7声明でも言及した意義は大きかった。菅総理は、外交面も安倍前総理を手伝いながらしっかり学んできた。

数々の国難と課題に対し、菅総理は意外なほどのしぶとさを見せている。安倍とはまったくタイプが異なるが、菅には菅の持ち味や良さがある。

が、二階幹事長は菅総理を十分評価し、しっかり支えながらも、「演説はもっと力強く」など、いろいろと注文をつけているようだった。

森喜朗元総理は、二階に言った。

「あまりやり慣れないことを総理にさせないほうが良いですよ。あの人は秋田県の農家出身で〝地元の助役さん〟のようなイメージのほうが受けがいい。菅総理らしさを残したまま、一つひとつ仕事をしていけばいいんだから」

コロナは対策が極めて困難であり、誰が総理大臣になってもうまくいくはずがない。

それを政治利用しているのが野党である。オリンピック開催についても、野党は共産党のみならず、超党派で開催直前になって「中止しろ」と叫んで政局に利用し続けた。現実的に考えて、今さら延期や中止などできるはずはなかった。

国民がみんなコロナで参ってしまい、菅内閣の支持率が下がっていた。そんな中、森喜朗元総理は思っていた。

〈オリンピックが成功して、なんとか乗り切れば、案外、選挙もうまくいくのではないか〉

令和三年（二〇二一年）秋におこなわれる総裁選でも、よほどのことがない限り菅総理の続投となるだろう。

森元総理によると、派閥の存在が揺るぎやすいのは、名門の清和政策研究会も同様だった。現在、一〇〇人近い派閥議員を抱えているが、その半分は総裁派閥だったから参加している。みんな当選三回以下の若手で、安倍総理と酒を酌《く》み交わしたこともなく、安倍の手で育ってきているわけでもない。が、令和三年秋までにおこなわれる衆院選で、かれらを救ってやらねばならない。

安倍前総理が動くとすれば、次の選挙後ということになるだろう。すでに清和研は、実質的に安倍派のようなものである。が、父親の安倍晋太郎の安倍派時代はあっても、安倍晋三派になったことは一度もなかった。三塚派、森派、町村派、細田派と続く中、安倍は常に後輩の養成に尽力し、その人たちが今、伸びてきている。

森喜朗は思った。

〈そうした意味で、安倍さんの真骨頂はこれからかもしれない〉

総理退陣後の安倍晋三は、新しい薬がよく効いて体調が回復した。病気さえ薬で抑えることができれば、もともと健啖家で精神的にもタフである。

安倍前総理がこれだけ強大な政治家になったのは、派閥の力によるものではなかった。安倍を押し上げていったのは、根本匠、甘利明、塩崎恭久、菅義偉、石原伸晃などである。派閥内ですでに閣僚を経験した各議員が、その後伸び悩んで再び閣僚入りを果たせず、くすぶって、造反し安倍晋三のもとに集まった。

こうした安倍総理に近い世代の政治家は、かつて「政策新人類」と呼ばれた。自民党の若手、石原伸晃、塩崎恭久、茂木敏充、渡辺喜美《わたなべよしみ》らで、世代的には平成五年、細川政権が誕生した総選挙で初当選した世代が中心だ。

平成二十四年九月の自民党総裁選では、町村派（清和研）の町村信孝が立候補の準備にかかっていた。これでは同じ清和研から、安倍晋三と町村信孝二人が出馬することになってしまう。

かつて森派を率いた森喜朗は、町村を説得しにかかった。

「どうだい、もう少し情勢を見て、ここは安倍を立てておかないか」

が、町村は反発した。

「なんで、おれが安倍を立てなきゃならないんだ」

町村は東大を卒業後、通産省に入省した元官僚である。古い官僚気質をもつ町村はプライドが高く納得できなかったらしい。そこで森は、安倍晋三に連絡を取った。

「もし総裁になったら町村を幹事長にしてやる約束はできないか？」

「いいですよ」

森は、町村を説得にかかった。

「安倍さんが総理になったら、町村さんを幹事長にする約束を取り付けた。今回はそれで行け」

が、町村は頑として言うことを聞かなかった。

「なんでおれが安倍の部下にならなきゃいけないんだ。おれは町村派の会長だよ。当然、わたしに票が入るはずだ」

森はそれを否定した。

「今の町村派は、半分が安倍支持だよ。残り半分は票を獲得できるとして、町村くん、あとはどこから票をもらうんだ？」

「わたしの友人たちが助けてくれる」

「友人とは誰だ？」

「同期生だ。伊吹さんや大島《おおしま》さんだ」

町村の同期生には、伊吹文明や大島理森《ただもり》のほか、二階俊博、額賀福志郎、甘利明などがいた。

が、森は言った。

「みんなそれぞれ派閥の重要人物になっている。簡単に支持はしてくれないよ。その点、安倍さんは各派のトップクラスでなくて、中堅から上の実務的な連中がみんな推してるんだ。だから強いよ。ここは安倍を立てて、きみは幹事長ポストを手に入れろ」

それでも町村は首を縦に振らなかった。

「そんなの待っていられない」

結局、町村信孝は総裁選に立候補した。残暑が厳しい中、町村は激しい遊説スケジュールを組まされ、選挙戦の途中で倒れてしまった。入院生活は長引き、そのときに見つかった脳梗塞《のうこうそく》がもとで、総裁選から約三年後の六月一日に亡くなった。七〇歳だった。

森は思った。

〈惜しいことをしたな……〉

が、逆に見れば安倍晋三の運の強さとも言える。森は思った。

〈安倍さんは、腹の中ではやっぱり「もともと派閥の世話にはなっていない」という気持ちがあったんだろう〉

第二次安倍内閣がスタートしてからの安倍総理は、自分の力で、多くの同志を獲得していった。

森喜朗は思う。

〈自分のもとに集まった同志をしっかり教育すれば、安倍さんは本当の大軍師になれる〉

安倍晋三前総理は、令和三年五月三日夜、ＢＳフジの報道番組で、九月に自民党総裁任期満了となる菅総理について語った。

「この難しいコロナ禍の中で本当にしっかりやっている。当然、菅総理が継続して総理の職を続けるべきだ。昨年、総裁選をやったばかり。その一年後にまた総裁を代えるのか。自民党員なら常識を持って考えるべきだ」

二階俊博幹事長も、五月十一日の記者会見で、安倍の発言に賛同を示した。

「政治の安定が一番大事だ。現在、菅総理に対する国民の期待や支持は順調な高まりを見せていると判断している」

加藤勝信

西村康稔

松野博一

安倍晋三前総理は、政治評論家の鈴木棟一が定期的に主催する永田町社稷会での講演で、はっきりと語った。

「わたしの持病はすっかり良くなった。新しい薬のおかげで、あと一、二回病院で点滴を打てば、万全になる」

安倍晋三前総理は、六月に「医師に免疫抑制剤は、もう卒業していいと言われた」と打ち明け、見違えるほど気力あふれる姿を見せている。

安倍は月刊誌『Ｈａｎａｄａ』七月号のインタビューで、「ポスト菅」候補に、竹下派の茂木敏充外務大臣、加藤勝信官房長官、自身の出身派閥である細田派の下村博文政調会長、昨秋の総裁選で敗れた岸田派を率いる岸田文雄元政調会長の四人の名前をあげた。

さらに翌月の同誌では、下村と同じ細田派の有力候補として、文部科学大臣の萩生田光一、経済再生担当大臣の西村康稔、元文部科学大臣の松野《まつの》博一《ひろかず》を加えた。

安倍は「わたしも名前を挙げてください、と言ってきた人がいるから」と周囲に苦笑したが、名前を出された側にとって意味は大きい。安倍のお墨付きを得ることで「将来の総理の椅子」に近づく可能性があるからだ。

実際、この四人は派内で「安倍四天王」と呼ばれ、一目置かれるようになった。

第12章　さまざまな思惑

二階幹事長の〝幹事長〟外の多面活動を見る

二階俊博は、自民党の幹事長として、外交問題にも積極的に取り組んでいる。

令和三年（二〇二一年）六月三日、二階は、中国山東《さんとう》省青島《チンタオ》で一日からおこなわれている国際会議「グローバル健康フォーラム」の分科会討論会にオンラインで出席した。

二階は、健康や脱炭素について、「日中両国が互いの資源を補完し合いながらアジアを先導する枠組み」の必要性を訴え、さらに語った。

「世界の平和と安定は日中がともにつくる」

さらに、六月十五日には、二階は、自分が会長を務める「自由で開かれたインド太平洋」推進議員連盟の設立総会に出席し、語った。

「この議員連盟がずっと大きく続き、われわれの思いが国際的に広がっていくよう期待したい」

二階が、自身の中国外交について語る。

「中国は大国ですから、上手に付き合っていくことが大事です。日本はアメリカとも仲良くしないといけないし、中国とも仲良くしないといけません。日本は武力があるわけではないのだから、知恵を働かせて、外交こそ活発にやらないといけません。それこそ政治家の責任です」

近年は、中国が経済的にも軍事的にも強大化してきたこともあり、メディアなどで中国への批判を声高に叫ぶ議員も増えてきている。

二階は語る。

「外野から批判しても意味がない。当たり前のことですが、批判をするにしても、相手に自分の意見が届くような関係を築いていないと、相手も耳を傾けてくれません。ただ外野から野次を言うことは政治家の仕事ではありません」

二階は、令和三年六月十七日に発足した「自治会・町内会等を応援する会」の会長にも就任した。この会は、安倍晋三元総理、伊吹文明元議長が名誉顧問を務めている。

この日おこなわれた第一回目の会合には、国会議員四〇人が出席し、入会者は約一二〇人になる見通しだ。

二階は集まった参加者を前に語った。

「地域社会を支えてくださっている皆さまの要望にしっかり応えなくてはならない」

名誉顧問の安倍も語った。

「残念ながら町内会の運動会やお祭りを続けることが困難になっている地域が出てきた。助け合いの社会を維持していくうえにおいても、危機感を持って応援していかなければならない」

二階がこの議員連盟を結成した意義について語る。

「日本の民主主義において、見逃されがちですが、自治会や町内会の影響力はきわめて大きい。各地域を地道に支えてくれている人の存在はとても大事なんです。たとえば消防団もそうです。わたしは秘書時代から、会合の場で、サイレンが聞こえると、パッと立ち上がり『行ってきます』と駆け出していった地域の消防団員さんの姿を何度も見かけていますが、そのたびに『責任感があって、頼もしいなあ。ああいう人たちが日本の社会を支えてくれているんだな』といつも思います」

二階幹事長は、小池百合子東京都知事とも、頻繁に意見交換をしている。

令和三年六月二十五日に告示された東京都議選は、当初、前回の都議選で主役となった小池百合子都知事が不在のまま選挙戦に突入した。小池が過労を理由に六月二十二日から入院したからだった。

小池の不在もあって、当初、都民ファーストの会は苦戦することが予想されていた。

だが、六月三十日に退院した小池は、投・開票日前日の七月三日にようやく動く。選挙応援に初めて参加し、都民ファーストの会の候補者の事務所一八カ所を訪れて、激励した。

こうした小池の動きが有権者やメディアの注目を集めたこともあり、蓋《ふた》を開けてみると、都民ファーストの会は、改選前の四五議席からは減らしたものの、三一議席でとどまり、千代田区などの一人区でも勝利をおさめ、予想以上の善戦となった。

いっぽうの自民党は三三議席を獲得し、都議会第一党を奪還したものの、選挙前は五〇議席前後の獲得予測が流れていたこともあり、決して芳しい結果ではなかった。

七月八日、二階は、TBSのCS番組収録で、小池知事が五輪後に衆院選に出馬し、国政に復帰する可能性が取り沙汰《ざた》されていることについて語った。

「国会へ戻って来られるなら、大いに歓迎だ」

二階は小池の都知事転身を振り返り、語った。

「人に頼ることなく手を挙げて知事を目指し、多くの人が拍手を送った。彼女の優れた政治経験で十分計算した結果だ。見事だ」

また、小池が都議選最終盤に療養から復帰して都民ファーストの会の候補を激励したことについても語った。

「全体を見通して計画的にやっている。（自民党の）負けは負けだ」

二階は、小池についても筆者に語った。

「彼女は、広い意味で、日本のリーダーの一人であると思っています。国政復帰については、ご本人の決断次第でしょう」

二階は、赤坂の議員宿舎では、腹心で幹事長代理の林幹雄、国会対策委員長の森山裕と菅総理の「四人組」で月一回ペースの会合を重ねる。

二階は言う。

「何もなくたって顔を合わせるのが大事だ。そうすれば何かあったときに、顔を見ればわかる」

七月七日昼、総理官邸を訪れた二階幹事長は、一緒に冷やしうどんを食べていた菅総理に声をかけた。

「しっかりやってください。党もしっかりバックアップしますから」

直前の東京都議選で、自民党は事実上の敗北を喫していた。普段、聞き役に回ることの多い二階が口を開いたのは、菅の不安を察したからだった。

「ワクチン一本でやりたい」

菅は、新型コロナウイルスワクチンの接種加速に全力を挙げ、政権への不満を払拭《ふっしょく》すると伝えた。二階もうなずいてみせた。

「3A」の二階牽制に対する反撃策の発動

自民党総裁選や解散総選挙が迫る中で、自民党内では政局含みのさまざまな動きも活発になっている。

安倍前総理も二階俊博幹事長も、菅義偉総理の再選支持で足並みをそろえているが、総裁選後の主導権を巡って、水面下では激しい神経戦を繰り広げ始めていた。

令和三年五月二十一日には、自民党半導体戦略推進議員連盟の初会合が開かれた。

半導体戦略推進議員連盟には、「3A」と呼ばれる安倍晋三元総理、麻生太郎副総理兼財務大臣、甘利明税調会長の三人が幹部として名前を連ねた。

「3A」の動きは、菅政権誕生の産みの親で、菅総理の再選を推進する二階俊博幹事長に対抗する動きとして、マスコミを騒がせた。

この日の会合で、麻生は、二階を牽制するかのように語っている。

「A（安倍）、A（麻生）、A（甘利）。三人そろえば、なんとなく政局という顔」

「3A」の動きはそれだけではなかった。

六月八日の日豪国会議員連盟でも、安倍と麻生が最高顧問に、甘利が顧問に就任している。

六月十一日には、「3A」との関係強化を目指す岸田文雄前政調会長も、格差是正などの経済政策を考える「新たな資本主義を創る議員連盟」の設立総会を開いた。

岸田の議連には、安倍や麻生、甘利を含めて、一四五人が参加した。国会内の会議室で、安倍、麻生、甘利の「3A」に挟まれて興奮気味に語った。

「『3A』そろい踏みであります」

いっぽうで、こうした「3A」の動きに対抗するかのように、老練な政治力を持つ二階幹事長も、奇策とも言える大きな動きに出た。

五月下旬、二階は、自民党本部の幹事長室で切り出した。

「あのなんとか議連ってのは、何なんだ?」

二階派に所属する筆頭副幹事長の山口壮《やまぐちつよし》が応じた。

「半導体ですか」

さらに二階の右腕である幹事長代理の林幹雄が、冗談交じりで合いの手を入れた。

「『反動隊』と言われているやつですね」

二階の言う「なんとか議連」とは、もちろん、「3A」が主導する「半導体戦略推進議員連盟」のことだった。

二階は、林たちを前に宣言した。

「総理大臣経験者が二人も出てきて、何をやる気なんだ。おい、うちでも何か議員連盟を立ち上げて、もっと人を集めてやろうか。アイデアを出せ」

林は応じた。

「わかりました。われわれも風呂敷を広げてみましょう」

この二階の提案により発足することになるのが、「自由で開かれたインド太平洋推進議員連盟」だった。

アイデアは、二階派に所属する国際局長の小泉龍司《こいずみりゅうじ》の発案だった。小泉は林のもとに来て相談した。

「幹事長がこの前話していた議連ですが、安倍前総理が推進していた『自由で開かれたインド太平洋』構想をテーマにするっていうのはどうでしょうか」

「自由で開かれたインド太平洋」構想とは、インド洋と太平洋という二つの海洋にまたがる広大な地域にルールに基づく国際秩序を構築し、この地域の安定と繁栄を促進しようというもので、平成二十八年（二〇一六年）の第六回アフリカ開発会議（ＴＩＣＡＤ６）で当時総理大臣だった安倍が提唱した外交戦略だ。

第二次安倍政権は、経済力と軍事力を年々拡大させて、存在感を強めていく中国に対抗するため、インドやＡＳＥＡＮ諸国、オーストラリアなど中国の動きに警戒感を強めている国々との連携を深めていた。

こうした安倍政権の構想に対して、当時のアメリカのトランプ政権も歩調を合わせている。

トランプ大統領は、平成二十九年十一月十日に、ベトナム・ダナンを訪れた際にも、演説で言及した。

「『自由で開かれたインド太平洋』というビジョンを、この場で共有できたことを光栄に思います」

林は、小泉の提案を受けるや、ただちに賛同した。

「その議連、いいな。幹事長に話してみよう」

二人は、二階のところに赴き、議員連盟のアイデアを伝えた。

話を訊くと、二階は何か閃《ひらめ》いたようであった。

「それは面白いんじゃないか。構想のもともとの言い出しっぺは、なんといっても安倍さんなんだから、この際、安倍さんに最高顧問をお願いしてみたらどうだ」

安倍が総理時代に中国への牽制を念頭に提唱した構想に、二階が乗り、さらに麻生や甘利とともに動いていた安倍自身も取り込もうというべきいわば「抱きつき作戦」であった。

また二階は、議員連盟についてさらにアイデアを膨らませ、提案した。

「日韓友好議連もあれば、日中、日印、日越、それぞれの議連がある。『自由で開かれたインド太平洋推進議員連盟』には、安倍さんだけでなく、各国と関係する議連の会長たちにも顧問格で入ってもらおう」

林は応じた。

「幹事長、いいアイデアですね。壮大な議連になりますよ」

現在、日韓友好議連は額賀福志郎元財務大臣が、日中友好議連は林芳正元文科大臣が、、日印友好議連は細田博之元幹事長が、日越友好議連は二階自身が務めている。

政治経験が豊富で、各国にパイプを持つ彼らが参加してくれれば、議連も大規模なものになることは間違いなかった。


六月八日、林幹雄幹事長代理は、小泉龍司とともに、安倍に会うため衆議院第一議員会館の安倍事務所を訪れた。

林は、議員連盟の設立趣意書を渡しながら、切り出した。

「今度、二階幹事長が会長になるこの議員連盟を立ち上げるのですが、安倍さんにも、ぜひ最高顧問をお願いしたいんです」

林と小泉は、安倍に議員連盟の幹部になるように、と要請した。

安倍は一瞬驚きを見せながら、言った。

「え⁉　二階さんが会長なの？」

「そうです。お願いします」

安倍は設立趣意書に目を通しながら、訊いた。

「わかりました。やりましょう」

林と小泉は、さらに要請した。

「安倍さん、設立総会で記念講演をお願いできませんか？」

最高顧問はすぐに引き受けた安倍だったが、この要請には渋った。

「それはちょっと……、自分が話すのは勘弁してほしい」

だが、安倍は自らの代役として気脈を通じる元外務官僚の兼原信克《かねはらのぶかつ》を紹介してくれた。安倍と同じ山口県出身の兼原は、第二次安倍政権時代に内閣官房副長官補や国家安全保障局次長を歴任するなど、このテーマについての講師としてはうってつけの存在であった。

林は、この日、菅義偉総理にも議連の設立を伝えた。

二階が会長の反3A議連に安倍は及び腰参加

六月九日、この動きについて「3A」の一人、甘利明税調会長は反発した。

甘利は、TBSの番組に出演して、発言した。

「中国とすれば一番痛いところを突かれる仕組みだ。二階幹事長が会長に座って大丈夫か」

甘利の発言には、台頭する中国を睨《にら》むインド太平洋構想を推進するのにあたって、中国と深いパイプを持つ二階に務まるのかという意図があった。

甘利はさらに語った。

「二階幹事長周辺にしても政局は得意な人ばっかりですからね」

甘利明

六月十五日、二階幹事長が会長を務める「自由で開かれたインド太平洋推進議員連盟」は、設立総会を開いた。

設立総会では、二階派の伊吹文明元衆院議長とともに最高顧問に就任した安倍前総理が語った。

「いろんな顧問を引き受けているが、この会こそ、わたしも最高顧問を引き受けたいと思った。『自由で開かれたインド太平洋』の認識が世界に広がっていくように頑張っていきたい」

ジョークを交えた安倍のスピーチに多くの議員が詰めかけた会場は笑いに包まれた。

さらに二階も、会長として挨拶に立った。

「安倍前総理にはこの会をリードしてもらいたい。この議員連盟がずっと大きく続き、われわれの思いが国際的に広がっていくよう期待したい」

この日は参院本会議が同時刻に開かれたために、参院議員の参加はなかった。

だが衆院議員だけでも、一三一人が参加し、代理出席も四〇人もいたという。

兼原信克元官房副長官補の講演も、評判がよく、設立総会は盛況のまま終わった。

実はこの日、「自由で開かれたインド太平洋推進議連」が始まる午後五時に合わせて、甘利が会長を務める半導体議連も、勉強会をセットしていた。

そのため、開催の数日前から自民党の議員たちはどちらに参加するかを迫られたかたちになり、一部には「踏み絵だ」との声もあがっていた。

二階派の議員たちも、あからさまな半導体議連の動きに対して、「喧嘩《けんか》を売られた」と認識していた。

そのため、派内には太字で「必ずご出席を」と書かれた紙が配られるほどだった。

二階派の会長代行を務める河村建夫元官房長官は、半導体議連の事務局長を務める細田派の関芳弘《せきよしひろ》に電話をかけ、対立がさらにエスカレートしないように忠告した。

「やばいことになっとるぞ」

結局、半導体議連側は「重なっているとは知らなかった」と説明し、会合開始を当初よりも三〇分後ろ倒しにすることを発表した。

議連の動きが過熱したこともあり、林は、甘利から頼まれた。

「林さん、マスコミも派閥の争いかのように書き立てているから、会長代行として半導体議連にも入ってくれませんか。わたしの下に代行で入ってください」

林は言った。

「わかりました。幹事長に相談してみます」

林が甘利からの提案について話すと、二階は「どっちでもいい」のひと言だった。

結局、林は会長代行ではなく会長代理となり、三〇分遅れで始まった半導体議連にも顔を出した。半導体議連には五〇人前後の参加者がいて、なかには「自由で開かれたインド太平洋推進議連」の設立総会と掛け持ちしている議員もいた。

林幹事長代理が振り返って語る。

「二階幹事長を議連の会長にしていいのかと懸念する声もありましたが、それはまったく的外れな指摘です。そもそも中国を排除したり、中国と喧嘩をするための議連ではなく、一緒にやりましょうと地域の安定のために協力を呼びかけるための議連なんですから、二階幹事長ほど適任の人はいませんよ」

令和二年八月に総理大臣の職を退いた安倍前総理だが、最近はさまざまな議連の顧問に就任したり、細田派の若手議員の集会の講師を引き受けて各地を行脚《あんぎゃ》するなど、活発に動き出している。一部には、安倍の再々登板を期待する声もあがるほどだ。

六月三十日夜、東京・赤坂の「津やま」で、二階俊博幹事長と林幹雄幹事長代理、安倍晋三前総理と細田派の柴山昌彦《しばやままさひこ》幹事長代理の四人は会食した。

会合は、ウーロン茶の乾杯で始まった。

冗舌な安倍に対して、二階はいつものように聞き役にまわり、言葉は少なかった。

話題は間近に迫る東京都議選や、小池百合子東京都知事の動き、さらに、二階派と細田派で候補者が重複している衆院選の選挙区にまで及んだ。

新潟県二区では、細田派の細田健一《ほそだけんいち》と二階派の鷲尾英一郎《わしおえいいちろう》が公認の座を争っていた。

平成二十九年の衆院選では、民進党を離党して無所属となっていた鷲尾が細田を破った。鷲尾は、その二年後に菅義偉官房長官の後押しを受けて、自民党に入党していた。

さらに群馬県一区でも、細田派の尾身朝子《おみあさこ》と二階派の中曽根康隆《なかそねやすたか》が公認の座を争っていた。

前回の衆院選では尾身が小選挙区で当選し、中曽根は比例北関東ブロックにまわった。

だが、中曽根はその後、活発に地元をまわり、後援会づくりにいそしんでいた。

二階や安倍は、各選挙区についての情報交換をおこなった。

さらに二階派の会長代行の河村建夫の出馬する山口県三区から、岸田派の林芳正参議院議員が鞍替え出馬を模索していることについても語った。

安倍も隣の山口県四区選出だけに事情には詳しい。実弟の岸信夫防衛大臣が自民党山口県連の会長を務めていることを念頭に語った。

「『山口県連の推薦とかそういう勝手なことは現職の河村さんがいるんだからできないよ』と弟にもピシッと言ってますから」

また安倍は自身が第一次安倍政権で退陣したあと、選挙区をこまめにお詫び行脚にまわり、平成二十一年八月の衆院選で大量得票を果たしたことを引き合いに出して、河村を激励したことも語った。

「わたしも戸別訪問に力を入れたときが、総理大臣のときよりも結果が良かった。河村さんにも一軒一軒まわるように言ってますよ」

なお、これまでの安倍と二階の会食は二階側が支払いを持っていたが、この日は安倍側が持ったという。

細田派の細田博之会長は、八月八日、松江市で記者会見し、菅総理の総裁任期満了にともなう総裁選で、菅総理の再選を支持する意向を示した。

「菅総理は最大の苦労をしている。政治的責任を問うというよりは、われわれはこの状況に耐えて乗り越えていかなければならない」

岸田・石破の菅政権との距離感を探る

自民党総裁選まで残り二カ月を切った。岸田が出るのか出ないのか。それはまだ岸田の腹の内だ。

総理の座についている菅は、コロナ対策をはじめ目の前の危機に全力を注いで対応している。その菅総理を、誰もが示し合わせたように「総理有事の菅」「危機管理の菅」と評価している。確かにそれだけの力量を菅総理は持っているが、常に最終的な決断は菅総理が下しているように根本には見える。それが菅政権の欠点で、安倍前総理が「今の菅総理には菅官房長官がいない」と語ったように官邸は菅総理のワンマン体制になっている。

その安倍前総理が、菅の後任候補に、外務大臣の茂木敏充、官房長官の加藤勝信、政務調査会長の下村博文、そして、岸田の四人の名前を挙げた。この四人のなかで唯一派閥の長なのが岸田で、派閥からの支えがあるという意味で強みがある。

さらに言えば、今のような先行きの見えない不確定な時代だからこそ、熟慮して結論を出す安定型の政治家こそが必要だ。つまり、その政治家こそ岸田文雄だ。時代の要請に応えるためにも、根本は岸田を押し出して闘っていく。

総裁選の結果もあり、総裁選後、永田町では石破の影響力低下を噂する声も一時的に増えた。だが、世論調査を見ると、いまだに石破の人気は根強いものがある。

日本経済新聞社が令和三年四月におこなった世論調査では、「次の総理にふさわしい人は？」との問いに、二四％を獲得した河野太郎行政改革担当大臣に次いで、石破は一六％で二位につけている。総裁選で二位になった岸田が五％で五位なのとは対照的だ。

石破はこの数年、世論調査の「次の総理にふさわしい人は？」の項目で常に上位をキープし続けている。

石破はそれをどう捉えているのか。

「総裁選で、徹底してわたしを潰そうと思った国会議員の一群があったのかもしれない、と言われています。議員票の相当部分が岸田さんにまわったことを、その証左だと解説するメディアもありました。ですが、総裁選のあともこれだけの方が総理候補としてわたしに期待を寄せてくださっているのはありがたいですね。

去年の総裁選は、わたしとしてはこれまでのどの総裁選よりも、充実した政策を主張できたと思っています。政策論も、党の組織論も、自分なりに一つ筋の通った主張を訴えることができたと思っています。総理候補として期待してくれる人たちが多い点については、おそらく、国民に向けてメッセージを発信し続けてきた長さの違いではないかと思っています」

昭和三十二年二月四日生まれの石破は、現在六四歳。政界ではまだ若い部類だ。年齢的には、これまで四度挑戦した自民党総裁選にもまだまだ挑戦する機会は十分にあるように思われる。

そのいっぽうで、今後も、総理総裁を目指す石破の前に立ちはだかることが予想されるのが安倍前総理の存在だ。

昭和二十九年九月二十一日生まれの安倍は、六七歳。噂されている再々登板はないとしても、今後も、最大派閥である自身の出身派閥の清和政策研究会（細田派）を中心に、政界に強い影響力を発揮していくことが予想される。

永田町には、「安倍前総理が一定の力を有している間は、石破の総理総裁への道は難しいだろう」との見立ても根強い。

その点について、石破は語る。

「同じ自民党ですから、不倶戴天《ふぐたいてん》の敵であるはずがありませんが、わたしと安倍前総理とは政治姿勢が違います。そして、安倍先生とは異なる意見を言える人間も自民党には必要だと思っていますから、安倍先生と意見が対立することがあったとしても、それほど気にはしていません。

政治家は無二の親友である必要はまったくないと思いますし、人生観も政治観も国家観もすべてを共有する人など、政治家でなくても滅多にいないでしょう。そしてもし、『それは違うんじゃないのか』という根本的な違和感を抱く場面があったとしたら、自民党のためにこそ異論を述べるべきだと思っています。それは政策的なものについても、党の運営にしてもそうです。

安倍総理や麻生総理が苦しかったときに『石破が足を引っ張った』と言われていることは承知しています。ですが、第一次安倍政権の参院選では、自分にはなんの落ち度もなく地道に活動していたのに、議員生命を失ってしまったたくさんの議員のことを考えれば、声を上げないわけにはいかなかったんです。麻生内閣のときも、直前の都議会議員選挙で自民党が大惨敗したことを受け、農水大臣でありながら、財務大臣だった与謝野馨《よさのかおる》さんと二人で総理に直談判に行きましたが、結局はあのとき心配していた通りに自民党は総選挙で大敗を喫しました。

当時、安倍さんや麻生さんを批判したのも、自分のためではなく、『自民党を支えてくれているのは誰ですか』という思いからです。自民党を支えている一人ひとりの党員に応える自民党でありたいという気持ちからの行動で、個人的なものではまったくありません」

菅政権と石破との距離感は現在、どうなのか。石破は、菅政権が発足して以来、表立って批判するようなことは一切していない。

石破が語る。

「菅政権の根本的な姿勢に対する違和感はありません」

石破は、今後、菅総理に請われた場合、入閣する可能性はあるのだろうか。

「わたしは『大臣をやりたい』とか『党の役職につきたい』などと思ったことはありません。ポストも議員のためにあるのではなくて、国民のためにあるわけですから。もし総理と意見が合い、何かの政策を実現するために『この役職をやってくれ』と言われたのなら拒否はしません。ですが総理と方向性が違う場合には、閣内不一致になってご迷惑をおかけするので、お断りしますよ」

水月会（石破派）からは、現在、田村憲久が厚生労働大臣に、赤沢亮正《あかざわりょうせい》が金融担当の副大臣に、田所嘉徳《たどころよしのり》が法務副大臣に起用されている。

石破自身、水月会がポストで菅内閣から冷遇されているとは思っていないという。

菅政権下の衆参補欠選挙・再選挙全敗に石破が回顧する

令和三年四月二十五日に投・開票された衆参の補欠選挙・再選挙で与党は一勝もできなかった。菅政権がはじまって以来の国政選挙での敗北は永田町に衝撃を与えた。

石破は今回の補欠選挙の結果をどう見ているのか。

「参議院の広島選挙区は、河井案里議員の公職選挙法違反の判決確定による失職に伴う再選挙、長野選挙区は現職の羽田雄一郎議員の急死に伴う補欠選挙と、選挙になった理由は違いますが、どちらの選挙も票の出方を見ると、よく似た傾向がうかがえます。つまり、自民党や公明党支持者の七割前後しか票を固められずに、三割前後は立憲民主党の候補に流れてしまった。それと無党派層の六～七割が立憲民主党の候補に投票しています。

選挙が起きた構図は違うけれど、有権者の投票行動はほとんど一緒。やはり、党に向かって弓をひくとか、党を裏切ったとか、そういう理屈は自民党の議員の間では通用しても、有権者には通用しない。次の衆院選もあまり楽観しないほうがいいと思います」

前回の平成二十九年の衆院選では、選挙直前に、野党第一党だった民進党の分裂騒動もあり、自民党は二八四議席を獲得し、圧勝した。だが、次期衆院選では、前回に比べると苦戦が予想されている。

石破が語る。

「次の衆院選がいつになるかわかりませんが、少なくとも前回（平成二十九年）、前々回（平成二十四年）みたいな楽な選挙にはならないでしょう。だからこそ、これまで水月会として一緒に行動してきた人たちのことはできるかぎり応援したいと思っています」

石破には痛烈な選挙の原体験がある。

それは昭和五十八年十二月におこなわれた衆議院議員選挙だ。この選挙は、当時、中曽根康弘総理を支えていた田中角栄元総理に、一審でロッキード事件への関与が認定されて実刑判決が下り、その直後の選挙であったために、「ロッキード選挙」とも呼ばれた。

石破は、当時、三井銀行を退職し、衆院選への出馬を目指し、田中角栄が領袖《りょうしゅう》を務める木曜クラブの事務局に勤務していた。石破の父二朗が田中派の参議院議員であった縁であった。

その選挙の際に、田中角栄が田中派の総会で、居並ぶ田中派の議員たちを前にした言葉が強く印象に残っているという。

田中は言った。

「お前たち、おれの悪口を言って、また国会に戻ってこい。『おれは田中派だが、田中は許せない』と言って当選してくるんだぞ。何を言ってもいいから、絶対に当選してこいよ」

石破はこの言葉を聞き、田中の気遣いと選挙のすさまじさを知った。

この衆院選では、ロッキード事件の有罪判決を受けて、「反自民、反田中」の風が吹き荒れ、自民党は議席を減らした。

だが、当の田中派だけは減らさなかったどころか、むしろ議席を増やしたのであった。

石破は、開票日に木曜クラブ事務局に詰めながら、「自民党××議席、木曜クラブ△△議席」と読み上げるのを聞いていた。自民党の議席が増えるのと田中派の議席が増えるのがほとんど一緒で、「ああ、こういうものなんだ」としみじみ思ったという。

田中派の議員たちは誰一人として、その選挙で田中の悪口を言うことはなかった。田中批判をせずに当選を勝ち取ってきたのだ。

石破が語る。

「あの衆院選のときに、田中派のすごさや、派閥の親分の努力の大変さがわかりました。『親分の悪口を言ってもいいから当選してこい』と言える度量。それと、選挙は自民党の支持者にだけ受けるようなことを言うのではなく、無党派や他党の支持者が一票を入れたくなるようなことを言わないといけません。わたしは次の選挙でも、状況の厳しい同志のところを中心に、無党派層の支持を少しでも取り込めるようにまわりたいと思っています」

石破は、総裁選から一カ月後の令和二年十月二十二日、自身が率いる水月会の会長を辞任した。その後、水月会は、四人の世話人による集団指導体制に移行し、石破は顧問に就いている。

今後、再び会長に復帰する可能性はあるのだろうか。

「まずは次の衆院選に全員当選してもらうことが一番ですから、会長に復帰をするとか、そんなことは考えていません。もちろん、今でも若手議員を中心にわたしを慕ってくれて、『石破が会長じゃなきゃ』と言ってくれる議員もいますから、そのことはありがたいと思っています。ただいろいろな意見もありますので、すぐにどうこうということはありません」

令和三年九月におこなわれる自民党総裁選はどのように考えているのか。

「それはわかりません。そのときに世の中がどうなっているかわかりませんから。今現在、絶対に出るとも、絶対に出ないとも言えませんよ」

一七人の石破派の代表世話人を務める鴨下一郎《かもしたいちろう》元環境大臣は、八月四日、国会内で記者会見をし、次の衆院選に出馬せず、任期限りで政界を引退する意向を表明した。

「新型コロナウイルス後の衆院選で、その後は政治のフェーズは変わっていく。対応する政治状況を確立するには約一〇年かかる。先頭に立って戦うと八〇歳を超えてしまうので、その手前で失礼をしようと思った」

石破を党総裁・総理にできなかったことについても語った。

「忸怩《じくじ》たる思い。これから先は一党員として応援したい」

いっぽう、石破派は、派閥の顧問を務める石破が選対委員長を兼任する人事を内定した。

代表世話人の鴨下がこの日、記者団に明かした。

「選挙で戦う先頭に石破さんに立ってもらいたい」

現在、コロナ禍の影響もあり、東京への一極集中の是正、地方への移住や二地域居住などが再び注目され始めている。

初代の地方創生担当大臣を務めた石破は、地方分権や地方創生の重要さを強く訴え続けている。

「田中角栄総理の『日本列島改造論』も、大平正芳総理の『田園都市構想』も、竹下登総理の『ふるさと創生』も、批判された部分はありましたが、思想としては正しかったと思います。自民党は地方に基盤を置く政党であり、『都市と地方の格差を是正しよう』というDNAをずっと持っています。ただ、田中先生や大平先生、竹下先生の時代は経済も人口も成長していた時代で、現在とは異なる部分がありました。現在は、人口が一年に五〇万人も減少し、経済も低成長ですから、地方の重要性は以前とは比較にならないほど高まっているのです。日本においては、地方の一次産業、女性、中小企業など、ポテンシャルがありながら活用されずにきたジャンルがまだ多くあります。かつて地方では、公共事業と企業の誘致で経済をまわせばよかった。公共事業が減少し、企業の誘致が減った現在になって初めて、地方の重要性が切実感を持って、見直され始めたところがあるのでしょう」

石破は、さらに語る。

「日本における東京一極集中も、天から降ってきたわけではもちろんなく、国策として選択したものです。いわゆる先進各国を見渡してみても、これだけ一極集中が進んでいるのは、東京とソウルくらい。短期間で経済力をつけるために、意図的に作ったシステムですから、これから変えていけばいい。

経営者のマインドという面もあります。特に経営者が二、三年で替わる慣行のある会社では、自分が社長である間は株価を下げたくない、と短期的に考える場合もあり、そうすると、一〇年、二〇年の長期計画に基づく企業の地方移転は、すぐ業績に直結しないから敬遠されがちになるわけです。

しかしこれからの日本経済は、内需主導、地域分散型にしていくべきです。すでに企業の地方移転に対する税制の優遇措置などが用意されていますが、これをいかに加速化するかを考える必要があると思います」

見直される石橋湛山の「寛容な保守政治」

石破は、現在、石橋湛山《いしばしたんざん》元総理の唱えていた「寛容な保守政治」に注目しているという。

そのきっかけは、令和三年四月十四日におこなわれた、石橋湛山のつくった東洋経済新報社の創立一二五周年の記念シンポジウムだった。

『石橋湛山の65日』の著者の保阪正康《ほさかまさやす》の基調講演のあと、『石橋湛山と保守政治』と題したパネルディスカッションが、保阪、石破、元『朝日新聞』主筆で、現在、一般財団法人アジア・パシフィック・イニシアティブ理事長の船橋洋一《ふなばしよういち》の三人によっておこなわれた。

このシンポジウム以来、石破は、石橋湛山についてより深く考えるようになったという。

「ひと言で言えば、今こそ見直さなければならない政治家だと思っています」

石橋湛山は、鳩山一郎の引退後の自民党総裁選に当選し、自民党の第二代総裁に就任した。総裁選の一回目の投票では岸信介に敗れながら決選投票で逆転し、劇的な勝利で昭和三十一年十二月二十三日に、総理大臣に就任した。

だが、一カ月後の一月二十五日に軽い脳梗塞《のうこうそく》で自宅の風呂場で倒れ、二カ月の絶対安静が必要との医師の診断を受けて、退陣した。

自民党本部の総裁応接室には、他の歴代総裁とともに石橋の写真が飾られ、

石橋湛山

党本部のホールには肖像画があるという。

石破自身の石橋との縁はというと、父親の石破二朗が建設事務次官として仕えていたのが石橋湛山内閣だったこと、石破が生まれた昭和三十二年二月四日は石橋内閣の時代だったこと、くらいだ。

石破自身、これまで石橋湛山の思想を体系立てて学んだことはなかったという。

現在の自民党には、岸信介の流れを汲《く》む清和政策研究会（細田派）や、池田勇人の流れを汲む宏池会（岸田派）などの派閥はあるが、石橋湛山の流れを汲むグループは存在しない。

石破は、『月刊日本』二〇二一年四月号で中村友哉《なかむらゆうや》のインタビューに答えている。

「以前、立憲民主党の枝野幸男代表が『自分は石橋湛山の流れにあると思っている』と言っていましたが、現在の自民党には石橋の思想はほとんど受け継がれておらず、忘れられてしまっているように感じます。しかし、わたしたちが石橋から学ぶべきものはたくさんあります」

その一つは、アメリカに対する姿勢だという。

石橋湛山は、戦後、吉田茂内閣で大蔵大臣に任命されると、進駐軍の経費問題をはじめ、GHQの占領政策を厳しく批判した。そのため、アメリカの怒りを買い、公職追放になってしまう。当時の吉田茂からは「狂犬にかまれたと思ってくれ」と言われたようだが、アメリカにとって石橋湛山は非常にやっかいな政治家だったことは間違いない。

石橋が第二代自民党総裁に選出された総裁選も、岸信介との争点はアメリカに対する姿勢だった。

「石橋湛山の思想を現在の安全保障政策に活かすなら、やはりアジア版NATOなのだと思います。アジア版NATOはわたしの昔からの持論で、昨年の自民党総裁選でもこれを提案しました。アジア太平洋地域には日米安全保障条約や米韓安全保障条約、太平洋安全保障条約（ANZUS条約）、台湾関係法などがあり、イギリスもシンガポールやマレーシア、オーストラリア、ニュージーランドと軍事同盟を結んでいます。こうした関係を基礎として緩やかな集団安全保障体制を築いていければ、日米同盟一辺倒にならずに日本の独立と平和を維持していくことができるはずです。もちろんこれには膨大な時間と労力がかかりますが、わたしは不可能なこととは思っていません」

石破は、石橋のアジアに対する姿勢にも学ぶ必要があるという。

石橋は中国や満州に「親切心」をもって臨むべきだと論じていた。それによって初めて信頼関係を構築できると考えていたからだ。

「これは今日においても言えることです。昨今の日本では中国脅威論が強くなっており、わたしも中国に対して大きな警戒心を持っていますが、いっぽうでわたしたちは中国から信頼を得るために『親切心』を持って接してきたでしょうか。そのための努力をしてきたでしょうか。中国の膨張主義的行動を牽制するためにこそ、中国と信頼関係を築くための努力はもっと重ねていかなければなりません」

石橋内閣が誕生したとき、国民は石橋総理を「野人宰相」として熱狂的に歓迎した。

石破が知る限り、同じように歓迎されたのは田中角栄だという。石橋や田中が支持されたのは、国民としっかり向き合うことで、国民が強い親近感を抱くような政治家だったからだろう。

石橋湛山の思想や路線は、自民党の中でなぜ埋もれてしまったのか。

「自民党の中で石橋の思想が忘れられてしまったのは、時代状況に合わなかったからだったのかもしれません」

石破は、昭和六十一年に衆議院議員に初当選したが、そのころは中曽根康弘政権から竹下登政権、宇野宗佑政権、海部俊樹政権といったように、政権が目まぐるしく変わっていく時代であった。経済は上り調子で、人口も増えていた。

「日本の調子が良かった時代に、石橋の思想はあまり必要なかったのでしょう。

しかし、現在の日本は経済状況も楽観はできず、人口も減っています。国際社会では中国が台頭し、アメリカの力が相対的に低下しています。日本にとっては非常に厳しい時代です。だからこそ石橋の思想を見直す重要性が高まっていると思うのです。

自民党には中央政治大学院という教育機関があり、いま学院長を務めているのは、わたしの畏友である中谷元さんです。ですので、中谷さんに相談して、中央政治大学院で石橋の思想を紹介し、若い世代に教えてもらえるようお願いしました。

最近、自民党は政権に復帰してから変質し、名前は同じでもまるで別の政党になってしまったのではないかと言われることがあります。わたしも政権復帰後に幹事長や地方創生担当大臣を務めたので、その責任の一端を担っています。自民党とは何か、保守政治とは何か、こうした問題を考え直すためにも、今こそわたしたちは石橋湛山に学ぶ必要があります」

自民党総裁へと向く女性議員の眼

六月十六日、自民党は、今後の選挙の街頭演説や女性局の活動などに使う「女性局宣伝カー」を公開した。後部座席の側面が透明になっており、内部の様子が見える構造で、これは二階幹事長のアイデアであった。

納車式では、野田聖子幹事長代行が語った。

「二階幹事長が自らの考えで女性の候補者、女性局のみんなに元気よく明るく活動してもらいたいという思いを込めてこの車を考えていただいた」

二階も語った。

「この宣伝カーが姿を見せた場合には相手側は大概その戦いは負けだと思うような、そういう宣伝カーにしたい」

宣伝カーの導入は、二階が今年三月に、党所属の女性議員と女性登用や、女性候補の増加などで意見交換の場を持ったのがきっかけだ。

六月十七日、森雅子元法務大臣が委員長を務める自民党の女性活躍推進特別委員会は、二〇三〇年までに党の国会議員の女性候補の割合を三五％とすることを次期衆院選の公約に盛り込むように求める提言をまとめた。

二階が語る。

「女性の国会議員を増やすことは大事だけれど、割合を決めて優遇することは、かえって女性に失礼ではないかと思う。同じ条件で競い合いながらも、多くの女性が議員になれる環境づくりのほうが大事なのではないか。僕が子供の時代でも、中学や高校では男女共学で、生徒会も女性といっしょに協力しあっていましたから」


令和二年九月に発足した菅義偉政権を幹事長代行として支えている野田聖子は、菅政権の先行きについて語る。

「政権発足直後と比較して、支持率が急落したことを心配する声もあります。ですが、支持率の変動はよくあること。現在は、ある程度下がったあとに持ち直してきたので、それほど心配する必要はありません。むしろ注意しなくてはいけないのは、政権の支持率以上に、野党の支持率が伸びているかどうか。それが全然伸びていない。

だから、菅政権は今は焦らずやるべきことをしっかりやっていけばいいと思っています。菅総理は派手にアピールするタイプではないですが、目標とする政策を達成していけばおのずと評価も高まってくるはずです」

野田によると、実は、菅政権は三〇代の女性からの支持が比較的高いという。

その理由を野田が語る。

「菅政権では不妊治療の助成に力を入れています。この問題は当事者にとってはすごく深刻ですが、今までは政治は力を入れていなかった分野です。実は、菅総理自身が、選挙区が都市部の横浜市選出なこともあり、この問題にずっと取り組んできたからなんです」

菅政権が看板政策の一つに掲げている不妊治療の助成拡大や保険適用は、野田にとっても、長年のライフワークであった。

この問題は、菅政権の発足後、急速に動き出した。

令和二年十二月十五日の臨時閣議で決定した令和二年度の第三次補正予算案で、不妊治療費用に対する助成金の総額が約三七〇億円に拡充された。令和二年度の当初予算が一五一億円だったため、約二・五倍の増額となった。

この決定により、令和三年一月一日以降の不妊治療に対する助成は、それまでに比べて大幅に拡充された。

一回あたり一五万円（初回のみ三〇万円）だった助成金は、一回あたり三〇万円になり、さらに夫婦合算の所得が七三〇万円未満とされていた所得制限も取り払われた。また、生涯で通算六回（四〇歳以上四三歳未満は三回）までだった助成回数も、一子ごとに六回（四〇歳以上四三歳未満は一子ごとに三回）までと変更された。

さらに令和四年四月からは、保険適用も始まる見込みだ。

令和三年九月には、自民党総裁選がおこなわれる。現職の菅義偉に対抗して、誰が出馬するのか、現段階ではまだ総裁選の構図ははっきりしていない。

野田聖子は、次期総裁選への意欲をみせる。

「もちろん出馬に向けて準備はします。わたしの推薦人になってくれる人はありがたいことに、いつも一五から一七人くらいいますから、出馬に必要な二〇人には、あと三〜五人。どこかの派閥から推薦人を出してもらうのは難しいので、そこを積み上げられるようにこれからいかに頑張れるかが勝負です。もし菅総理と戦うことになっても、個人的な好き嫌いで総裁選に出るわけではありませんから、堂々と頑張りたいと思います」

野田は、現在、総裁選出馬を見据えて、自身の政策提言などをまとめた本を出版する予定だという。

野田は、総裁選で何を訴えるのか。

「残念ながら、日本はヒトが中心になっていない。モノには予算がつくけれど、ヒトにはつかない。一例を挙げれば、〇〇センターの建設には予算がつきやすいけれど、そこでおこなわれる人材研修には予算はつかない。わたしは、もっとモノではなくヒトに投資ができる国に変えたい、と思っています。

それと今までの日本は、どちらかと言えば、強いリーダーが引っ張るトリクルダウン型で、女性や高齢者、障害者を支えてきましたが、これからはすべての国民が自己肯定感を持ち、地方の個性や多様性が価値を生む国家にしなくてはいけません。現在の高齢化社会に対応するためには、そのことを訴えたい」

野田は、保守的な政界では反対意見がいまだに根強くタブー視されていた選択的夫婦別姓についても、以前から賛成を表明し、実現に向けて積極的に動いている。

「選択的夫婦別姓については、わたしはすでに四半世紀も訴えています。『女性を大事にすること＝正義』と規範を振りかざすのではなく、与党という現実政党にいるわけですから、もっと現実的に、男女が対等であることを当たり前のこととして訴えて、党内にさらに仲間を増やしていきたいと思っています」

野田は、最近注目されている「こども庁」の創設についても、以前から提言している。

「残念ながら、日本は、子供を守る体制が整っていません。子供を軽視したら、国家が滅びますから、それを止めることは大きな変革。高齢者が弱い立場なので、政治が高齢者だけを見るのではなく、これからは子供です。ここに力を入れれば、日本も復活します。子供に関する抜本的な政策を日本はこれまで持っていませんでした。なぜかといえば、男性の政治家にはわからないから、生きた政策ができなかった。子供の背景には女性がいるから、大きな政策になると思います」

野田によると、社会の変化に政治が対応できていないことも問題だという。

「わたしは右と左の対立ではなく、昔と今、過去と現在で戦っていると思っています。言わば、過去のノスタルジーと戦っているようなもので、だからこそ現在起きている変化を丁寧に説明しないといけない。たとえば、昔は各家庭には一家の大黒柱と呼ばれる稼ぎ手の父親がいましたが、現在は、統計を見ればわかるように、夫婦で共稼ぎのダブルインカムが主流。専業主婦のいる家庭のほうがマイノリティなんです。こうした実際の変化を政治に反映するためには、さまざまな社会の変化を伝える話し手により多くの女性がならないと変わっていきません」

野田は、八月七日、福岡市内でおこなった講演で総裁選に必要な推薦人二〇人を集める考えを示した。

「党内でもう少し好かれなければいけない」

高市早苗前総務大臣は、八月十日発売の月刊誌『文藝春秋』で《総裁選に出馬します！》という手記を発表した。その手記で高市は、「社会不安が大きく課題が多い今だからこそ、総裁選出馬を決断した」と強調し、訴えた。

「『美しく、強く、成長する国』を創るため国家経営のトップを目指し、『日本経済強靭《きょうじん》化計画』を実行したい」

高市は、これまで総裁選出馬について発信したことはなく、新規の参入だ。現在は無派閥だが、安倍前総理に近い。

角栄ルーツの平成研究会での総理・総裁模索

平成研究会の茂木敏充の総裁選出馬はあるのか。

平成二十一年九月八日、平成研究会は津島雄二会長の引退と総選挙大敗の結果を受け、会長代理の額賀福志郎が会長に就任した。

高市早苗

茂木敏充

森喜朗元総理の早稲田大学の後輩である額賀はそれ以来、派閥の会長を務めていたが、青木幹雄元参議院議員会長は、平成研究会の創設者である竹下登元総理の実弟である竹下亘への交代を求めた。

だが、額賀は、茂木敏充と組んで、竹下亘への交代を先延ばしにしようとした。

この一件で青木は、「二人して俺を騙した」と額賀と茂木に対して激怒した。

森喜朗元総理は思った。

〈茂木くんは本来そんな姑息《こそく》なことをする男じゃない。政策に明るいから、わたしは好きなんだ。が、青木さんがこの件で二人を怒っていることは、紛

れもない事実だ〉

森は、ひそかに額賀に進言した。

「青木さんの問題は、やはり一度詫びたほうがいい」

が、額賀はこういうときには意気地なしで、謝罪に行くこともできない。結局、額賀は派内長老の反対などで総裁選への出馬ができず、ずっと総理・総裁候補不在の状態が続いて額賀派は活気を失っていった。

青木幹雄は、これまで額賀に何度も説得を試みた。

「自分の派閥の若い者に役を与えて面倒をみろ。そうすれば向こうから『総裁選に出てください』と言うはずだ」

が、額賀は何を言われても暖簾《のれん》に腕押しで、まったく耳を貸そうとしない。そうした態度が青木の逆鱗《げきりん》に触れ、額賀はとうとう出入り禁止になってしまった。

人心掌握《じんしんしょうあく》を得意としない額賀に対して、平成三十年一月に参院平成研の二一人が額賀の退任を求めて派閥の会合を欠席した「額賀降ろし」を経て、八年半ぶりについに退任するに至った。

額賀がリーダーとなる組織は、「自民党稲門会」「日韓議員連盟」「自民党自動車議員連盟」など、どこもすべて低空飛行になってしまう。結果を出せず、自分のことしか考えずにトップがいつまでも交代しない状況では、派閥の若手メンバーたちが本気で嫌がっているのである。

森は、そんな額賀をつくづく可哀相だと思った。

〈ポストに対するこだわりだけは強い。やはり若い人たちをポストにつけて喜びを与えて、育てなければならない。が、自分がいつまでも役にしがみついているから、下の人間がついて行かないのだ。いくら進言しても、額賀さんには、それがわからない〉

平成三十年の会長交代劇により、平成研究会は、青木幹雄の望みどおり竹下亘の時代となった。

茂木敏充は竹下派の会長代行に就任し、着々と総裁選の出馬に向けて体制を整えている。が、青木の怒りは収まっておらず、茂木は青木の了解を得られない状態がずっと続いている。

このような状況が続くと、茂木の将来に悪影響が出てきてしまう。茂木の実力は多くが認めており、その中心は山口泰明や新藤義孝など実務的、中堅的な議員が多い。

が、青木と和解しなければ、派閥の参議院議員からの支持は得られない。さらに、加藤勝信も有力候補として急浮上している。

また、青木幹雄としては「最後は小渕優子を派閥の総裁候補に復活させたい」という気持ちが強い。

平成三十年九月二十日におこなわれた自民党総裁選で、小渕優子は青木幹雄の意向を受けて石破茂を支持した。以降、安倍政権下で小渕は脚光を浴びることはなかった。

が、令和二年八月に安倍総理が持病を理由に辞任したあと、小渕の周辺で復権を探る動きが出始めた。

茂木を許せずにいる青木は、小渕優子を可愛がっている。その構図を見れば、茂木の取るべき道はおのずと見えてくるはずだった。

森は思う。

〈茂木さんはあまり急がず、まずは小渕優子さんを閣僚などに推して、自らの存在感を高めたほうがいい〉

小渕優子

急がば回れである。が、茂木は総理を目指して直進せずにいられない性格のようだ。「おれが、おれが」が前面に出てしまうと、派閥内の調整は大変になる。

森としても、早稲田大学の後輩の小渕恵三の娘の優子を応援したい気持ちはある。

小渕恵三総理が倒れたときの幹事長が森で、その小渕恵三の後継総裁に就任したのも森であった。森としても小渕優子への思い入れは深い。

小渕優子は理論家で政策的にも優れたところもある。そのいっぽうで、小渕を総裁候補にという流れはなかなかつくれず、アピール力はかなり弱い実情もある。

田中角栄や竹下登をルーツに持つ平成研究会だが、小渕恵三以来、総理・総裁を出していない。派閥の会長を務めていた竹下亘は令和三年七月八日に、次の衆院選への不出馬を表明し、政界を引退することを明らかにした。なお、竹下亘は九月十七日に、食道癌《しょくどうがん》のため、都内の病院で死去した。七四歳であった。

竹下の前任の会長だった額賀福志郎は、平成二十一年九月から会長を務め、平成三十年四月十九日に会長を退任した。

だが、石井準一によると、額賀が会長を退任し、竹下亘に引き継ぐ際にも、スムーズにはいかなかったという。

額賀は、青木幹雄との関係が良好ではなく、青木から竹下亘に会長を譲るように要請されても、二年間も居座ったままであった。

このときも、額賀に引導を渡したのは、吉田博美や石井準一たち参議院竹下派の議員たちだった。

吉田や石井は、竹下派の定例会を、所属する参議院議員みんなでボイコットするようにした。

こうした動きを受けて、額賀も「派閥のパーティー終了後に会長を退任する」と妥協案を示し、結局、竹下亘に会長を交代することになった。

現在、菅内閣で外務大臣を務める茂木敏充も、平成研究会を継ぐ有力な議員として見られている。だが、茂木も、青木との関係は額賀と同じように良いものではないという。

かつて石破茂や田村憲久、鴨下一郎らが竹下派を退会し、石破派を旗揚げしたが、彼らの動きの背景には茂木との軋轢《あつれき》があったという。

茂木を派閥の後継会長に望んでいるのは、石井の見立てでは、衆議院議員の半分ほどで一二、三人前後だという。

いっぽうの参議院議員には茂木を担ぎたいというムードは一切ない。これでは会長就任は難しいという。

菅総理が誕生した際の総裁選でも、茂木は、自身の影響下にある後輩議員を集め、「自分を総裁選に担ぐように」と運動することを促していた。

だが、派閥の総会で、ある議員が「茂木さんに総裁選に出馬してもらいたい」と発言した直後、石井が自ら発言した。

「今の発言は、撤回してもらいたい。前の総裁選では参議院が石破さんを推し、衆議院が安倍さんを推して衆参で対応が割れた。衆参の合意形成がないうちから、固有名詞が出るのはおかしい。もし、名前が出た人が立候補できなかったとしたら、その人の政治生命が終わりますよ」

石井の発言もあって、結局、茂木の擁立案は盛り上がらなかった。

実は、石井によると、茂木も額賀と同様に青木幹雄の事務所への出入り禁止を通達されているという。

石井は、菅内閣で官房長官を務める加藤勝信も、派閥の有力な後継者になりうる、と語る。

「時間を置いて、加藤さんということはあるんじゃないでしょうか。菅総理のように官房長官を長くやって政権を支えていくことができれば、チャンスは十分あるでしょう」

平成研究会の会長の竹下亘も、何度か菅総理を官邸に訪ねて激励している。

「いろいろとあるけれど、頑張れ」

平成研究会事務総長の山口泰明自民党選挙対策委員長から見れば、菅との関係が取り沙汰されている麻生太郎も、菅総理を支えようとしている。確かに過去には、軽減税率や創価学会との関係についての考え方の違いもあったが、その食い違いをいまも引きずっているようには思えない。

麻生も、菅を次の総裁選までのつなぎとは考えてもいないようだし、総理の座から降ろそうと思っているようには見えない。

麻生と二階との関係も、周りが言うほど悪くはない。ただ、肌が合わないといっているだけにすぎない。

山口は、安倍のもとにも時折訪ねていって意見交換をする。

「このようなときに、よくやっている」

安倍は、菅を高く評価していた。

三人は、実は、安倍前総理を介してつながっている部分がある。そして、互いに互いの立場を認め合い、菅総理を全面的にバックアップしている。

〈そのことが、国民への訴えかけになる〉

山口はそう信じている。

実は、山口が所属する平成研究会は、小渕恵三以来、常に時の総理大臣を支え続けてきた。派閥として総理を出していない。いつかは総理大臣を出す。それは、山口はもちろんのこと、会長の竹下亘の夢でもある。人材はいる。山口が「うちは、竹下亘と山口泰明のほかはみな総理候補だ」と誇るほど次を担うにふさわしい人材は豊富だ。外務大臣の茂木敏充は言うまでもなく、菅総理の女房役である官房長官を務める加藤勝信もしっかりと仕事をこなす仕事人だ。

その二人は当然として、山口が総理に担ぎ上げたいと思う人材がいる。

山口は、現在、吉川貴盛に代わって選挙対策委員長代行に就いた小渕優子を日本初の女性総理にしたい。

さらにもう一人、総理にしたいと願うのが三回生の鈴木《すずき》貴子《たかこ》だ。元自民党で新党大地の代表だった鈴木宗男の長女だ。まだまだ三五歳と若く、これから経験を積んでいけばかならず総理大臣となれる。それだけの器だと山口は思っている。

平成研究会から総理を誕生させる夢は夢として抱きつつ、山口は、選対委員長として、菅政権を支えることに全力を注いでいる。

七月六日、山口泰明は、次期衆院選に立候補せず、引退する意向を地元で支援者を前に表明した。

山口は議員を引退するが、選対委員長の職については「政治の総決算として全力を尽くしたい」と次期衆院選まで職務を全うする考えを示した。

二階俊博は、平成二十八年八月三日に幹事長に就任して以来、今年の八月で在任六年目を迎えた。

令和二年九月八日には、これまで歴代最長だった田中角栄の幹事長としての通算在職日数一四九七日を塗り替えている。

二階は、この間、幹事長として采配を振るい、平成二十九年十月の衆院選と令和元年七月の参院選という二つの国政選挙で自民党を勝利に導いてきた。

二階は、次期衆院選をどのように見ているのか。

「選挙はいつだって厳しいですが、今回も厳しいと思っています。というのは、コロナ禍もあり、国民は持っていき場のない、やり場のない思いを持っています。そういう感情がどこに向かうかといえば、やはり、時の政権や与党に向かいますから、そのことは覚悟しないといけません。そうは言うものの、こういう言い方はあれですが、与党以外の政党に期待している国民がいるのか、と言えばほとんどいません。結局、批判が向かうということは、それだけ期待されていることでもあります。自民党としては、常に責任感を持ち、政権担当政党としての自覚を負うべきです。批判にさらされ、辛いときもありますが、それを乗り越えていくことは与党としての務めでもありますから。政権を担うことは、国民の生活を担うことですから、それだけ大変なことなんです。だからこそ、わたしは今度の選挙には気を引き締めて臨み、必ず勝利するように取り組みます。

そもそも、政治の世界に出てきて、選挙のことを考えない日が一日でもある政治家はいません。もし、そのことを考えずに、政治家を天職だと思い、ボヤッとしていたら、足を掬《すく》われてしまいます。厳しい世界ですし、それだけの重責を担っているわけですから」

衆院選が近づくにつれて、自民党系の複数の候補者が出馬を目指す選挙区の調整が問題になってくる。候補者の所属する派閥間の争いが絡んでくるケースも多い。

それについて二階が語る。

「いくつかの選挙区では残るかもしれませんが、自然と解決するところも多いですよ。自民党のルールに従って、円満解決でいきますから」

衝撃の横浜市長選敗戦に始まる総裁選の混沌《こんとん》

横浜市長選から一夜明けた八月二十三日、菅義偉総理は官邸で記者団の前に立った。

「大変残念な結果だが、市政が抱えているコロナ問題とか、さまざまな課題についてご判断をされたわけであり、謙虚に受けとめたい」

さらに、九月末に迫る自身の自民党総裁任期満了に伴う総裁選への立候補に改めて意欲を示した。

しかし、昨秋の政権発足以降、大型選挙での実績に乏しい菅総理は今回、おひざ元の選挙でありながら自民党をまとめきれずに小此木《おこのぎ》八郎《はちろう》元国家公安委員会委員長を支援した。

だが、小此木は、菅の選挙区である衆院神奈川二区（横浜市西区、南区、港南区が区域）でも、野党が支援した山中竹春《やまなかたけはる》に約二万票も離されて、敗れた。総理が「選挙の顔」としての役割を果たせていない結果に、自民党内では遠心力が強まっている。

八月二十四日に自民党本部でおこなわれた二階幹事長の記者会見で、総裁選について、会長を務める二階派としても菅総理の再選を支持するのかを問われて、二階は強調した。

「当然のことじゃありませんか。愚問だ」

「選挙の顔」としての菅総理を不安視する声が党内で高まっているとの指摘についても、交代論を牽制しつつ、語った。

「誰々さんでは選挙が戦えないって、失礼な話だ」

昨秋の総裁選で二階とともに菅政権の誕生を主導した森山裕国会対策委員長もこの日、菅総理の再選支持を表明した。

「今までの実績を顧みて支持をさせていただきたい」

自民党は、八月二十六日、菅総理の九月三十日の総裁任期満了に伴う総裁選について、九月十七日告示、二十九日投・開票とする日程を決めた。

昨年の総裁選は、安倍晋三前総理の突然の辞任に伴い、党員・党友投票を省く「簡易型」だった。今回は、全国の党員・党友も投票に参加する「フルスペック」でおこなわれ、国会議員と党員・党友にそれぞれ三八三票が割り当てられる。地方の党員らの声がより重みを増すことになる。所属国会議員の三八三票と同数の票を得票数に応じて配分する「ドント方式」で換算した地方票を取り合う。

小此木八郎

日程の決定を受け、菅総理は、八月二十六日、東京都内で記者団に語った。

「出馬させていただきたい」

一〇人の石原派は、この日の派閥例会で、石原伸晃会長一任で菅総理支持を打ち出した。

いっぽうで五二人の竹下派は菅支持を「基本的な方向」としつつ、外務大臣の茂木敏充会長代行が「まだスタートしていない。意見をよく聞いて集約したい」と述べるにとどめた。


八月二十六日、岸田文雄前政調会長は、いち早く自民党総裁選に立候補を表明した。

「菅総理が日夜、コロナ対策に尽力を続けてきたことに心から敬意を表する。しかし、結果として、国民の間には『政治が自分たちの声、現場の声に応えてくれない』、『自分たちの悩み、苦しみが届いていない』、『政治が信頼できない』、『政治に期待しても仕方がない』。こうした切実な声が満ちあふれている。国民政党であったはずの自民党に声が届いていないと国民が感じている。自民党が国民の声を聴き、幅広い選択肢を示すことができる政党であることを示し、わが国の民主主義を守るために立候補する。

昨年の総裁選で敗北し、『もう終わった』と厳しい評価の声もいただいた。初心に立ち返って、多くの声を聞き続けてきた。そうした声、一つひとつを小さなノートに書き続けてきた。自民党が野党に転じた一〇年以上前から続けてきた習慣だ。一〇年間で三〇冊近いノートに声を承ってきた」

岸田は右手にA6判のノートを振りかざし、熱っぽく語った。

「このノートを改めて読み返し、やるべきことがあると感じている。国の重大な岐路に立ち、国民の声に耳を澄まし、政治生命をかけて新しい政治の選択肢を示す」

さらに、それまでも対立しがちであった二階幹事長に刃《やいば》を向けた。

「自民党に厳しい目が注がれている。党のガバナンス改革を進める。党役員に中堅若手を登用し、若返らせる。比例代表の七三歳定年制は堅持し、政治とカネの問題は丁寧に説明し、透明性を高めていく。党役員の任期を明確化するべきだ。総裁を除く党役員は一期一年、連続三期までとし、権力の集中と惰性を防いでいく」

この発言通りなら、菅総理の続投を表明している二階幹事長と森山国対委員長は連続三期を過ぎているので、退いてもらわなくてはならないという理屈になる。明らかに二人に喧嘩《けんか》を売ったわけである。

また、こう発言することで、党内の中堅・若手議員を取り込もうという作戦とも読み取ることができる。

岸田陣営は、第二次安倍政権で総理補佐官として力を振るった今井尚哉をアドバイザーに加えていることもあり、鋭さを増していた。

岸田は、さらに語った。

「コロナとの戦いは納得を得られる丁寧な説明、強い危機感に基づく対策をもって取り組んでいきたい。危機管理の要諦は最悪の事態の想定だ。たぶん良くなるだろうではコロナに打ち勝つことはできない。徹底した人流抑制、病床・医療人材の確保、経済対策、ワクチン接種の促進、治療薬の開発・普及に取り組んでいく。新たな専門家会議を立ち上げ、ウィズコロナ時代における社会経済活動のあり方を検討する」

今回の総裁選は、国会議員票と同数の党員・党友票が勝敗に大きく影響する。平成十三年の総裁選では、劣勢とみられた小泉純一郎が党員らによる予備選で圧勝し、橋本龍太郎を破る番狂わせも起きている。コロナ禍で地方遊説が難しいため、岸田は、オンラインで意見を受け付ける「意見ボックス」を設置し、電話による働きかけも徹底する構えだ。

岸田派中堅は指摘する。

「菅総理に不満を持つ議員や党員が雪崩《なだれ》を打って支持してくれれば、勝機はある」

自民党総裁選への意欲を示す高市早苗前総務大臣は、八月二十六日、BS日テレの「深層NEWS」に出演した。

高市は、かつて安倍元総理の出身派閥である細田派に所属していた。現在は、無派閥であるが、安倍と高市は共に保守系グループ「保守団結の会」で顧問を務めるなど政治信条が近い関係にある。

高市は、地元の奈良弁を交えながら、出馬に関して、安倍前総理と交わした会話も明らかにした。

「菅総理の任期は今年の九月まで。その後に総理には、わたしはやっぱり安倍晋三さんだと強く思っていた。二月から安倍さんの部屋に通い詰めて、勉強会を何度もやってきた。再々登板する際の『ニュー・アベノミクス』などの政策を打ち立てて出てほしいと思って。昨年末以降『そんだけ元気になったんだから、次の総裁選に出ますよね？』と言い続けてきた。でも安倍さんは『自分があんな辞め方したあと、菅さんがやってくれてるのに申し訳ないから』と。義理人情で『菅総理を応援せなあかん』ということだった。

七月下旬に最後の確認をした。しつこく『〇・一％も出ないですか？』とか訊いたら、『もう絶対、出ないから』と言われて。『これまで積み上げてきた政策を、どないするんですか？』と尋ねたら、『高市さんが、発表すりゃいいじゃん』と突き放されるように言われた。思わず『ほんなやったら、わたし、出たるわ』と啖呵《たんか》を切ってしまった」

コロナ対策についても、語った。

「感染者数を減らすための取り組みに加えて、やっぱり重症者、死亡者の極少化だ。軽症患者も最初の一週間のうちに抗体カクテルを何とか打てるようにせないかん。抗体カクテルと、主に中等症患者に使われるレムデシビルが日本国産じゃない。重症者用の日医工のデキサメタゾンも含めて国産体制をつくりたい。スイスのロシュ社の子会社は中外製薬だ。抗体カクテルを日本国内でつくれるかたちを、政府が投資をしてでも、できるようにしたい。自宅療養者をゼロにしたい。かなり国費もかかるけど、ホテルも、借り上げるんだったら見込まれている利益と、できれば風評被害の分もしっかりと手当てをして借り上げる。

国費でパルスオキシメーターね。これ一家に一台、これからずっとあっても、無駄になんない。あと、救急搬送体制もうまく回っていけばいいなあとすごく強く思っている」

経済政策も語った。

『わたしは『ニュー・アベノミクス』と呼んでいる。『サナエノミクス』というと厚かましいかなと（笑）。第一の矢は、同じ大胆な金融緩和。第二の矢は、緊急時のみの機動的な財政出動。マクロ経済的にどんどんお金を出すっていうんじゃなくて、災害だとか今回のような感染症に絞り込んでいく。第三の矢は、わたしの場合は危機管理投資。人の命に関わるようなリスクを最小化するための投資とか、もっと経済が成長するために今やんなきゃ間に合わない投資に大胆にお金をかける。

経済格差対策は税制でも対応できる。分厚い中間層をつくる税制が重要だ。麻生内閣のときに一回検討された『給付付きの税額控除』は勤労している低所得の方に控除していくものだから、進めるべき。あとたとえば『ベビーシッター減税』『家事支援税制』はやりたい」

憲法改正への意気込みについても語った。

「憲法は改正しなければなりません。今の技術革新に追いついてないし、日本が直面しているリスクにも対応できない。今まで議員立法に励んできたが、憲法の壁に行き当たった。たとえば、憲法二一条の通信の秘密に引っかかってしまって、諸外国でやってるような大胆な犯罪捜査やサイバー攻撃対策がなかなかできない。防衛政策もこれはわたしたちの命に関わる問題ですから、新しい態様の攻撃にしっかりと応えられる防衛政策、こういうことも総裁選で議論したい」

なお高市は、保守派として、靖国神社への参拝も強調した。

下村・石破の動きと二階外しのさらなる動揺

週が明けた八月三十日には、さらに大きな動きがあった。

下村博文政調会長は、自民党総裁選への立候補を見送る意向を固めた。所属する細田派幹部に伝えた。

下村は、この日午前、官邸で菅総理と面会し、総裁選に出馬する場合は、政調会長を辞職するように菅総理から迫られていた。

面会後、下村は所属する細田派の幹部に語った。

「残念だが、今回の総裁選への立候補は見送る」

下村は細田派出身の安倍晋三前総理と面会し、同様の考えを伝えた。

下村の立候補については、派閥内からも世耕弘成参院幹事長などから反対意見が出ていた。

「コロナ対応に責任を持っている方は、出馬すべきではない」

石破茂元幹事長は、八月二十七日、地元の鳥取市で記者団に、総裁選対応について語った。

「まったく白紙だ。告示日前日までよく考えないといけない」

石破は、出馬要請が「山ほどくる」とも明かし、待望論の広がりを見極める考えをにじませた。

昨年の総裁選で三位に沈んだ石破は今回の出馬に慎重姿勢を示してきた。

八月二十日のBSフジの番組では訴えた。

「菅総理では選挙を戦えないので顔を替えるということが、はたして国民に理解されるのか」

だが、不出馬は明言していない。石破派内では「今回は見送り」との見方が多いが、石破と二十六日に協議した幹部は「あらゆる可能性がある」と出馬に含みを持たせた。

石破が態度を明言しないのは、人気と知名度で他の議員を圧倒するとの自負があるためだ。八月の読売新聞社の全国世論調査によると「次の首相に誰がふさわしいか」との質問で、石破は一九％で首位だった。

今回の総裁選は、国会議員票と、同数の党員・党友票の計七六六票を争う。派閥の論理より世論動向に影響される党員・党友票では、安倍前総理ら多くの党重鎮と折り合いが悪い石破も、優位に立てる見込みがある。「選挙の顔」を切望する党内の空気も追い風になり得る。

菅総理への批判票の取り込みを狙う岸田文雄前政調会長の側近議員は警戒する。

「石破が出れば、情勢が一変する」

「次の総理」の調査で二位の河野太郎行革担当大臣は八月二十七日の記者会見で、総裁選対応を問われ、語った。

「ワクチン接種を担当している。まず、それをしっかりやっていきたい」

不出馬の意向を確認されても、同様の言葉を重ねるにとどめた。

周辺は「総理が出馬する限り、河野大臣は出ない」と断言する。河野が属する麻生派内でも「閣僚として今回は見送るべきだ」との声が大半であった。

ただし、八月二十七日には政策をまとめた著書『日本を前に進める』を出版し、臆測《おくそく》も呼んだ。

そのいっぽうで、小泉進次郎環境大臣は菅総理の再選支持と自らの不出馬を明言している。

周囲に「最後まで支える」との決意を示すが、それだけに現状への危機感も強い。

小泉は八月二十七日の記者会見では菅総理に注文もつけた。

「国民は総理の闘う姿勢に期待した。残念ながら今、そういうふうに見られていない。総理の言葉で国民に届ける姿勢を持ってもらいたい」

八月三十日午後三時三一分、二階幹事長は菅義偉総理に官邸に呼ばれ、会談した。

この会談に同席した林幹雄幹事長代理が語る。

「菅総理が『幹事長に会いたいので、党本部に行きます』と言うので、『こちらから行きますよ』と提案して、官邸での会談が決まりました。そのときは『何の相談かな』と思っていて、具体的な話は予測できませんでした」

林によると、そのときの会談の様子は次のようだったという。

菅は、二階と林に提案した。

「今、総裁選前に解散総選挙をするべきかについて悩んでいます。その場合は、人心一新、党人事も内閣改造もやって、解散したほうがいいのではないかと思っています」

菅は、今後の政権運営に相当悩んでいる様子であった。

八月二十六日に総裁選への出馬を表明した岸田文雄は、記者会見で「総裁を除く党役員は一期一年、連続三期までとする」と表明し、平成二十八年八月から幹事長を務め、菅総理の再選を推進する二階を激しく攻撃した。これに対して、菅総理は執行部を変えることで、岸田の批判を回避しようと試みたようだった。

二階は菅の提案について、言った。

「悩んでいる時はドーンとやればいいんだ。人事に関しては自分に遠慮しないでやればいい」

二階は幹事長の交代をすぐに受け入れた。菅も「ありがとうございます」とお礼を言っていたという。

さらに菅は、党役員人事をおこなった場合の二階派の扱いについても語った。

「人事をおこなった場合は、党四役に二階派から起用することを考えていますので、そのときはよろしくお願いします」

林は、それに対して、党四役への起用ではなく、幹事長退任後の二階の処遇について要望したという。

「党四役を変えるという全面的な人事をおこなうならば、党に重しがないとしょうがないから、副総裁か何かで部屋をつくってください。それがあればうちは一切こだわりませんよ」

だが、菅総理はその要望に対しては明言を避けたという。

「それはそれで考えますけれども……」

そのような言い方で、具体的な処遇については明言をしなかった。

ただそのときは、実際に党役員人事や内閣改造を断行するか、さらに衆院解散をおこなうかについてははっきりせず、あくまでまだ仮定段階の話であったという。

そのこともあり、会談後の二階のぶら下がりでは、人事や解散については言及しなかった。新型コロナウイルスのワクチンの接種体制の拡充について自民党本部としても各地方の県連にさらなる協力をおこなうことについての話をしたという。

しかし、この日の夜には、二階の幹事長交代と党役員人事の実施が既定の事実であるかのように報じられていった。

翌三十一日の朝刊各紙には《二階幹事長　交代へ》の見出しが躍った。

もともと、党の人事は総裁が決めるもの。二階自身には、地位に固執する気持ちは一切なかった。迫る衆院選の準備も、すでに誰が幹事長になってもできるほどに準備を進めていた。

二階は、平成二十八年八月三日に幹事長に就任して以来、五年以上、その職を務めている。令和二年九月八日には、政治の恩師と仰ぐ田中角栄のそれまでの幹事長としての最長在職日数一四九七日を塗り替え、歴代一位となり、記録をさらに更新し続けていた。

筆者は、その翌日の八月三十一日午後四時三〇分に、二階幹事長にインタビューした。二階幹事長が語った。

「わたしは幹事長の仕事はマネージャーだと思っています。みんなの意見を訊いて、全般的な方向性を誤らないようにする。自分が幹事長として務めた五年もの間に、かつての三角大福中の時代のように、激しい言葉が飛び交う場面は一度としてありませんでした。そのように党を運営することができて良かったと思っています。

精一杯やらせてもらいましたから、幹事長として思い残すことはありません。記録のことを言われたりもしますが、わたしとしては、一日一日の積み重ねなんです。『今日も無事に終わった。明日また頑張ろう』ということの積み重ねが結果的にそのように言われるようになっただけです。仕事をしているときに、『今、誰々の在任期間と同じだから、もうちょっと頑張ろう』とか、『もうひと息で誰々を追い越すことができる』とか、そんなことは考えたこともありません。それは無意味なことですから。そのように比較するのは面白いかもしれませんが、時代も条件も違います。振り返ってみれば、最長記録と言われて、『長くやりすぎたのかな』と思うのと同時に、『長期間、多くの皆様に本当にお世話になった』という感謝の気持ちがあります。幹事長職をここまで全うできたことに、改めて感謝したいと思っています」

ただし、二階幹事長の側近や、二階派幹部には怒りの声が上がった。

「麻生、安倍の助けが欲しくて動いたのだろうが、ひたすら支えてきた二階幹事長を切って、あとになって、命がけで支えてくれる者がいなくなったことに気づいても遅いぞ……」

菅総理が「二階幹事長の交代」という人事に踏み込んだことに対して、自民党内にはさらに波紋が広がった。

すでに総裁選の日程が確定した段階で人事権を行使することについて、「禁じ手だ」と反発する声が上がったのだ。

他派閥幹部の一人は指摘した。

「岸田が党改革を言ったあとに、いきなり二階を切るのは、後出しジャンケンだ。そこまでして総理の椅子《いす》に座り続けたいのか」

新型コロナウイルスの政府対応への国民の不満が根強いこともあり、党内には「幹事長の交代だけでは政権の浮揚にはならない」という声も上がっていた。

総裁選〝先送り〟の不発と菅の出馬断念

八月三十一日の夜、菅総理が九月中旬に衆議院を解散し、総裁選の先送りをおこなうという情報が流れた。

最大派閥の細田派は、八月三十一日に開いた幹部会で、細田博之会長が指摘した。

「この時期に人事をおこなうのは、総裁選を先送りして衆院解散を強行するとしか思えない」

出席者からも「他派閥と連携して先送りを止めなければいけない」との声が相次いだ。菅総理の保身と国民から見透かされて衆院選でしっぺ返しを受けるというわけだ。

さらに菅総理は、執行部の刷新だけでなく、九月中旬に衆議院の解散に踏み切り、総裁選を衆院選後に先送りする案も検討していた。

だが、この案は閣内や、党内からも異論が出ていた。

安倍前総理が、まず菅総理に反対の電話を入れた。

さらに菅総理の再選支持を明言する小泉進次郎環境大臣も、進言した。

「総裁選を先送りにすれば、総理も自民党も終わりです」

その翌日の九月一日、『毎日新聞』の朝刊には、《首相、今月中旬解散意向　来週党役員人事、総裁選先送り》と見出しがつけられたその目論みの記事がそのまま掲載された。

九月中に臨時国会を開いて衆院を解散。衆院議員がいなくなったことを理由に総裁選を延期し、十月の総選挙に勝利するというシナリオだ。もちろん、選挙に勝てば自民党総裁は無投票再選、さらに総理も続投できるという読みだった。

自民党内の空気はこの報道により、ガラリと変わり、さらにいっそう、菅離れが進んでいく。

菅総理は、結局、党内の反発を抑えるために、九月一日午前九時過ぎのぶら下がりで、「解散できる状況ではない」と自ら否定せざるをえなかった。

解散を自身の口から否定することになり、菅総理の求心力はすでに急降下していた。

だが、菅総理自身は、なお反転攻勢の機を探っていた。九月六日に党四役をすべて交代させ、内閣改造も一部検討し、イメージを刷新して党内外の支持を再獲得する。

解散を自ら否定したあとで、残された政権浮揚の手段は限られていた。

具体的な人事構想も進めていた。知名度の高い議員や若手、党内に睨《にら》みの利く実力者らの起用を想定し、石破茂元幹事長や河野太郎行政改革大臣、小泉進次郎環境大臣、萩生田光一文部科学大臣らを要職に充てようとしていた。

九月二日の午後、菅総理は自ら自民党本部を訪れ、二階幹事長に総裁選への出馬への意欲を伝えた。

だが、菅総理の足元は、もはやその踏ん張りが利かないほどにぬかるんでいた。

二階派内には、菅総理を一貫して支えてきた二階を外す人事への怒りや不満が充満していたのだ。無派閥の菅総理にとって、二階派の支えなくして安定した党運営は困難だった。

若手の「奮闘」も裏目に出た。小泉環境大臣はこの週に入って連日のように官邸を訪れ、菅総理と面会した。関係者によると、今後打ち出す新たな政策構想などについても協議していたという。

いっぽうで、小泉は菅総理に直言していた。

「若手は総理のもとで選挙を戦えないと話している」

そのうえ、周辺には小泉は退陣の可能性をほのめかしていた。

「総理は辞めるかもしれない」

小泉は、結果的に、さらに菅総理の求心力低下を招く行動に奔《はし》っていた。

なお、小泉は幹事長のポストも断ったといわれている。たとえ幹事長となっても、次の総選挙で負けたら辞任せざるを得ない。火中の栗を拾うリスクは冒せなかったのだろう。

菅総理は、動けば動くほど、自らの立場を追い詰めていった。党内の反発を受けて、選択肢としていた九月解散も封じられ、最後の切り札と考えた人事にも暗雲が漂った。総理の大権とされるカードを失い、小泉をはじめ、自らを支えるはずの面々も、逆に足を引っ張り、菅総理の体力を奪っていった。

菅総理もその周辺も、周りが見えていなかった。

二階幹事長と林幹雄幹事長代理は、九月三日の朝、菅総理から「役員会の前に会いたい」との連絡を受けて、午前一一時過ぎに、自民党本部四階の総裁室で菅総理と会談した。

菅は二階と林が総裁室を訪れると、おもむろに立ち上がって、頭を下げた。

「幹事長、申し訳ありません。総裁選には出馬しないことにしました。今日の役員会で不出馬を表明し、党人事も撤回しますので、その後の総務会も中止にしてください」

二階と林にとっては、初耳であった。

林は、菅総理に理由を訊ねた。

「どうしてですか?」

菅総理は力なく言った。

「総裁選を戦う気力が、沸《わ》いてこないんです」

このとき、二階は菅の決意を悟って、多くを語らなかったという。

「総理も考えた末の決断だろうから、尊重するしかないだろう」

九月三日午前一一時半過ぎ、自民党本部で開かれた臨時役員会。普段は座ったままおこなう冒頭の挨拶で、菅総理はおもむろに立ち上がって切り出した。

「総裁選に出ずに、自分の任期中はコロナ対策に専念したい。ついては、お願いしていた役員人事を撤回したい」

会議室は、水を打ったように静まりかえった。総裁選への立候補を正式に表明し、その二時間後に予定されていた総務会で党役員人事の一任を取り付ける。その皮切りになるはずだった挨拶で、菅自ら「退場」を表明したのだ。

菅総理は役員会の直前、二階幹事長と加藤勝信官房長官の二人には「不出馬」の連絡を入れていた。だが、ほかの側近や政権幹部らは一様に「寝耳に水だった」と話した。

立候補断念を表明した役員会後、菅の側近の一人は語った。

「結局、支える人がいなかった。これ以上汚れずに身を引くのは、このタイミングしかなかった」

菅総理は、三日昼過ぎ、官邸で記者団の取材に応じ、総裁選に出ない理由について「新型コロナの感染拡大防止に専念したいと判断した」などと、党役員会での説明を繰り返した。「来週にでも改めて記者会見したい」。そう述べてきびすを返そうとした総理に記者団は質問を重ねたが、そのまま背を向けて立ち去った。

小泉進次郎環境大臣は、三日夕方、菅総理と官邸で面会後、悔し涙を流しながら、記者団に語った。

「批判されてばかりだったが、一年間でこんなに仕事をした政権はない。菅総理は人間味がないと思われている節があるが、まったく逆だ。懐が深く、常に時間をつくってくれた。感謝しかない」

最終的に総裁選への不出馬を表明した菅総理だったが、報道では、直前まで石破茂元幹事長や河野太郎行政改革担当大臣、小泉進次郎環境大臣、萩生田光一文部科学大臣らを要職に充てようと動いていたと言われている。

その報道のなかには、林幹雄に衆院選を見据えて選挙対策委員長を打診し、断られるというものもあった。だが、林によると真相は異なるという。

「いろいろな人に人事を打診していたようですが、自分が選対委員長を打診されたことはありません。そもそも、八月三十日に党人事を検討しているという話が出たときに、『幹事長を副総裁のように重しで置いてくれれば、うちはこだわりません』という話をした以外には特に話をしていません」

菅総理の心境は八月三十日から九月三日の朝にかけて、揺れに揺れ動いていたようだった。

林が語る。

「菅総理自身、人事をするか、解散をするかで相当揺れたのでしょう。人事をするとしても、おそらく誰を据えてどうやるかということを確定しないまま走り出していたのかもしれません。

ご自身の意志が強ければ、党役員人事と改造をおこない、衆院選を断行することもできたかもしれませんが、支持率の低迷もあり、総裁選前に解散をしようとしても『総裁選から逃げた』という批判も出るから、難しかったと思います」

二階俊博は政治家の戦いについて、筆者にポツリと語った。

「政治家は相手に切りかかるときは、正面から堂々と切りかからないといけません」

菅の不出馬を受けた河野・石破らの動向

九月三日午後、河野は、自らが所属する麻生派の麻生太郎副総理兼財務大臣を財務省の大臣室に訪ねて、面会した。

麻生は、河野に問いかけた。

「今回が、勝負をかける時期なのか」

「そうです」

「わかった。賛成もしないが、反対もしない」

麻生がそう言うと、河野は明言した。

「じゃあ、出ます」

麻生とすれば、もし河野が勝利すれば自分は派閥の領袖で居続けるわけにはいかなくなる。

麻生は、かねて「河野に本格的な長期政権をやらせるのはまだ早い」と慎重な立場だった。

新型コロナウイルス対応に加え、来年には参院選も控えている。麻生派としては「総理候補カード」として今回は温存するほうが得策との声が強かった。

また、ベテランを中心に「支援する気にはなれない」という声もある。脱原発や女系天皇の検討といった主張をしてきた河野への反感があるためだ。

九月三日夜には、甘利明税調会長と森英介麻生派会長代理が麻生のもとを訪れて、今後の方針について協議した。

いっぽう河野には、菅総理や小泉環境大臣が支持する意向を周囲に示している。知名度も高く、河野周辺には「派閥に頼らずとも勝てる」と強気の声もあり、派閥領袖の麻生は難しい対応を迫られそうだ。

河野は、記者団には立候補を明言しなかったが、自民党の秋本真利《あきもとまさとし》衆院議員に電話で「出ようと思っているので、協力してくれ」と、出馬の意向を伝えた。

民主党に政権を明け渡したあとの平成二十一年の総裁選に立候補して敗れた経験をもつ河野。知名度が高く、衆院選を控える若手からは「選挙の顔」としての期待を集める。三日夜には河野と若手ら数人が集まり支援体制などについて、さっそく協議した。

いっぽう石破の事務所には石破派の幹部らが集まって総裁選の情勢を分析。派閥幹部は「誰が出るかわからないから、まだ出馬はわからない」とするが、派内には「ここは石破は勝負だ」と期待の声が上がる。石破はこの日相次ぎテレビ番組に出演。総裁選への出馬は「白紙」で通したものの、日本テレビの番組で「首相の仕事をする準備はできているか」と問われると、「それがなければ昨年の総裁選に立候補なんかしません。そんな無責任なことを政治家はやってはいけない」と意欲をにじませた。

石破は九月三日のＴＢＳの番組で、安倍前政権の森友学園の問題にからむ公文書改竄《かいざん》に触れて、語った。

「書類の改竄や破棄が、あって良いことだとは思っていない。それが国会で平然とまかり通るようなことが、あって良いとは思っていない」

ただ、石破派は一七人の小所帯で、自派だけでは立候補に必要な「推薦人二〇人」に届かない。派閥幹部は「他派閥が（石破に）乗るかどうかだ」と語り、今後の情勢を慎重に見極める考えだ。

石破は、今回派閥として誰を推すか決めていない二階派の領袖の二階俊博幹事長に会い、支援を要請した。

二階幹事長は、「しっかり頑張れ」と激励したという。

立候補を準備しながら不出馬を表明したばかりの下村博文政調会長も、語った。

「状況が変わった。改めて同志、仲間と相談していきたい」

野田聖子幹事長代行も、出馬への意欲を党幹部らに伝えた。

野田は九月三日、二階幹事長に支援を要請した。

二階幹事長は、野田に条件をつけた。

「推薦人がもう少し揃うという段階になったら考える」

安倍前総理が支援を決めた高市に野田をぶつけるという手もあるが、野田に勝つ見込みがない状態で支援すれば派閥が割れかねない。

いっぽう、総裁選の構図が一変したことで、戦略の見直しを迫られているのが、すでに立候補を表明した岸田文雄前政調会長だ。

岸田は、九月三日昼、記者団から菅総理の不出馬について感想を求められると、硬い表情で語った。

「状況がまだ把握できていないので、よく確認してから改めて話したい」

日本経済新聞社が八月二十七日から二十九日にかけておこなった世論調査で「自民党総裁にふさわしい人」を聞くと、それまで低かった岸田は一三％と、河野の二四％、石破の一六％に迫る三位につけた。岸田派は、「あとひと息だ」と沸いていた。

ところが、菅が舞台から降りたことで、若手や党員らの票の「受け皿」となりえる河野と石破の動きが活発化。先行きが見通せなくなり、派閥幹部は「困った展開になった。ここから岸田の胆力が問われる」と警戒感を強めている。

「規制改革や脱原発が信条の河野に対して、格差是正を唱える岸田はより現実に即した政策だ」

「調整力が課題の河野に比べ、岸田はボトムアップだ」

総裁選の戦略の練り直しが進んでいる。

候補者乱立の様相となっているのは、平成二十四年から九年近く続いた「安倍─菅政権」のくびきが解かれる局面でもあるからだ。それだけにこの間、多くの若手を抱えてきた主要派閥は難しい対応を迫られている。

最大派閥の細田派は緊急の幹部会合を開いたが、構図が固まるまで静観する方針を確認。河野が所属する第二派閥の麻生派は、幹部らに岸田支持が多く、対応が割れかねない。河野を支持する若手は、派閥の締め付けについて「もうそんなの利かない」と強調した。

安倍前総理は、九月三日、高市本人に電話し、支援する考えを伝えた。

さらに細田派幹部に対して、伝えた。

「高市に協力してやってほしい」

高市は無派閥で、立候補に必要な二〇人の推薦人の確保が課題だが、細田派に影響力を持つ安倍が高市の立候補に向けた協力を要請したことで支持が広がる可能性がある。

菅総理は、河野太郎行革担当大臣が出馬する場合、支援することを周囲に明らかにした。

菅は規制改革などでの河野の手腕を評価しており、自らの改革路線を継承してくれると判断しているとみられる。

人気のある小泉進次郎も、菅といっしょに河野を強く支援している。

菅総理が不出馬を表明した自民党総裁選は、九月十七日に公示され、岸田文雄、高市早苗、河野太郎、野田聖子の四人が出馬した。

今回、野田聖子が出馬するにあたり、二〇人の推薦人のうち、二階派からは、野田の元夫である鶴保庸介元沖縄北方担当大臣をはじめ、衆議院議員の大岡敏孝《おおおかとしたか》、福井照、神谷昇《かみたにのぼる》、出畑実《でばたみのる》、参議院議員の三木亨《みきとおる》、岩本剛人《いわもとつよひと》、清水真人《しみずまさと》の八人が名前を連ねている。

このことについて、二階派が野田を擁立したという見立てもある。

林幹雄が語る。

「野田聖子さんの擁立について、二階派が八人推薦人を貸したと思われているが、野田さんから『推薦人を貸してほしい』との依頼はあったが、『野田さんのほうで親交のある議員を口説いてください。了承した人を止めるようなことはしません』と伝えて、あくまでご本人が動いただけなんです」

野田が出馬したことにより、河野太郎の立場が苦しくなったと言われている。林が語る。

「議員投票に影響はあるかもしれないが、野田さんが不出馬だったからといって、一回目で河野さんが勝てるかどうかは党員投票の動向がわからないからなんとも言えないと思う。野田さんの出馬で他の三名の誰が有利になるかはわからないが、結果的に、総裁選そのものは男女二人ずつ、四人で活発な議論をおこなうかたちになって、自民党にとっては良かったと思います。三人よりも自民党への期待も上がるんじゃないでしょうか」

結果として、野田聖子は出馬に漕ぎつけることができた。

いっぽうで、党員人気の高い石破茂は今回の総裁選には出馬せず、河野太郎の支援にまわった。

石破は不出馬を表明するまえに、二度ほど二階と会談した。ある報道では、石破は一三人推薦人を集めていて、残りの七人の推薦人を二階に貸してほしい、と要請したとも言われていた。

だが、林によると具体的な話はなかったという。

「石破さんは幹事長に会いには来たけれど、『推薦人を貸してほしい』とか、『応援してほしい』という具体的な話は何もなかった。不出馬を決断したのは、派内に積極的な議員が少なかったこともあるんじゃないだろうか」

石破の一三人の推薦人も実際に集まっていたのかは最後までわからなかったという。

決選投票になった際に、二階派としてはまとまって行動することになるのか。

「結束していこうと話していますが、どういうふうにやるかはこれから知恵を集めていくことになるんじゃないでしょうか」

林は、衆院選が近いこともあって、誰が勝ったとしても総裁選後に挙党体制を築くことが重要だと語る。

「誰になっても、挙党体制を敷くべきだと思っています。すぐに衆院選があるし、来年は参院選もある。バランスをとらないと誰がなっても、うまく乗り越えていくことは難しいでしょう」

九月二十九日午後、菅総理の自民党総裁任期満了に伴う総裁選が、都内のホテルでおこなわれた。

総裁選は岸田文雄前政調会長、河野太郎行政改革担当大臣、高市早苗前総務大臣、野田聖子幹事長代行の四人が立候補し、三八二人の国会議員票各一票と党員・党友票三八二票の計七六四票で争われた。

一回目の投票では、一位の岸田文雄が議員票一四六票、党員票一一〇票で合計二五六票、二位の河野太郎が議員票八六票、党員票一六九票で合計二五五票、三位の高市早苗が議員票一一四票、党員票七四票で合計一八八票、四位の野田聖子が議員票三四票、党員票二九票で合計六三票を獲得した。過半数を獲得する候補者がいなかったため、一位の岸田と二位の河野による決選投票がおこなわれることになった。

その結果、決選投票では、議員票二四九票、党員票八票で合計二五七票を獲得した岸田が、議員票一三一票、党員票三九票で合計一七〇票を獲得した河野を破り、第二七代自民党総裁に就任した。

九月三十日、岸田新総裁は、党役員人事に着手した。

幹事長には麻生派に所属しながら総裁選で岸田選対の顧問を務めた甘利明、総務会長には細田派で当選三回の若手の福田達夫、政調会長には総裁選で三位だった高市早苗、選対委員長には総裁選で岸田選対の本部長を務めた遠藤利明の起用が内定した。

また、国会対策委員長には細田派の高木毅を起用し、総裁選で岸田に敗れた河野太郎は、広報本部長に就任することになった。

果たして、自民党は、今後安定に向かうのか、それとも、これまで何度も繰り返したように長期政権のあとの大波乱に向かうのか……。

おわりに

本書は、東京スポーツ新聞社『東京スポーツ』に、令和二年十一月二十五日から令和三年七月二十二日までの全一二七回にわたって、連載した《蘇る田中角栄　菅・二階政権》をもとに構成し、単行本化にあたり、大幅に加筆し書き下ろしに近いものとなりました。

執筆にあたって、朝賀昭、安倍晋三、石井準一、石破茂、衛藤征士郎、河野太郎、古賀誠、小長啓一、下村博文、菅義偉、鈴木宗男、武田良太、二階俊博、根本匠、野田聖子、馬場伸幸、林幹雄、平沢勝栄、福井照、細田博之、森山裕、森喜朗、山口泰明、遊佐大輔の諸氏（五十音順）、そのほか名前を明かすことのできない多くの政界関係者の取材協力をいただきました。お忙しいなか、感謝いたします。

本文中の肩書きは、その当時のもの、敬称は略させていただきました。

また、『日本列島改造論』（田中角栄著／日本工業新聞社刊）、《DXは国民の幸福のためにある》（河野太郎著／月刊『文藝春秋』令和三年二月号）、および『朝日新聞』『産経新聞』『日本経済新聞』『毎日新聞』『読売新聞』の各紙の記事を参考にいたしました。

なお、『東京スポーツ』に連載中、叱咤《しった》激励《げきれい》してくださった担当の松下知生氏、この作品の上梓《じょうし》に協力してくださった、さくら舎の古屋信吾氏に感謝いたします。

二〇二一年十月

大下英治

著者略歴

一九四四年、広島県に生まれる。広島大学文学部仏文科を卒業。「週刊文春」記者をへて、作家として政財官界から芸能、犯罪まで幅広いジャンルで旺盛な創作活動をつづけている。

著書には『十三人のユダ　三越・男たちの野望と崩壊』（新潮文庫）、『昭和闇の支配者』シリーズ（全六巻、だいわ文庫）、『安倍官邸「権力」の正体』（角川新書）、『孫正義に学ぶ知恵』（東洋出版）、『落ちこぼれでも成功できる　ニトリの経営戦記』（徳間書店）、『逆襲弁護士　河合弘之』『専横のカリスマ　渡邉恒雄』『激闘！闇の帝王安藤昇』『百円の男　ダイソー矢野博丈』『田中角栄　最後の激闘』『日本を揺るがした三巨頭』『政権奪取秘史』『スルガ銀行　かぼちゃの馬車事件』『安藤昇　侠気と弾丸の全生涯』（以上、さくら舎）などがある。

鳴動《めいどう》！　政権政局《せいけんせいきょく》の舞台裏《ぶたいうら》
——角栄《かくえい》・二階《にかい》・菅《すが》・安倍《あべ》の闘《たたか》い

二〇二一年一〇月一四日　第一刷発行

著者　大下英治《おおしたえいじ》
発行者　古屋信吾
発行所　株式会社さくら舎　http://www.sakurasha.com
東京都千代田区富士見一-二-一一　〒一〇二-〇〇七一
電話　営業　〇三-五二一一-六五三三　FAX　〇三-五二一一-六四八一
編集　〇三-五二一一-六四八〇　振替　〇〇一九〇-八-四〇二〇六〇

装丁　村橋雅之

印刷・製本　中央精版印刷株式会社

ISBN978-4-86581-316-6